财报

入门与实战技巧

王征 李晓波◎著

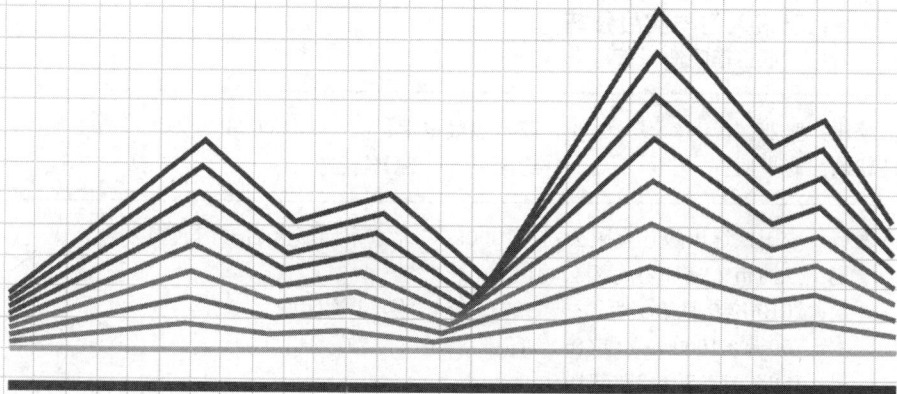

中国铁道出版社有限公司

CHINA RAILWAY PUBLISHING HOUSE CO., LTD.

内容简介

本书首先讲解财务报表的基础知识，如财务报表的定义、组成、类型、意义、应用及阅读财务报表的方法与技巧；然后讲解如何全面掌握资产负债表、利润表、现金流量表、所有者权益变动表、财务报表附表和附注；接着讲解财务报表、资产负债表、利润表、现金流量表的实战分析技巧，最后讲解虚假财务报表的识别技巧和财务报表在股市中的应用技巧。

在讲解过程中既考虑读者的学习习惯，又通过具体实例剖析讲解财务报表在炒股实战中的热点问题、关键问题及种种难题。

本书特别适合股票市场的投资者阅读，如股民、中小散户、职业操盘手和专业金融评论人士，还适合相关企业的管理者、中小企业业主、初级财务工作者作为学习财务基础知识的参考书。

图书在版编目（CIP）数据

财报入门与实战技巧 / 王征，李晓波著 . —北京：中国
铁道出版社，2019.6
ISBN 978-7-113-25519-0

Ⅰ . ①财… Ⅱ . ①王… ②李… Ⅲ . ①会计报表－基本
知识 Ⅳ . ① F231.5

中国版本图书馆 CIP 数据核字（2019）第 027098 号

书　　名：**财报入门与实战技巧**
作　　者：王征　李晓波　著

责任编辑：张亚慧	读者热线电话：010-63560056
责任印制：赵星辰	封面设计：**MX** DESIGN STUDIO

出版发行：中国铁道出版社有限公司（100054，北京市西城区右安门西街 8 号）
印　　刷：三河市宏盛印务有限公司
版　　次：2019 年 6 月第 1 版　　2019 年 6 月第 1 次印刷
开　　本：700mm×1000mm　1/16　印张：23　字数：349 千
书　　号：ISBN 978-7-113-25519-0
定　　价：69.00 元

PREFACE
前 言 ○————————————————

　　如果您没有任何财务基础知识，您有很多关于财务数字和术语的困惑，请您打开本书，书中很多生动而通俗的例子会让您茅塞顿开。

　　如果您是一个股民，正为"流动比率"、"存货周转率"、"总资产报酬率"而迷惑和一知半解，那么，请您打开本书，书中对股票近年来指标的评价一定会给您"前车之鉴"。

　　如果您是一个投资者，您自己已经有很厉害的财务分析团队，那么，请您打开本书，看看本书怎么评价您一直认为还不错的那个财务指标，说不定，您也能发现您的理财团队所未留意的被投资方的"财务陷阱"，那会让您的下属刮目相看。

　　如果您是一位有责任心的公司员工，不妨打开本书，对照自己公司最近两年的会计报表，您也能"高屋建瓴"地分析一下自己所在企业的风险和发展前景。

　　本书是一位久经"沙场"的老股民，在经历了无数次惨痛的投资失败之后，总结过往得失精心而作。因为不是会计专业出身，所以没有晦涩的术语、难懂的公式。因为有多年的投资经历，所以更明白财报的意义所在，更知道投资者读财报的目的所在。本书以云南白药（000538）财务报表为例，让毫无会计学基础的投资者也能轻松读懂财报，看透财报背后的企业秘密。

┃本书结构┃

　　本书共 12 章，具体章节安排如下。

　　⋙ 第 1 章：讲解财务报表的基础知识，如财务报表的定义、组成、类型、意义、应用；然后讲解阅读财务报表的方法与技巧，最后讲解财务报表分析是价值投资的依据。

　　⋙ 第 2～6 章：讲解如何全面掌握资产负债表、利润表、现金流量表、所有者权益变动表、财务报表附表和附注。

第 7 ～ 10 章：讲解财务报表、资产负债表、利润表、现金流量表的实战分析技巧。

第 11 ～ 12 章：讲解虚假财务报表的识别技巧和财务报表在股市中的应用技巧。

| 本书特色 |

本书的特色归纳如下。

（1）实用性：本书首先着眼于财务报表实战应用，然后再探讨深层次的技巧问题。

（2）详尽的例子：本书附有大量的例子，通过这些例子介绍知识点。每个例子都是作者精心选择的，通过反复练习，举一反三，就可以真正掌握财务报表的实战技巧，从而学以致用。

（3）全面性：本书包含财务报表实战几乎所有的知识，分别是财务报表基础知识、资产负债表及实战分析技巧、利润表及实战分析技巧、现金流量表及实战分析技巧、所有者权益变动表、财务报表附表和附注、虚假财务报表的识别技巧和财务报表在股市中的应用技巧。

| 适合读者 |

本书特别适合于股票市场的投资者阅读，如股民、中小散户、职业操盘手和专业金融评论人士，还适合相关企业的管理者、中小企业业主、初级财务工作者作为学习财务基础知识的参考书。

| 创作团队 |

本书由王征、李晓波编写，下面人员对本书的编写提出过宝贵意见并参与了部分编写工作，他们是陆佳、张振东、王真、周贤超、杨延勇、王荣芳、李岩、周科峰、陈勇、孟庆国、赵秀园、吕雷、孙更新、于超、栾洪东、尹吉泰、纪欣欣、王萍萍、高云、李永杰、盛艳秀。

由于时间仓促，加之水平有限，书中的缺点和不足之处在所难免，敬请读者批评指正。

编 者
2019 年 3 月

目录

| 目 录 |
CONTENTS

第1章

初识财务报表

———————————◦ ◦———————————

　　一份沉甸甸的财务报表，对投资者来讲就是一份价值投资的利器。而怎样发现和挖掘上市公司的潜在价值，只有用心的投资者才能够真正领悟到。

本章主要内容包括：

➤ 通过一个故事介绍什么是财务报表

➤ 财务报表的"密码"

➤ 财务报表的组成

➤ 财务报表的类型及意义

➤ 财务报表数据的不同关注点

➤ 财务报表的应用

➤ 阅读财务报表的方法与技巧

➤ 财务报表分析是价值投资的依据

1.1 财务报表概述

随着股票年报季报的披露，上市企业的大量信息藏身于财务报表当中。只要能读懂财务报表，就可以创造丰厚财富。

1.1.1 通过一个故事介绍什么是财务报表

下面先来看一个小故事。

在古时候，穷人老李是一个大家庭中兄弟姐妹四个里的老大，他和他的弟弟妹妹都各自成家，互相住得有点远。某天，老母亲说，你是老大，你帮我在家组织大家吃个饭，这个钱我出，也不知道会花多少，我先给你100元，剩下的你自己想办法，最后花了多少我们再算，厨房用具一般的都有，你直接用就好。然后，老母亲把饭菜规格、几个凉菜、几个热菜一说，扔下100元钱就回自己屋了。

这顿饭后，老李要给老母亲一个交代：花了多少钱，除了老母亲给的100元钱外其余的钱都是怎么筹备的，做了哪几个菜，大家吃饱没有，老母亲是否满意等，这就是财务报表。

老李做饭前要筹款，除了老母亲给的那100元，家里只有60元，他还向弟弟借了30元，向高利贷借了40元，大米是自家产的等，以上这些就是财务状况，用资产负债表来反映。

他买了鸡、鸭、鱼、肉等，请了村子里的厨师二胖，在借高利贷时就付了高利贷的利息，由于吃饭的人太多，家里的厨具和餐具不够，于是便租用赵三家的锅碗瓢盆用了12元。大家吃饭时，对这顿饭的评价很好，觉得这饭够280元的档次，老李的老母亲听后很高兴，认为老李两口子辛苦了，便给了他们280元，多的当他们的工钱。老李推辞不掉便收下了，事后他一算账，刨除本钱、利息、工钱外，还赚了20元。老李所列的这个账单就是利润表。

再仔细清点一下他们还剩下一些鱼和鸭，是卖了回收现金，还是留着自己吃呢？老李想反正也要买，但这样可能就还不上高利贷了。老李的这些统计，就是现金流量表。

除了这些，可能还有一些与组织这顿饭相关的事情，比如老李自己那 60 元本来计划要做什么，邻居家的吴老太太也想要老李帮忙筹备一顿饭，她付工钱等，再同老母亲商量，这些就是财务报表附注所反映的内容（此处我们暂且不提所有者权益变动表）。

通过这个小故事，投资者会对财务报表有一个大致的了解。下面来具体看一下财务报表的定义。

财务报表，简称财报，是一套会计文件，是会计主体对外提供的反映会计主体财务状况和经营的会计报表，它反映一家企业过去一个财政时间段（主要是季度或年度）的财政表现及期末状况。它以量化的财务数字，分目表达，包括资产负债表、利润表、现金流量表、所有者权益变动表、财务报表附注。财务报表是财务报告的主要部分，不包括董事报告、管理分析及财务情况说明书等列入财务报告或年度报告的资料。

1.1.2 财务报表的"密码"

财务报表的"密码"，即帕乔利密码。每家企业都有自己的"帕乔利密码"，读懂了这些密码，不仅可以帮助投资者了解企业的过去，更重要在于启发未来。下面来看一下帕乔利密码的由来。

1494 年，被后人称为"会计学之父"的卢卡·帕乔利在威尼斯出版了会计学的鼻祖之作《算术、几何、比与比例概要》，系统地介绍了"威尼斯会计方法"，也就是所谓的"复式会计"（double entry bookkeeping）。正因为帕乔利的贡献，一切商业活动都可转换为以"Money"为符号的表达，这样投资者就能够一眼看清企业的财务状况。

例如，财务报表中有一张表叫作现金流量表，这张表中的经营活动、投资活动及筹资活动是企业的"三只脚"。财务报表的作用是系统地呈现企业的这三种活动，并说明这些活动之间的关系。企业需要利用这些财务报表构建一套"战情显示器"，这套"显示器"既能看到企业与主要竞争对手在市场占有率、营业收入、获利、现金流量及股东权益报酬率等重要指标的相对位置，也能看到企业与竞争对手过去各项关键指标的变化。投资者可以利用财务报表确认这三种活动的健全平衡情况。

帕乔利所提倡的会计方法，可以把复杂的经济活动及企业竞争的结果，转换成以货币为表达单位的会计数字，这就是所谓的"帕乔利密码"。这些密码拥有极强大的压缩威力，即使再大型的企业（如阿里巴巴、华为、联想），它们在市场竞争中所创造或亏损的财富，都能压缩汇总成薄薄的几张财务报表。这些财务报表透露的信息必须丰富、充足，否则投资者或银行不愿意提供企业资金。但是，这些财务报表又不能过分透明，否则竞争对手会轻而易举地学走企业的经营方法。因此，帕乔利密码所隐含的信息往往不易了解。而本书就是帮助投资者破解企业的帕乔利密码，即透过薄薄的几张财务报表，充分读懂企业透露的信息，提升投资收益率。

1.1.3　财务报表的组成

财务报表由 5 部分组成，分别是资产负债表、利润表、现金流量表、所有者权益变动表、财务报表附注，如图 1.1 所示。

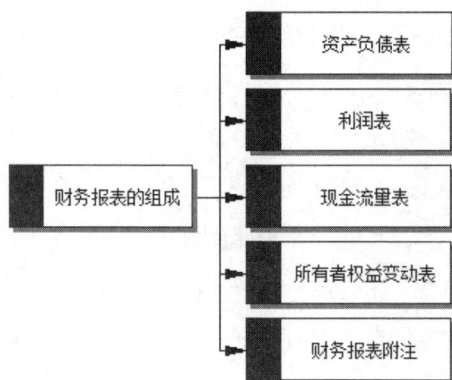

●图 1.1　财务报表的组成

1. 资产负债表

资产负债表，又称为财务状况表，是财务报表中最重要的一张报表。它是企业在报表日（年末或季度末）的定格照片。向投资者展示企业在这个时刻的资产、负债及所有者权益的状况。

下面来查看企业的资产负责表。打开同花顺软件，输入"云南白药"的代码000538，然后按回车键，就可以查看云南白药（000538）的日 K 线图。接着按下键盘上的 F10 键，就可以看到云南白药（000538）的基本面资料信息，如图 1.2 所示。

提醒：同花顺软件是一款免费的股票行情分析软件，下载地址：http://www.10jqka.com.cn。

• 图 1.2　云南白药（000538）的基本面最新动态信息

在基本面资料信息中，单击"财务概况"，就可以看到云南白药（000538）的主要指标数据信息及柱状图表显示，如图 1.3 所示。

提醒：主要指标可以分为 4 种，分别是每股能力、成长能力、偿债能力、运营能力。每股能力包括的指标是每股净资产、每股经营现金流、每股资本公积金、每股未分配利润。成长能力包括的指标是每股收益同比增长率、营业收入同比增长率、净利润同比增长率、净资产收益率同比增长率。偿债能力包括的指标是流动比率、速动比率、保守速动比率、产权比率。运营能力包括的指标是营业周期、存货周转天数、应收账款周转天数、存货周转率。

默认状态下，显示的是最近 12 年基本每股收益的柱状图表。

单击"主要指标"下方的"资产负债表"，就可以看到云南白药（000538）的资产负债表数据信息及柱状图表显示，如图 1.4 所示。

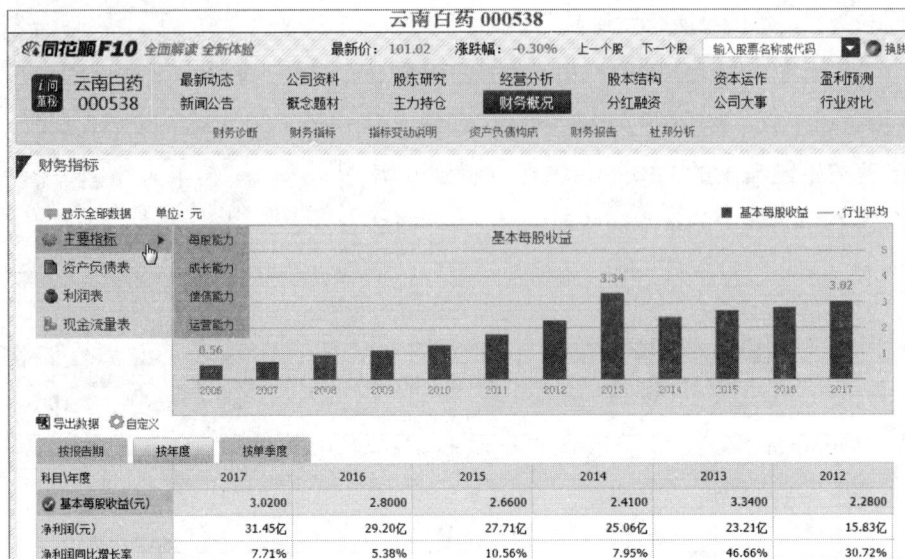

• 图 1.3　云南白药(000538)的主要指标数据信息及柱状图表显示

• 图 1.4　云南白药(000538)的资产负债表数据信息及柱状图表显示

　　默认状态下，显示的是最近 12 年货币资金的柱状图表。单击不同的数据项，就会显示数据的柱状图表，在这里单击"应收账款"，这时就显示了最近 12 年应收账款的柱状图表，如图 1.5 所示。

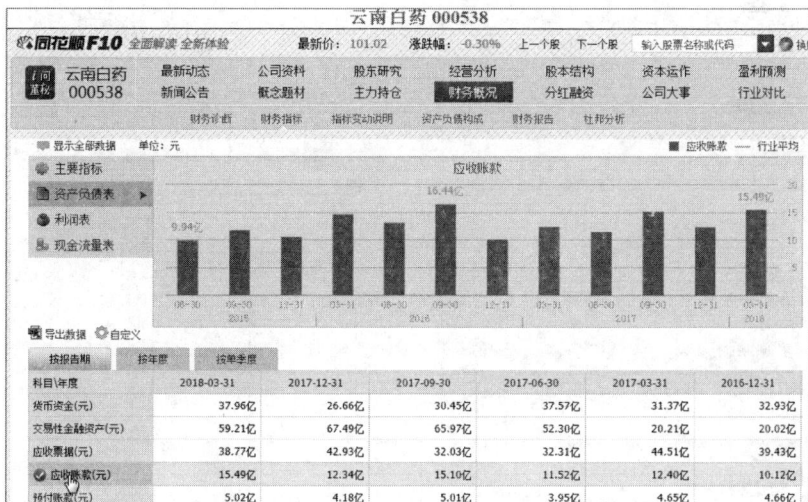

•图 1.5　最近 12 年应收账款的柱状图表

资产负债表有三种显示方式，分别是按报告期、按年度、按单季度。默认状态下是按报告期显示资产负债表。

单击"按年度"选项卡，就可以按年度显示资产负债表，如图 1.6 所示。

•图 1.6　按年度显示资产负债表

向下拖动垂直滚动条，还可以看到云南白药（000538）资产负债表的指标变动说明信息，如图 1.7 所示。

科目\年度	2017	2016	2015	2014	2013	2012
货币资金(元)	26.66亿	32.93亿	26.50亿	20.24亿	20.83亿	17.61亿
交易性金融资产(元)	67.49亿	20.02亿	30.42亿	4.36亿	14.98万	--
应收票据(元)	42.93亿	39.43亿	36.06亿	36.48亿	26.64亿	19.62亿
应收账款(元)	12.34亿	10.12亿	10.58亿	5.55亿	5.36亿	4.79亿
预付账款(元)	4.18亿	4.66亿	3.33亿	2.89亿	3.90亿	2.37亿
应收利息(元)	6357.98万	3146.75万	111.06万	359.98万	134.50万	125.86万
应收股利(元)	--	--	--	--	--	--
其他应收款(元)	1.39亿	5808.39万	6803.76万	20.31亿	4.62亿	6803.79万

• 图 1.7　云南白药(000538)资产负债表的指标变动说明信息

　　向下拖动垂直滚动条，还可以看到云南白药（000538）资产负债表的资产负债构成，如图 1.8 所示。

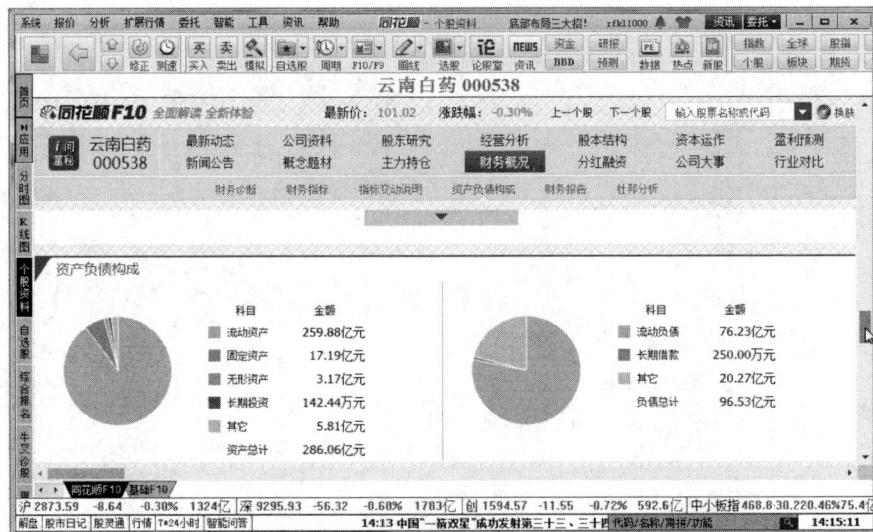

资产负债构成

科目	金额
流动资产	259.88亿元
固定资产	17.19亿元
无形资产	3.17亿元
长期投资	142.44万元
其它	5.81亿元
资产总计	286.06亿元

科目	金额
流动负债	76.23亿元
长期借款	250.00万元
其它	20.27亿元
负债总计	96.53亿元

• 图 1.8　云南白药(000538)资产负债表的资产负债构成

　　向下拖动垂直滚动条，还可以看到云南白药（000538）的财务报表查看，如图 1.9 所示。

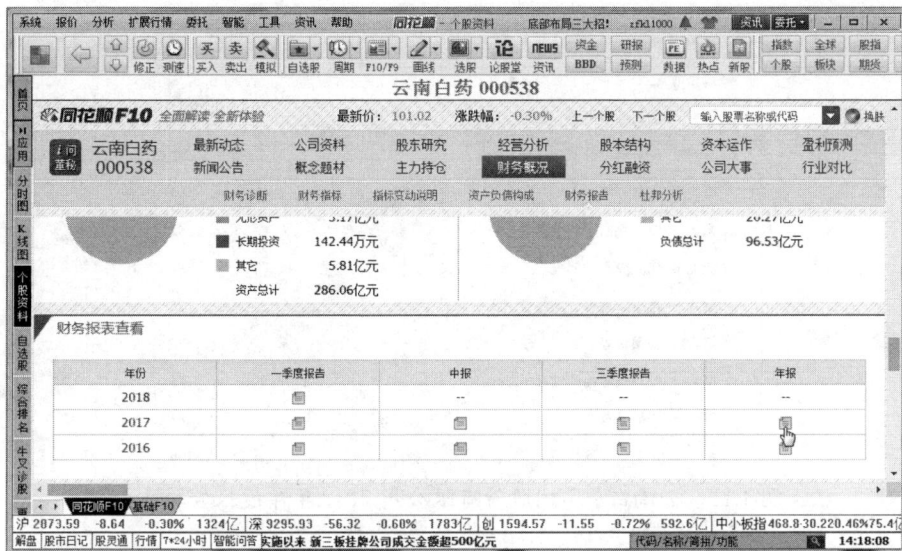

● 图 1.9 云南白药（000538）的财务报表查看

单击 2017 年报对应的█按钮，就可以打开网页，显示云南白药集团股份
有限公司 2017 年年度报告，如图 1.10 所示。

● 图 1.10 云南白药集团股份有限企业 2017 年年度报告

向下拖动垂直滚动条，就可以显示云南白药集团股份有限公司 2017 年年
度报告的目录，如图 1.11 所示。

● 图 1.11　云南白药集团股份有限公司 2017 年年度报告的目录

单击"第十一节　财务报告",就可以跳转到财务报告内容。首先看到的是合并资产负债表的数据信息,如图 1.12 所示。

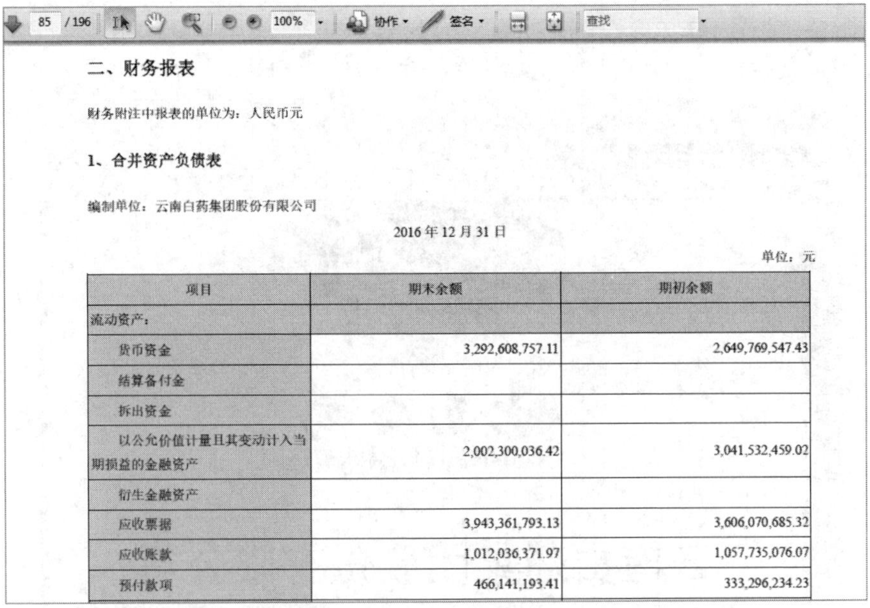

二、财务报表

财务附注中报表的单位为:人民币元

1、合并资产负债表

编制单位:云南白药集团股份有限公司

2016 年 12 月 31 日

单位:元

项目	期末余额	期初余额
流动资产:		
货币资金	3,292,608,757.11	2,649,769,547.43
结算备付金		
拆出资金		
以公允价值计量且其变动计入当期损益的金融资产	2,002,300,036.42	3,041,532,459.02
衍生金融资产		
应收票据	3,943,361,793.13	3,606,070,685.32
应收账款	1,012,036,371.97	1,057,735,076.07
预付款项	466,141,193.41	333,296,234.23

● 图 1.12　合并资产负债表数据信息

资产负债表的数据信息很多。首先看到的是流动资产数据信息,向下拖动垂直滚动条,可以看到非流动资产数据信息,如图 1.13 所示。

其他流动资产	4,343,657,186.51	521,044,566.38
流动资产合计	22,067,687,182.74	16,903,601,748.68
非流动资产:		
发放贷款及垫款		
可供出售金融资产	124,634,700.00	124,234,700.00
持有至到期投资		

85

长期应收款		
长期股权投资		5,235,397.39
投资性房地产	6,742,491.28	6,993,132.76
固定资产	1,782,319,408.22	1,640,213,179.39
在建工程	137,380,770.47	215,607,046.12

● 图 1.13　非流动资产数据信息

　　向下拖动垂直滚动条，可以看到流动负债数据信息，如图 1.14 所示。

其他非流动资产	16,233,410.00	10,000,000.00
非流动资产合计	2,518,958,851.29	2,387,338,617.41
资产总计	24,586,646,034.03	19,290,940,366.09
流动负债:		
短期借款		20,000,000.00
向中央银行借款		
吸收存款及同业存放		
拆入资金		
以公允价值计量且其变动计入当期损益的金融负债		
衍生金融负债		
应付票据	1,184,334,555.88	751,656,619.76
应付账款	3,195,641,736.85	2,469,992,541.83
预收款项	1,069,912,787.31	424,749,046.34
卖出回购金融资产款		
应付手续费及佣金		
应付职工薪酬	138,714,995.62	97,467,154.33
应交税费	325,725,012.66	331,792,600.21
应付利息	28,887,833.33	9,845,432.22

● 图 1.14　流动负债数据信息

向下拖动垂直滚动条，可以看到非流动负债数据信息，如图 1.15 所示。

87 /196			100%	协作 ▾	签名 ▾			查找	▾

代理买卖证券款		
代理承销证券款		
划分为持有待售的负债		
一年内到期的非流动负债	10,000,000.00	
其他流动负债		36,515,277.18
流动负债合计	6,734,626,170.23	4,676,106,483.86
非流动负债：		
长期借款	6,100,000.00	6,100,000.00
应付债券	1,795,279,200.00	897,160,800.00
其中：优先股		
永续债		
长期应付款	4,814,832.43	4,814,832.43
长期应付职工薪酬	14,756,627.15	17,881,732.06
专项应付款		
预计负债		
递延收益	186,971,985.60	161,071,195.40
递延所得税负债	570,593.48	
其他非流动负债		
非流动负债合计	2,008,493,238.66	1,087,028,559.89

● 图 1.15　非流动负债数据信息

向下拖动垂直滚动条，可以看到所有者权益数据信息，如图 1.16 所示。

87 /196			100%	协作 ▾	签名 ▾			查找	▾

预计负债		
递延收益	186,971,985.60	161,071,195.40
递延所得税负债	570,593.48	
其他非流动负债		
非流动负债合计	2,008,493,238.66	1,087,028,559.89
负债合计	8,743,119,408.89	5,763,135,043.75
所有者权益：		
股本	1,041,399,718.00	1,041,399,718.00
其他权益工具		
其中：优先股		
永续债		
资本公积	1,247,215,783.98	1,249,856,654.05
减：库存股		
其他综合收益	21,195.66	21,195.66
专项储备		
盈余公积	849,435,590.92	770,455,204.51
一般风险准备		

● 图 1.16　所有者权益数据信息

2. 利润表

利润表反映了企业在一定期间发生的收入、费用和利润，是企业经营业绩的综合体现，它揭示了企来的未来前景和是否有能力为投资者创造财富。

下面来查看企业的利润表。打开同花顺软件，输入"云南白药"的代码 000538，然后按回车键，就可以查看云南白药（000538）的日 K 线图。接着按下键盘上的 F10 键，就可以看到云南白药（000538）的基本面资料信息。

在基本面资料信息中，单击"财务概况"，再单击财务指标中的"利润表"，就可以看到云南白药（000538）的利润表数据信息及柱状图表显示，如图 1.17 所示。

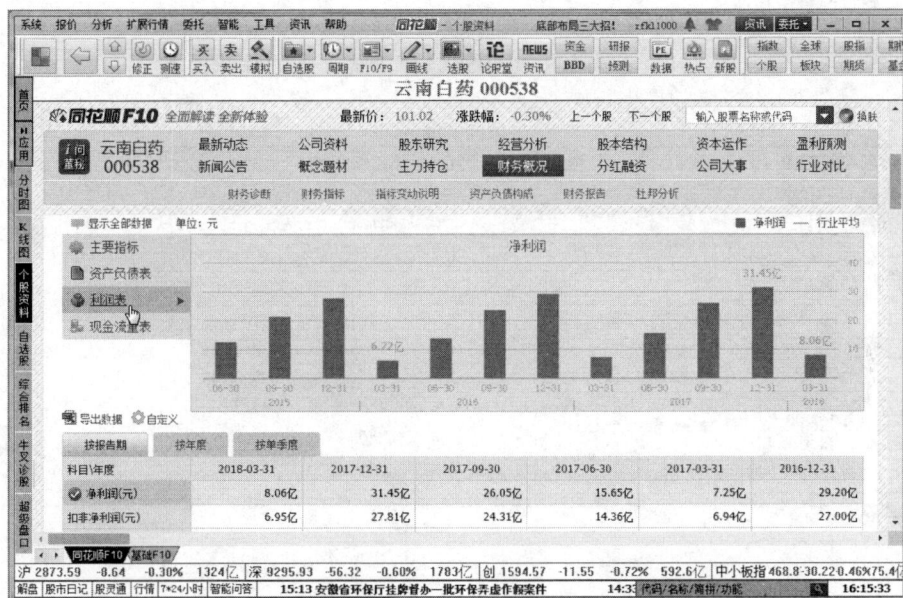

● 图 1.17　云南白药（000538）的利润表数据信息及柱状图表显示

默认状态下，显示的是最近 12 年净利润的柱状图表。单击不同的数据项，就会显示数据的柱状图表，在这里单击"营业总收入"，这时就显示了最近 12 年营业总收入的柱状图表，如图 1.18 所示。

向下拖动垂直滚动条，还可以看到云南白药（000538）的财务报表查看，如图 1.19 所示。

• 图 1.18　云南白药（000538）营业总收入的柱状图表

• 图 1.19　云南白药（000538）的财务报表查看

　　单击 2017 年报对应的▓▓按钮，就可以打开网页，显示云南白药集团股份有限公司 2017 年年度报告。然后单击"目录"页面中的"第十一节　财务报告"，就可以跳转到财务报告内容，再向下拖动垂直滚动条，就可以看到合并利润表数据信息，如图 1.20 所示。

3、合并利润表

单位：元

项目	本期发生额	上期发生额
一、营业总收入	22,410,654,404.31	20,738,126,205.08
其中：营业收入	22,410,654,404.31	20,738,126,205.08
利息收入		
已赚保费		
手续费及佣金收入		
二、营业总成本	19,284,683,853.68	17,744,878,365.65
其中：营业成本	15,717,961,203.91	14,405,904,824.56
利息支出		

●图 1.20　合并利润表数据信息

3. 现金流量表

　　现金流量表是财务报表的三个基本报告之一，所表达的是在一个固定期间（通常是每月或每季）内，一家机构的现金（包含银行存款）的增减变动情形。

　　现金流量表的出现，主要是反映资产负债表中各个项目对现金流量的影响，并根据其用途划分为经营、投资及融资三个活动分类。现金流量表可用于分析一家机构在短期内有没有足够现金去应付开销。

　　下面来查看企业的现金流量表。打开同花顺软件，输入"云南白药"的代码 000538，然后按回车键，就可以查看云南白药（000538）的日 K 线图。接着按下键盘上的 F10 键，就可以看到云南白药（000538）的基本面资料信息。

　　在基本面资料信息中，单击"财务概况"，再单击财务指标中的"现金流量表"，就可以看到云南白药（000538）的现金流量表数据信息及柱状图表显示，如图 1.21 所示。

　　默认状态下，显示的是最近 12 年销售商品、提供劳务收到的现金柱状图表。单击不同的数据项，就会显示数据的柱状图表，在这里单击"支付的各项税费"，这时就显示了最近 12 年支付的各项税费的柱状图表，如图 1.22 所示。

● 图 1.21　云南白药（000538）的现金流量表数据信息及柱状图表显示

● 图 1.22　云南白药（000538）支付的各项税费的柱状图表

　　向下拖动垂直滚动条，还可以看到云南白药（000538）的财务报表查看。
　　单击 2017 年报对应的███按钮，就可以打开网页，显示云南白药集团股份有限公司 2017 年年度报告。然后单击"目录"页面中的"第十一节　财务报告"，就可以跳转到财务报告内容，再向下拖动垂直滚动条，就可以看到现金流量表数据信息。最先看到的是经营活动产生的现金流量表数据信息，如图 1.23 所示。

5、合并现金流量表

单位：元

项目	本期发生额	上期发生额
一、经营活动产生的现金流量：		
销售商品、提供劳务收到的现金	27,274,582,482.57	22,452,805,855.29
客户存款和同业存放款项净增加额		
向中央银行借款净增加额		
向其他金融机构拆入资金净增加额		
收到原保险合同保费取得的现金		
收到再保险业务现金净额		
保户储金及投资款净增加额		
处置以公允价值计量且其变动计入当期损益的金融资产净增加额		
收取利息、手续费及佣金的现金		
拆入资金净增加额		
回购业务资金净增加额		
收到的税费返还	8,576,182.67	
收到其他与经营活动有关的现金	125,042,863.74	158,816,952.89

●图 1.23 经营活动产生的现金流量表数据信息

向下拖动垂直滚动条，就可以看到投资活动产生的现金流量表数据信息，如图 1.24 所示。

二、投资活动产生的现金流量：		
收回投资收到的现金	3,022,172,422.60	1,733,744,649.12
取得投资收益收到的现金	185,758,392.12	163,630,519.22
处置固定资产、无形资产和其他长期资产收回的现金净额	6,519,035.62	127,011.76
处置子公司及其他营业单位收到的现金净额		
收到其他与投资活动有关的现金	4,202,322.51	
投资活动现金流入小计	3,218,652,172.85	1,897,502,180.10
购建固定资产、无形资产和其他长期资产支付的现金	140,632,036.17	135,804,696.72
投资支付的现金	5,564,056,050.00	2,723,752,071.77
质押贷款净增加额		
取得子公司及其他营业单位支付的现金净额	86,120,334.69	
支付其他与投资活动有关的现金	1,415,040,756.39	
投资活动现金流出小计	7,205,849,177.25	2,859,556,768.49
投资活动产生的现金流量净额	-3,987,197,004.40	-962,054,588.39

●图 1.24 投资活动产生的现金流量表数据信息

向下拖动垂直滚动条，还可以看到筹资活动产生的现金流量表数据信息，如图 1.25 所示。

| 95 /196 | 100% | 协作 ▾ | 签名 ▾ | 查找 | ▾ |

三、筹资活动产生的现金流量：		
吸收投资收到的现金	11,900,000.00	
其中：子公司吸收少数股东投资收到的现金	4,900,000.00	
取得借款收到的现金	896,544,000.00	20,000,000.00
发行债券收到的现金		
收到其他与筹资活动有关的现金	35,627,200.00	439,823,816.21
筹资活动现金流入小计	944,071,200.00	459,823,816.21
偿还债务支付的现金	20,000,000.00	20,000,000.00
分配股利、利润或偿付利息支付的现金	691,687,830.11	587,947,510.84
其中：子公司支付给少数股东的股利、利润		6,846,834.40
支付其他与筹资活动有关的现金	7,036,081.45	455,012,813.71
筹资活动现金流出小计	718,723,911.56	1,062,960,324.55
筹资活动产生的现金流量净额	225,347,288.44	-603,136,508.34
四、汇率变动对现金及现金等价物的影响	5,131,871.54	4,400,670.58
五、现金及现金等价物净增加额	-771,960,161.45	618,709,975.04
加：期初现金及现金等价物余额	2,642,673,687.65	2,023,963,712.61

• 图 1.25　筹资活动产生的现金流量表数据信息

4. 所有者权益变动表

所有者权益变动表是反映企业本期（年度或中期）内至期末所有者权益变动情况的报表。其中，所有者权益变动表应当全面反映一定时期所有者权益变动的情况。

2007 年以前，企业所有者权益变动情况是以资产负债表附表形式予以体现的。新准则颁布后，要求上市企业于 2007 年正式对外呈报所有者权益变动表，所有者权益变动表将成为与资产负债表、利润表和现金流量表并列披露的第四张财务报表。

在所有者权益变动表中，企业还应当单独列示反映下列信息：①所有者权益总量的增减变动；②所有者权益增减变动的重要结构性信息；③直接计入所有者权益的利得和损失。

下面来查看企业的所有者权益变动表。打开同花顺软件，输入"云南白药”的代码 000538，然后按回车键，就可以查看云南白药（000538）的日 K 线图。接着按下键盘上的 F10 键，就可以看到云南白药（000538）的基本面资料信息。

在基本面资料信息中，单击“财务概况”，向下拖动垂直滚动条，还可以看到云南白药（000538）的财务报表查看。

单击 2017 年报对应的 按钮，就可以打开网页，显示云南白药集团股份有限公司 2017 年年度报告。然后单击“目录”页面中的“第十一节 财务报告”，就可以跳转到财务报告内容，再向下拖动垂直滚动条，就可以看到所有者权益变动表数据信息，如图 1.26 所示。

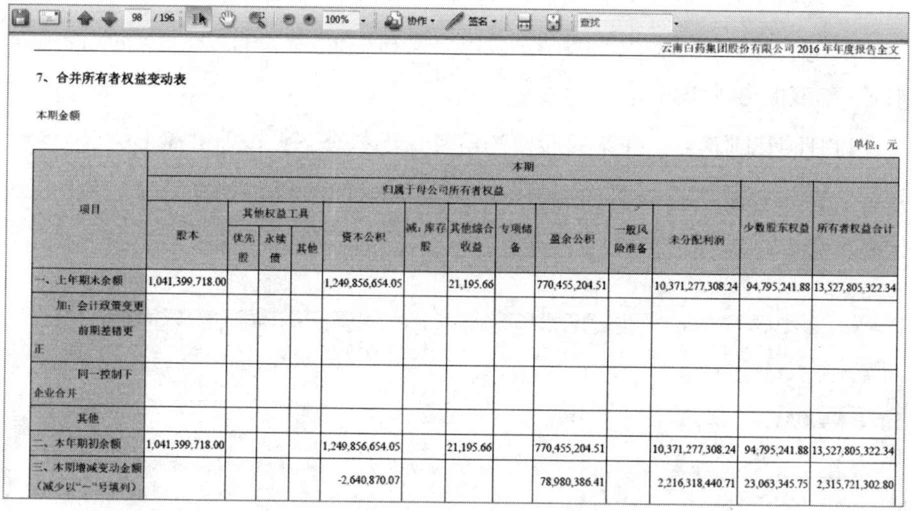

云南白药集团股份有限公司 2016 年年度报告全文

7、合并所有者权益变动表

本期金额

单位：元

项目	本期												
	归属于母公司所有者权益											少数股东权益	所有者权益合计
	股本	其他权益工具			资本公积	减：库存股	其他综合收益	专项储备	盈余公积	一般风险准备	未分配利润		
		优先股	永续债	其他									
一、上年期末余额	1,041,399,718.00				1,249,856,654.05		21,195.66		770,455,204.51		10,371,277,308.24	94,795,241.88	13,527,805,322.34
加：会计政策变更													
前期差错更正													
同一控制下企业合并													
其他													
二、本年期初余额	1,041,399,718.00				1,249,856,654.05		21,195.66		770,455,204.51		10,371,277,308.24	94,795,241.88	13,527,805,322.34
三、本期增减变动金额（减少以“—”号填列）					-2,640,870.07				78,980,386.41		2,216,318,440.71	23,063,345.75	2,315,721,302.80

• 图 1.26 所有者权益变动表数据信息

5. 财务报表附注

财务报表附注是对资产负债表、利润表、现金流量表和所有者权益变动表等报表中列示项目的文字描述或明细资料，以及对未能在这些报表中列示项目的说明等。可以使报表使用者全面了解企业的财务状况、经营成果和现金流量。

财务报表附注是对财务报表的补充说明，是财务会计报告体系的重要组成部分。随着经济环境的复杂化以及人们对相关信息要求的提高，附表和附注在整个报告体系中的地位日益突出。但在我国，对报表附注的重视性却不令人满意，其编制和使用状况也存在着局限性。

1.2 财务报表的类型

财务报表按不同的标准来分，可以分为不同的类型。

1.2.1 月报、季报和年报

按照编报的时间来分，财务报表可分为月报、季报和年报。上市公市的业绩报告，就是按照编报的时间来分的，即月度报告（月报）、季度报告（季报）、年度报告（年报）。

打开同花顺软件，在某只股票的日 K 线图状态下，按下键盘上的 F10 键，就可以看到该股票的基本面资料信息。在这里查看的是中国交建（601800）的基本面资料信息，如图 1.27 所示。

• 图 1.27 中国交建（601800）的基本面最新动态信息

单击"新闻公告"，就可以看到公告列表，然后再单击"业绩公告"，就

可以看到中国交建（601800）的月度报告（月报）、季度报告（季报）、年度
报告（年报）信息，如图 1.28 所示。

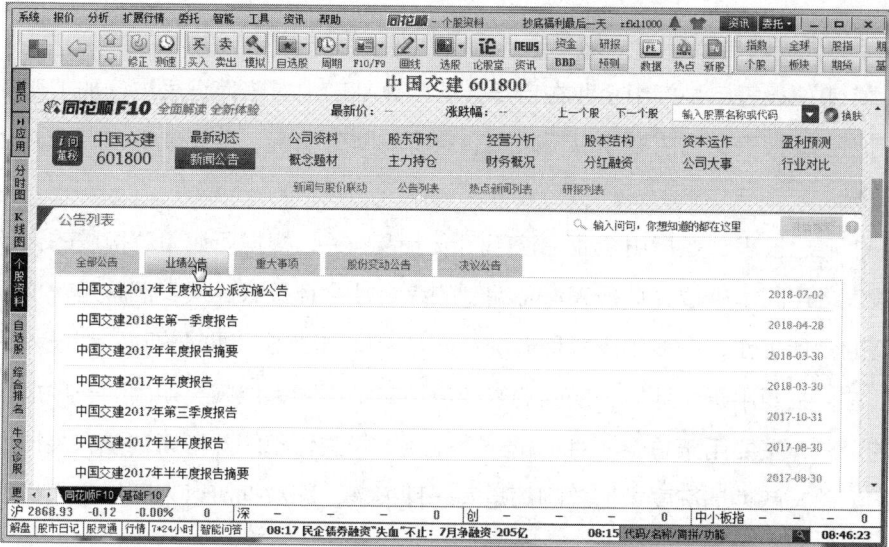

• 图 1.28　业绩公告

如果想查看哪个报告，只须单击对应的标题即可。这里单击的是"中国
交建 2018 年第一季度报告"，打开该文件，如图 1.29 所示。

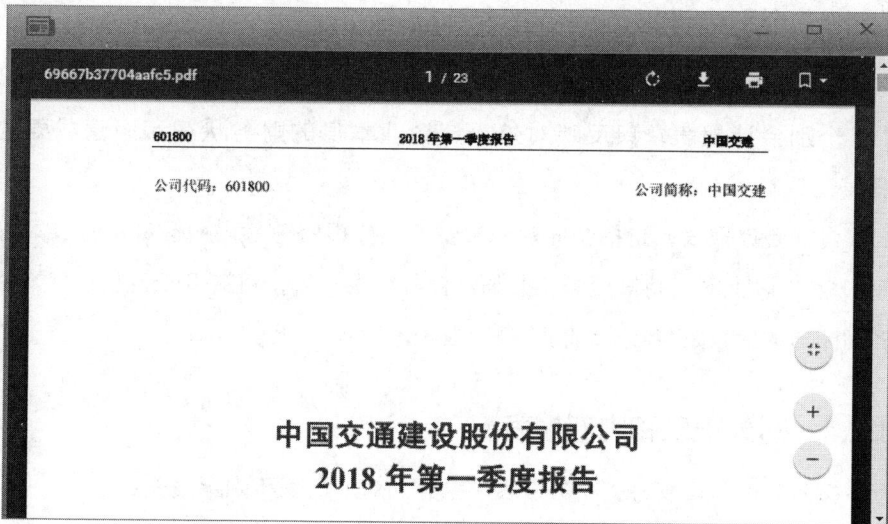

• 图 1.29　中国交建 2018 年第一季度报告

1.2.2　单位报表和汇总报表

按照编制单位来分，财务报表可以分为单位报表和汇总报表。

单位报表，是指由企业在自身会计核算基础上对账簿记录进行加工而编制的会计报表，它主要用以反映企业自身的财务状况、经营成果和现金流动情况。

汇总报表，是指由企业主管部门或上级机关，根据所属单位报送的会计报表，连同本单位会计报表汇总编制的综合性会计报表。报表汇总是一项重要的会计工作，一般用于两种情况：一是单位内部不同期间的同一种报表的汇总，主要用于统计较长期间的累计值；二是不同单位同一期间同一种报表的汇总，主要用于总企业对下属分企业或上级主管部门对下属单位有关报表的汇总，两种情况要求汇总的都是同一种报表，即数据可以不同但格式必须完全相同。

显然，报表汇总可以转化为表页之间的汇总问题。因为，不仅单位内部不同期间的报表一般用不同表页表示，而且下属分企业的报表也可以采集进表页。所以报表汇总，实际上是将多页报表数据进行立体叠加的过程。

1.2.3　个别会计报表和合并会计报表

按照编报主题来分，财务报表可以分为个别会计报表和合并会计报表。

个别会计报表，只反映对外投资企业本身的财务状况和经营成果的报表。

合并会计报表，是指企业对外投资，当其投资总额占被投资企业资本总额的 50% 以上时，将被投资企业与本企业视为一体，将被投资企业的有关经济指标与本企业数字合并编制的会计报表。

1.2.4　对外报表和内部报表

按照服务对象来分，财务报表可以分为对外报表和内部报表。

对外报表，是企业必须定期编制、定期向上级主管部门、投资者、财税部门、债权人等报送或按规定向社会公布的财务报表。这是一种主要的、定期的、规范化的财务报表。它要求有统一的报表格式、指标体系和编制时间等，资产负债表、利润表和现金流量表等均属于对外报表。

内部报表，是企业根据其内部经营管理的需要而编制的，供其内部管理人员使用的财务报表。它不要求统一格式，没有统一指标体系，如成本报表属于内部报表。

1.2.5　主表和附表

按财务报表所提供会计信息的重要性来分，财务报表可以分为主表和附表。

主表即主要财务报表，是指所提供的会计信息比较全面、完整，能基本满足各种信息需要者的不同要求的财务报表。现行的主表主要有三张，即资产负债表、利润表和现金流量表。

附表即从属报表，是指对主表中不能或难以详细反映的一些重要信息所做的补充说明的报表。现行的附表主要有：利润分配表和分部报表，是利润表的附表；应交增值税明细表和资产减值准备明细表，是资产负债表的附表。主表与有关附表之间存在着钩稽关系，主表反映企业的财务状况、经营成果和现金流量，附表则对主表进一步补充说明。

> 提醒：钩稽关系是会计在编制会计报表时常用的一个术语，它是指某个会计报表和另一个会计报表之间以及本会计报表项目的内在逻辑对应关系，如果不相等或不对应，这说明会计报表编制的有问题。

1.2.6　静态报表和动态报表

按照企业资金运动形态的不同，财务报表可以分为静态报表和动态报表。

静态报表是指反映企业资金运动处于某一相对静止状态情况的会计报表。如反映企业某一特定日期资产、负债和所有者权益的资产负债表。

动态报表是指反映企业资金运动状况的会计报表，如反映企业一定期间的经营成果情况的损益表、反映企业一定会计期间内营运资金来源和运用及其增减变化情况的现金流量表等。

1.3 财务报表的意义

财务报表的意义主要表现在 4 个方面，具体如下。

第一，财务报表是企业的"晴雨表"，可以全面系统地揭示企业一定时期的财务状况、经营成果和现金流量，有利于经营管理人员了解本单位各项任务指标的完成情况，评价管理人员的经营业绩，以便及时发现问题，调整经营方向，制定措施改善经营管理水平，提高经济效益，为经济预测和决策提供依据。

第二，有利于国家经济管理部门了解国民经济的运行状况。通过对各单位提供的财务报表资料进行汇总和分析，了解和掌握各行业、各地区的经济发展情况，以便宏观调控经济运行，优化资源配置，保证国民经济稳定持续发展。

第三，财务报表是上市企业的一张脸，这样有利于投资者、债权人和其他有关各方掌握上市企业的财务状况、经营成果和现金流量情况，进而分析企业的盈利能力、偿债能力、投资收益、发展前景等，为他们投资、贷款和贸易提供决策依据。

第四，有利于满足财政、税务、工商、审计等部门监督企业经营管理。通过财务报表可以检查、监督各企业是否遵守国家的各项法律、法规和制度，有无偷税漏税的行为。

1.4 财务报表数据的不同关注点

财务报表包含的内容非常丰富，但是，对不同的财务报表使用人，其关注点可能是不一样的。

一般来说，投资者最关注的是企业的利润表，也就是它的钱能"生"出多少钱来，这就好比我们买股票，从一定期间来看，我们希望自己买的那只股票天天能涨停，至于大盘，如果我们买的股票和大盘的涨跌没有太大关系，我们甚至不在乎大盘是 2500 点还是 3500 点。投资者也一样，只要利润高就好。在前面老母亲组织大家吃饭的例子中，老母亲就是一个投资者，她不关心老李借了多少钱，请了几个师傅，她只关心最后这顿饭大家是不是满意，会不会让大家觉得超值。

而对于企业的经营者（管理者）来说，他们重视的是企业的绩效，对利润表和现金流量表都很关注。只有利润丰厚，才能让投资者、债权人、企业员工和管理者均受益。在前面老母亲组织大家吃饭的例子中，老李充当了这一角色，他需要同时考虑到老母亲（投资方）、兄弟姐妹各个家庭（客户）、债权人（高利贷）以及雇员（厨师二胖）的感受。同时，他还需要确认有现金可以花，可以买到东西来筹备这次聚餐。

对于债权人，他们重视的是企业的现金流量表，因为只有足够多的现金，才能归还他们的欠款，在前面老母亲组织大家吃饭的例子中的高利贷放贷者，他不在意聚餐组织得怎么样，他只在乎到期老李是否能还钱。

除此之外，比如企业员工，可能重视的是企业的经营现状，期望在企业经营好的情况下得到更多薪水，所以他们也关注利润表；而对供应商，更多关注的是资产负债表，只有资产运转良好，才能长期合作等。

虽然与企业关系不同的人对财务报表的各个表的关注度是有差异的，但由于财务报表各表间存在严密的逻辑钩稽关系，因此在阅读财务报表时，一定不能只是单纯地看其中某张表，"只见一叶不见树木"的做法是不可取的。

1.5　财务报表的应用

美国财务培训学院的创立者、总裁卡伦·伯曼曾说过，如果企业管理人员听不懂财务人员在说什么，那么其管理一家企业是相当因难的，并且这样的管理人员不会成为未来的企业家，因为未来的企业家必定是能看明白财务报表的营销专家。

1.5.1　不同的人对企业经营目标认识不同

在传统经济学中，企业是配置资源的场所，其经营目标是获取利润，并且要实现利润最大化。但在新制度经济学中，企业是社会的企业，其经营目标是企业价值最大化。

这样就可以看出不同的理论对企业经营的目标有不同的认识。即便是不同的利益相关者，对企业经营目标的认识也不同，例如企业投资者（股东）和企业管理者（企业家）的目标区别具体如表 1.1 所示。

表 1.1　企业投资者（股东）和企业管理者（企业家）的目标区别

区别类型	企业投资者（股东）	企业管理者（企业家）	结果
目标区别	股东利润最大化	企业家价值最大化	企业腐败，职位消费
信息区别	对企业经营情况不了解	相当熟悉企业的经营情况	内部人控制
责任区别	承担全部损失	承担部分损失	股东成为弱势群体

1.5.2　财务报表对大企业的影响

企业管理者该如何看待财务报表这个密码，国内外成功大企业的做法也许能给我们一些启示。一般情况下，他们要求财务经理要成为数字、人员和流程的领导者。

青岛海尔首席执行官张瑞敏对财务的定位是"海尔财务要彻底转变为规划未来的管理会计"。世界上规模最大，产品多元化的医疗卫生保健品及消费者护理产品企业强生的企业愿景报告定义为"促进正确的业务决策，引导财务人员参与业务。"世界著名的福特汽车企业也要建立联合小组，从产品决策开始引入财务人员。

总之，几乎所有成功的大企业都将"帕乔利密码"放到一个相当重要的位置。稻盛和夫认为："财务与会计学，和京瓷独创的'阿米巴'经营管理模式一起，渗透到企业内部，成为京瓷快速成长的原动力之一。"稻盛和夫还说，如果将企业比作飞机，那么财务与会计不仅仅是告诉飞行员已经飞了多远、多久，更重要的是告诉飞机现在面临的状况，如速度、高度、方向、天气、油耗和姿势等。这一比喻，直指财务与会计数据滞后影响经营的命门。所以说，不懂财务与会计，怎能经营好企业。

1.5.3　抓住财务报表"密码"的要点

解读帕乔利的财富密码，就要熟悉会计报表的功能。帕乔利是现代会计之父，他于 1494 年出版的《数学大全》系统而科学地介绍了意大利复式簿记，将会计由行为变成了科学。

> 提醒：会计、统计和数学是同源学科，所以企业管理者不要以为会计是通常所说的文科，其实它需要很好的数学基础。

对于分析财务报表的智者，财务报表上的每一个"帕乔利密码"都是经营竞争和管理活动留下的证据，反之，财务报表就是枯燥无味烦琐的数字而已。

解读"帕乔利密码"需要智慧。帕乔利密码的最大贡献不仅仅在于帮助管理者和其他利益相关者了解过去，更重要的是在于启发未来。事实上，一个杰出企业的发展，经常奠基于看到简单会计数字后所产生的智慧，而这些智慧开创了新的竞争模式。

例如，1937 年，麦当劳兄弟（Dick and Mac）在美国加州巴赛迪那（Pasadena）销售汉堡、热狗、奶昔等 25 项产品。1940 年左右，他们做了个简单的财务报表分析，意外地发现 80％ 的生意竟然来自汉堡。虽然三明治或猪排等产品味道很好，但销售平平。麦当劳兄弟于是决定简化产品线，专攻低价且销售量大的产品。他们将产品由 25 项减少为 9 项，并将汉堡价格由 30 美分降低到 15 美分。从此之后，麦当劳的销售及获利激增，为后来发展成世界级企业奠定了基础。

总之，智者可以把帕乔利密码当成是"望远镜"，协助企业形成长期的竞争策略。

1.6　阅读财务报表的方法与技巧

不断发展的证券市场正逐渐表明：对上市企业的财务报表进行综合分析，全面研究上市企业的基本面，对于选准股票，取得良好的投资收益是非常重要的。具体来讲，对上市企业的研究就是要做好两个"三结合"。

第一个"三结合"就是将财务数据的分析与上市企业所处行业的发展趋势相结合；将财务数据的分析与上市企业所生产商品的竞争能力、供求状况相结合；将财务数据的分析与个股的市场资金流向相结合。

第二个"三结合"是在分析财务报表时要做到把趋势分析法、结构分析法、比率分析法相结合；将总量变动与比率变动相结合；把分析的量比指标与所分析问题的性质相结合。

这两个"三结合"的实质就是要求我们不能仅仅关注上市企业的过去和目前的经营结果，而是更要善于通过有关数据的变化来预测企业未来的发展趋势。

1.6.1　货币资金和债务分析

货币资金是企业各类现金、银行存款和其他货币资金的总称。它不仅能反映企业的即时支付能力、周转速度的快慢，也是企业是否具有增长潜力的重要标志之一。

在分析货币资金时，可从两方面着手；其一是上市企业的资金总量，其二是每股股票在扣除债务后所能拥有的货币资金。假如一家上市企业既没有新的项目投产又没有充足的资金，那么它的投资价值就值得商榷了。

在宏观环境趋紧时，企业的债务状况往往决定它自身的发展趋向。如果一家企业在产品大量积压的同时，又债务缠身，并且筹资无门，那么这家企业的前景就不容乐观了。一般来说，分析企业的债务状况主要是看负债金额占企业总资产的比重，即资产负债率，生产经营状态正常的上市企业，其资产负债率大致在 25%。如果小于此比例，就表明该企业财力较雄厚。与之相反，流动资金短缺，债务负担沉重的企业，其资产负债率往往在 80% 以上，这类企业稍有不慎，就有可能跌入破产的深渊。当然，在企业面临需求扩张的时期，也还是可以扩大负债经营的。不过其前提条件是：企业负债经营所产生的利润率应高于借款的平均利息率，并且两者之间的差额不能小于社会平均盈利率。因此，这种扩张必须适度，不能过多。

1.6.2　存货与应收账款分析

存货与应收账款这两个项目直接反映企业的销售状况，从而关系到企业的偿债能力和效益。在财务报表中，存货是用来反映企业库存的各类成品、半成品及原材料的价格总额。对制造商和零售商来讲，存货积压过多并不是好现象，一旦存货的增长率超过了销售增长率，那就意味着企业正常的资本循环受阻，流动资金短缺，以后的再生产会受到影响。而要避免这一后果，企业唯一可以选择的方法就是降价销售，减少库存，回收现金。但这一措施又不得不承受利润下降的损失。当然，存货由多变少，也可以看作是企业经营出现转机的第一个征兆。

应收账款是用来反映企业应收而未收到的货款、票据及劳务费用等的资产总额。若应收账款数过多，说明企业的货款回收不畅资金拖欠严重，进而引起企业本身的流动资金紧张。更令人担心的是：有些应收账款容易变成"坏账"，从而造成企业资产流失，影响企业今后的发展。

1.6.3　盈利能力分析

一般来说，盈利的多少和盈利水平的高低将直接关系到投资者的投资回报率，投资者必须给予重视。每股税后利润是上市企业财务报表中最令人关注的因素，它的分析包括两个方面。

一是绝对量的高低，它反映企业的过去。

二是每股税后利润的增减速数量，它反映企业的成长性。分析每股税后利润，还要考虑上市企业每年送配股因素、利润总额和利润增长率。

投资者必须重视分析影响利润总额变化的多种因素。其一是分析企业销售量的增减情况及对利润的影响程度；其二是分析企业营业成本和各项费用的增减情况；其三是分析商品销售价格的变动及对利润影响程度。如果一家上市企业的营业成本和多种费用大幅增加，则很可能是企业经营和管理中产生了严重的问题。

另外，投资者还要分析利润总额中是否掺入水分，为此投资者应该注意分析待摊费用及预提费用科目的金额和构成内容，看有无应摊未摊和应提未提的费用；分析财务费用支出与长短期借款是否相配；分析企业各类资产的变化情况，看固定资产的折旧及无形资产、递延资产的摊销是否符合现行会计制度。除此之外，投资者还要善于结合上市企业的行业特征和经济周期等因素，综合分析企业利润增长率、销售利润率、净资产收益率及其变动，并和同行业各上市企业利润率加以比较，从中判断上市企业的经营管理水平和利润的变动趋势。

最后，中长期投资者还要注意分析上市企业在较长时期内稳定地获取利润和增加利润的能力。

分析利润构成情况。通常来说，主营业务突出，且行业占有率较大，其利润稳定增长的上市企业投资风险较小。而另外一些企业，尽管它的年度内利润总额有所增加，但主营业务利润却未起色，甚至还大幅下降，这样的业绩增长往往是不稳定的：或者是因为过分扩大没有竞争能力的副业或者是过度的投机，一旦把握不好，企业会很快垮下来。分析盈利增长的潜力或后劲，要留意上市企业的人才结构和科研费用的多少；分析企业新专利、新技术应用、新产品开发的情况；分析是否开拓形成了新的销售网络和销售方式；分析目前企业主要的在建工程和已建成的主要项目运营的实际情况，看是否会形成新的利润增长点，并从中发现是否有较好的市场炒作题材。

1.6.4　杜邦财务分析体系

杜邦财务分析体系认为企业的各项财务活动及财务指标是相互联系、相互依存、相互影响的，由此，它把多项财务指标间的内在关系绘制成杜邦分析图。

分析的基本思路如下。

（1）所有者权益净利率是一个综合性最强的财务分析指标，是杜邦分析系统的核心。

（2）资产净利润率是影响所有者权益利润率的最重要的指标，具有很强的综合性，而资产净利润率又取决于销售净利润率和资产周转率的高低。

（3）扩大销售收入，降低成本费用是提高企业销售利润率的根本途径，而扩大销售，同时也是提高资产周转率的必要条件和途径。

（4）要综合分析影响资产周转率的资产结构和影响企业偿债能力的权益结构。要联系销售收入分析企业资产使用是否合理，联系权益结构分析资产结构或联系资产结构分析偿债能力。

下面来查看企业的杜邦财务分析体系。打开同花顺炒股软件，输入"云南白药"的代码 000538，然后按回车键，就可以查看云南白药（000538）的日 K 线图。接着按下键盘上的 F10 键，就可以看到云南白药（000538）的基本面资料信息。

在基本面资料信息中，单击"财务概况"，向下拖动垂直滚动条，还可以看到云南白药（000538）的杜邦财务分析体系，如图 1.30 所示。

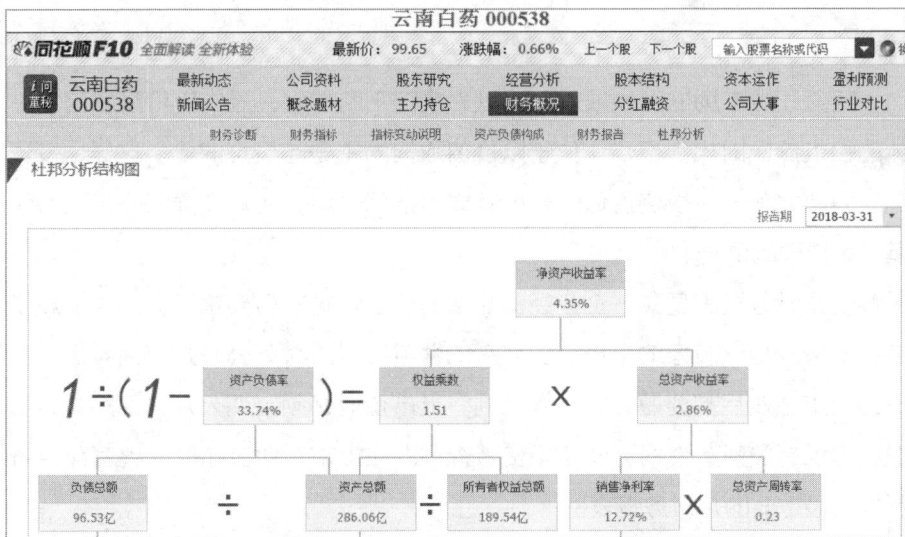

● 图 1.30　杜邦财务分析体系

向下拖动垂直滚动条，可以看到杜邦财务分析体系的其他数据信息，如图 1.31 所示。

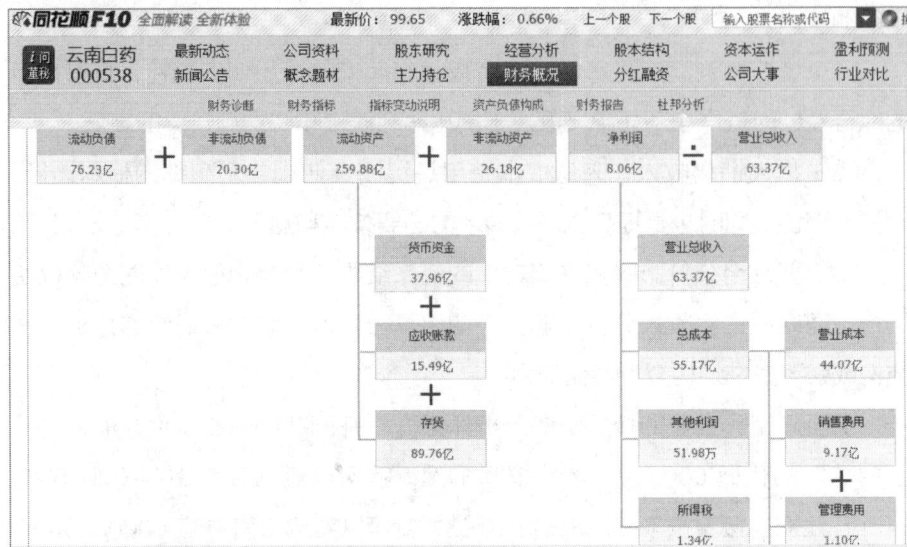

● 图 1.31　邦财务分析体系的其他数据信息

1.7　财务报表分析是价值投资的依据

　　随着证券市场的发展成熟与监管力度的不断加强，过去以价格取向为主体的投机操作时代已逐步让位于以价值取向为主导的投资时代。这样，投资某一股票之前，对投资价值的分析就显得格外重要，而财务报表分析成为最基本最重要的依据。

　　企业财务报表是关于企业经营活动的原始资料的重要来源，是供散户了解和分析发行该股票的上市企业公开的财务资料。财务公开是任何股份企业成为上市企业后都要遵守的基本原则。上市企业必须定期公开自己的财务状况，提供有关财务资料，便于投资者查询。在上市企业公布的一整套财务资料中，最重要的是财务报表。

　　上市企业的财务报表反映了企业目前的财务状况、在一个会计周期内的经营业绩，以及上市企业的整体发展趋势，是投资者了解企业、决定投资行为的最全面、最翔实往往也是最可靠的第一手资料。

　　散户投资者可以通过对上市企业财务报表的有关数据的汇总、计算、对比，综合地分析和评价企业的财务状况和经营成果，进而了解财务报表中各项指标的变动对股价的有利和不利影响，最终作出投资某一股票是否有利和安全的准确判断。

然而，也许是由于惯性投资思维，目前我国有相当大一部分散户投资者要么是不属于分析财务报表，而唯消息是从，唯庄家是从；要么是不会分析财务报表，而单纯凭运气、靠机遇炒股，其结果大多成了庄家的炮灰，而且一直在追涨杀跌的怪圈中徘徊，整日揪心不已。

可以说，散户投资者如果不学会看财务报表，不学会作财务分析，在市场里将寸步难行。可以肯定地说，未来的股市里，只有能像巴菲特那样慧眼识珠、捕捉到具有成长潜力和投资价值的股票，才有可能成为真正的赢家。

从传统股票投资学的定义看，股价即为发行企业实质的反映，而发行企业的实质，就是它的营运情况、财务情况及盈利情况。了解这些情况最直接、最方便的办法，便是进行财务分析。因此，财务分析属于最基本的分析范畴，它是对企业历史资料的动态分析，是在研究过去的基础上预测未来，以助投资者作出正确的投资决定。

总之，阅读与分析上市企业的财务报表有两大重要功能：一是可以帮助散户进行选股，通过分析各种股票品质的好坏来挖掘其内在价值，进而决定选择方向；二是散户可以了解所应有的权益，通过阅读与分析你所投资的上市企业的财务报表，维护自身利益。

贵州茅台拥有茅台酒独特的生产工艺以及茅台酒产品的独特性、品牌地位以及产品自主定价能力。2016 年茅台酒的毛利率为 91.23%，净利润较 2015 年增长 29.85%。同时，公司茅台酒的销量在 2016 年也稳步增长，达 7000 吨，较 2015 年增长 18%。此外，贵州茅台现金流高（2016 年为 65828 万元）而负债低（2015 年长期负债为 130 万元）且有大量库存。库存即财富，库存期限越长茅台越值钱。综合以上的分析可以说明，该公司具有很低的财务风险和良好的行业前景。

某散户在 2016 年到 2017 年的熊市中，仔细研究贵州茅台的财务报表，发现茅台股价完全没有反映出该上市公司的价值，确定这必然是一只能够逆势飞扬的个股，于是跟进，在 201.46 元买进。到了 2017 年价格上涨到了

342 元左右，并且 2017 年一年都在震荡上涨，到了 2017 年 11 月 16 日，该股已经涨到了 700 元左右，该散户从而大大获利，如图 1.32 所示。

• 图 1.32 贵州茅台（600519）的周 K 线图

第 2 章

全面掌握资产负债表

资产负债表是财务报表中的三大主表之一，也是企业最重要的、反映企业全部财务状况的第一主表。投资者往往把资产负债表看作是公司的一张"体检表"。每个公司到底健康不健康，不是自己说了算，而是由资产负债表中的数据说了算。

本章主要内容包括：

➤ 资产负债表的基本结构
➤ 资产负债表的构成和作用
➤ 资产负债表的资产类各项目
➤ 资产负债表的负债类各项目
➤ 资产负债表的所有者权益类各项目
➤ 资产负债表的运用技巧

2.1 资产负债表概述

"资产负债表就像是一家企业的信用报告。"这句话说得很形象，资产负债表各项数据反映出来的就是企业在某一特定时点的"底子"厚薄，包括拥有的资产情况怎么样、负债情况如何等。这样，投资者通过资产负债表，可以在最短时间内了解企业的财务状况。

2.1.1 资产负债表的基本结构

资产负债表的基本结构是以"资产 = 负债 + 所有者权益"这一会计平衡公式为理论基础的，等式的左方是企业的资产，即企业在商品经营活动中持有的各项经济资源，等式的右方是企业的投资者（债权人、股权人）投入企业的资金及企业留利部分。

资产负债表反映的是企业持有的各项经济资源及其产权归属的对照关系，不论企业资金运动处于何种状态，这种平衡的对照关系始终存在。

打开同花顺软件，输入"云南白药"的代码000538，然后按回车键，就可以查看云南白药（000538）的日 K 线图。接着按下键盘上的 F10 键，就可以看到云南白药（000538）的基本面资料信息。

在基本面资料信息中，单击"财务概况"，再单击"资产负债表构成"，就可以查看云南白药（000538）的资产负债表构成图表，如图 2.1 所示。

在这时可以看到 2018 年第一季度，云南白药（000538）的资产总计为286.06 亿元，具体计算如下：

资产总计 = 流动资产 + 固定资产 + 无形资产 + 长期资产 + 其他 =259.88+17.19+3.17+0.014244+5.81=286.064244 ≈ 286.06 亿元

> 提醒：在这里要注意 142.44 万元，要变成 0.014244 亿元。

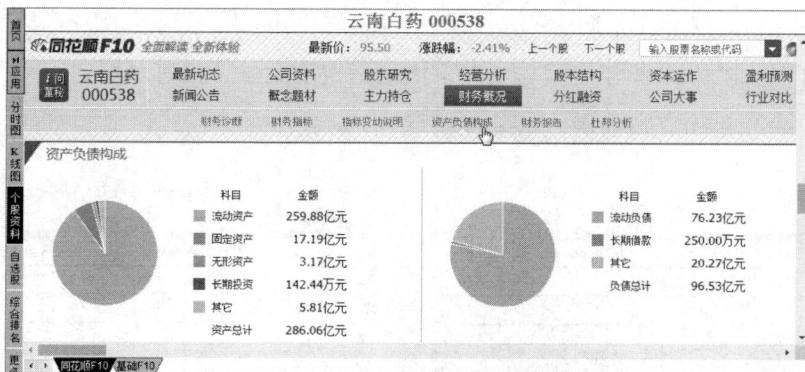

● 图 2.1 资产负债表构成

在这时可以看到 2018 年第一季度，云南白药（000538）的负债总计为 96.53 亿元，具体计算如下：

负债总计 = 流动负债 + 长期借债 + 其他 = 76.23+0.025+20.27=96.525 ≈ 96.53 亿元

> 提醒：在这里要注意 250 万元，要变成 0.025 亿元。

这样就可以计算出 2018 年第一季度，云南白药（000538）的所有者权益，具体计算如下：

所有者权益 = 资产 − 负债 =286.06−96.53=189.53 亿元

下面再来看一下云南白药（000538）2017 年的财务报表，来进一步验证资产负债表的基本结构，即资产 = 负债 + 所有者权益。

在基本面资料信息中，单击"财务概况"，再单击"财务报告"，就可以查看云南白药（000538）的财务报表，如图 2.2 所示。

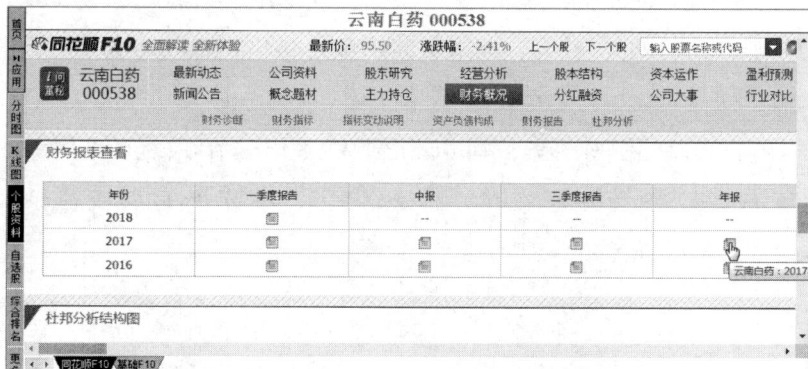

● 图 2.2 云南白药（000538）的财务报表

单击 2017 年年报对应的 ■ 按钮，就可以打开网页，显示云南白药集团股份有限企业 2017 年年度报告。向下拖动垂直滚动条，就可以看到云南白药（000538）的资产负债表，如图 2.3 所示。

固定资产	1,745,371,710.46	1,782,319,408.22
在建工程	144,807,299.79	137,380,770.47
工程物资		
固定资产清理		
生产性生物资产		
油气资产		
无形资产	319,374,177.29	230,958,182.24
开发支出		
商誉	13,565,432.01	13,565,432.01
长期待摊费用	7,288,594.00	9,506,289.06
递延所得税资产	227,356,556.90	197,618,168.01
其他非流动资产	15,524,604.00	16,233,410.00
非流动资产合计	2,598,973,540.41	2,518,958,851.29
资产总计	27,702,530,540.34	24,586,646,034.03
流动负债：		
短期借款		
向中央银行借款		
吸收存款及同业存放		
拆入资金		
以公允价值计量且其变动计入当期损益的金融负债		
衍生金融负债		

• 图 2.3　云南白药（000538）的资产负债表

在这里可以看到 2017 年云南白药（000538）的期初资产余额为 24586646034.03 元，期末资产余额为 27702530540.34 元。

向下拖动垂直滚动条，可以看到 2017 年云南白药（000538）的期初负债余额为 8743119408.89 元，期末负债余额为 9559613057.27 元，如图 2.4 所示。

向下拖动垂直滚动条，可以看到 2017 年云南白药（000538）的期初所有者权益余额为 15843526625.14 元，期末所有者权益余额为 18142917483.07 元，如图 2.5 所示。

项目	期末	期初
应付分保账款		
保险合同准备金		
代理买卖证券款		
代理承销证券款		
持有待售的负债		
一年内到期的非流动负债		10,000,000.00
其他流动负债		
流动负债合计	7,524,369,387.51	6,734,626,170.23
非流动负债：		
长期借款	2,500,000.00	6,100,000.00
应付债券	1,797,180,000.00	1,795,279,200.00
其中：优先股		
永续债		
长期应付款	4,814,832.43	4,814,832.43
长期应付职工薪酬	11,906,616.70	14,756,627.15
专项应付款		
预计负债		
递延收益	218,271,627.15	186,971,985.60
递延所得税负债	570,593.48	570,593.48
其他非流动负债		
非流动负债合计	2,035,243,669.76	2,008,493,238.66
负债合计	9,559,613,057.27	8,743,119,408.89
所有者权益：		
股本	1,041,399,718.00	1,041,399,718.00

• 图 2.4 期初负债余额和期末负债余额

项目	期末	期初
永续债		
资本公积	1,247,215,783.98	1,247,215,783.98
减：库存股		
其他综合收益	11,780.41	21,195.66
专项储备		
盈余公积	940,368,504.71	849,435,590.92
一般风险准备		

87

云南白药集团股份有限公司 2017 年度报告全文

项目	期末	期初
未分配利润	14,808,524,490.36	12,587,595,748.95
归属于母公司所有者权益合计	18,037,520,277.46	15,725,668,037.51
少数股东权益	105,397,205.61	117,858,587.63
所有者权益合计	18,142,917,483.07	15,843,526,625.14
负债和所有者权益总计	27,702,530,540.34	24,586,646,034.03

法定代表人：王明辉　　主管会计工作负责人：吴伟　　会计机构负责人：唐华翠

• 图 2.5 期初所有者权益余额和期末所有者权益余额

这样，期初资产余额 24586646034.03 元 = 期初负债余额 8743119408.89 元 + 期初所有者权益余额 15843526625.14 元。

这样，期末资产余额 27702530540.34 元 = 期末负债余额 9559613057.27 元 + 期末所有者权益余额 18142917483.07 元。

> 提醒：掌握了以上的资产负债表的基本结构，也就掌握了资产负债表的内在逻辑关系，为后面的如何用最短的时间判断资产负债表的准确性打下良好的基础。

2.1.2　资产负债表的构成

资产负债表由表首、主表和补充资料三部分组成。

1. 资产负债表的表首

资产负债表的表首包括内容如下。

第一，表的名称"资产负债表"或"合并资产负债表"。

第二，表的所属期"2017 年 12 月 31 日"。

第三，表的编制单位"云南白药集团股份有限公司"。

第四，主表的货币计量单位"元"。

2. 资产负债表的主表

我国企业资产负债表采用账户式结构，分为左、右两方，左方为资产，右方为负债和所有者权益。

资产按照流动性顺序排列下来，流动性大的排在前面，流动性小的排在后面。右方负债在上，所有者权益在下。负债的排列顺序与资产一样，从上往下是流动负债、非流动性负债等。

另外，资产负债表各项目均需填列"期初余额"和"期末余额"。

资产负债表的主要表结构如表 2.1 所示。

表 2.1　资产负债表的主要表结构

左边		右边	
资产	流动资产	负债	流动负债
	长期资产		长期负债
	固定资产		递延税项
	无形资产	所有者权益	股本
	其他资产		公积金
	递延税项		未分配利润

3. 资产负债表的补充资料

补充资料也是资产负债表的重要组成部分，列在资产负债表的下端。补充资料所提供的是使用者需要了解，但在基本部分中无法反映或难以单独反映的一些资料。主要注明商业承兑汇票贴现的金额；融资租入固定资产的原价；库存商品的期末余额；商品削价准备的期末余额等。

2.1.3　资产负债表的作用

资产负债表的作用主要表现在 5 个方面，具体如下。

第一，资产负债表向人们揭示了企业拥有或控制的能用货币表现的经济资源，即资产的总规模及具体的分布形态。由于不同形态的资产对企业的经营活动有不同的影响，因而对企业资产结构的分析可以对企业的资产质量作出一定的判断。

第二，把流动资产、速动资产（流动资产中变现能力较强的货币资金、债权、短期投资等）与流动负债联系起来分析，可以评价企业的短期偿债能力。这种能力对企业的短期债权人尤为重要。

第三，通过对企业债务规模、债务结构及与所有者权益的对比，可以对企业的长期偿债能力及举债能力（潜力）作出评价。一般而言，企业的所有者权益占负债与所有者权益的比重越大，企业清偿长期债务的能力越强，企业进一步举借债务的潜力也就越大。

第四，通过对企业不同时点资产负债表的比较，可以对企业财务状况的发展趋势作出判断。可以肯定地说，企业某一特定日期（时点）的资产负债表对信息使用者的作用极其有限。只有把不同时点的资产负债表结合起来分析，才能把握企业财务状况的发展趋势。同样，将不同企业同一时点的资产负债表进行对比，还可对不同企业的相对财务状况作出评价。

第五，通过对资产负债表与利润表有关项目的比较，可以对企业各种资源的利用情况作出评价。如可以考察资产利润率、运用资本报酬率、存货周转率、债权周转率等。

2.2　资产负债表的资产类各项目

资产是指企业过去的交易或事项形成的，由公司拥有或控制的，预期会给公司带来经济利益的资源。它是公司从事生产经营活动的物质基础。

2.2.1　资产的特征

资产具有 3 项特征，如图 2.6 所示。

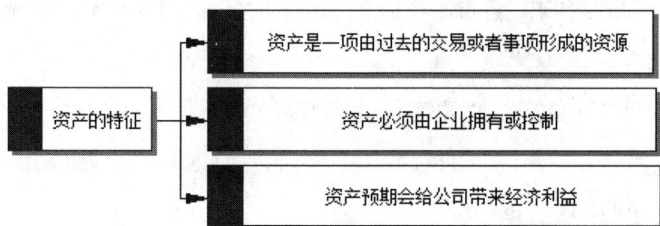

图中文字：资产是一项由过去的交易或者事项形成的资源；资产必须由企业拥有或控制；资产预期会给公司带来经济利益；资产的特征

● 图 2.6　资产的特征

1. 资产是一项由过去的交易或者事项形成的资源

资产必须是现实的资产，而不能是预期的资产。这里所指的企业过去的交易或者事项包括购买、生产、建造行为或其他交易或者事项。也就是说，只有过去的交易或事项才能形成资产，公司预期在未来发生的交易或者事项不形成资产。

例如，企业有购买某存货的意愿或者计划，但是购买行为尚未发生，就不符合资产的定义，不能因此而确认为存货资产。"过去形成"原则在资产的定义中具有举足轻重的地位，这也是传统会计的一个显著特点。尽管现有的一些现象，特别是衍生金融工具的出现，已对"过去形成"原则提出了挑战，但这一原则仍然在实物中得到普遍的接受。

2. 资产必须由企业拥有或控制

由企业拥有或者控制，是指企业享有某项资产的所有权，或者虽然不享有某项资产的所有权，但该资源能被企业控制。

例如，融资租入的固定资产，按照实质重于形式的要求，也应将其作为企业资产予以确认。

3. 资产预期会给公司带来经济利益

预期会给公司带来经济利益，是指直接或间接导致现金和现金等价物流入公司的潜力。资产必须具有交换价值和使用价值。没有交换价值和使用价值、不能给公司带来未来经济利益的资源不能确认为公司的资产。

例如，待处理财产损失或已失效、已毁损的存货，它们已经不能给公司带来未来经济利益，就不应该再作为资产出现在资产负债表中。

2.2.2 资产的确认条件

按照中国的公司会计准则，符合上述资产定义的资源，还要在同时满足以下条件时，才能确认为资产。

第一，与该资源有关的经济利益很可能流入公司。从资产的定义可以看出，能否带来经济利益是资产的一个本质特征，但现实生活中，经济环境瞬息万变，与资源有关的经济利益能否流入公司或能够流入多少实际上带有不确定性。因此，资产的确认还应与经济利益流入的不确定性程度的判断结合起来，如果根据编制财务报表时所取得的证据，与资源有关的经济利益很可能流入公司，那么就应该将其作为资产予以确认；反之，不能确认为资产。

第二，该资源的成本或者价值能够可靠地计量。资产以各种具体形态分布或占用在生产经营过程的不同方面。

2.2.3 资产的类型

资产根据其流动性可分两种，分别是流动资产和非流动资产，如图 2.7 所示。

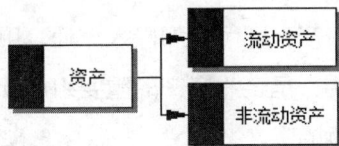

1. 流动资产

流动资产是指公司可以在一年或者超过

● 图 2.7 资产

一年的一个正常营业周期内变现或者运用的资产，是公司资产中必不可少的组成部分。

流动资产在周转过渡中，从货币形态开始，依次改变其形态，最后又回到货币形态（货币资金→储备资金、固定资金→生产资金→成品资金→货币资金），各种形态的资金与生产流通紧密相结合，周转速度快，变现能力强。

加强对流动资产业务的审计，有利于确定流动资产业务的合法性、合规性，有利于检查流动资产业务账务处理的正确性，揭露其存在的弊端，提高流动资产的使用效益。

2. 非流动资产

非流动性资产是指不能在一年或者超过一年的一个营业周期内变现或者耗用的资产。

非流动性资产占用的资金多、企业持有的时间长，会对企业相互联系的多个会计期间的财务状况、经营成果产生影响。因此，对它们的管理和会计处理，应按照各自不同的特点，分别采用不同的程序和方法。

2.2.4 流动资产类项目

在资产负债表中，流动资产类项目包括 19 种，分别是货币资金、结算备付金、拆出资金、以公允价值计量且其变动计入当期损益的金融资产、衍生金融资产、应收票据、应收账款、预付账款、应收保费、应收分保账款、应收分保合同准备金、应收利息、应收股利、其他应收款、买入返售金融资产、存货、持有待售的资产、一年内到期的非流动资产、其他流动资产，下面分别讲解一下。

1. 货币资金

货币资金又称为货币资产，是指在企业生产经营过程中处于货币形态的资产，即可立即投入流通，用于购买商品或劳务或用于偿还债务的交换媒介物，是企业资产的重要组成部分，是流动性最强的资产，也是最容易受到觊觎的资产。

货币资金是资产负债表的一个流动资产项目，包括库存现金、银行存款和其他货币资金三个总账账户的期末余额，具有专门用途的货币资金不包括在内，其他货币资金包括外埠存款、银行汇票存款、银行本票存款、信

用证保证金存款、信用卡存款、存出投资款、在途货币资金等。云南白药
（000538）货币资金的组成如图 2.8 所示。

七、合并财务报表项目注释

1. 货币资金

单位：元

项目	期末余额	期初余额
库存现金	265,016.18	328,786.15
银行存款	2,665,675,913.66	3,285,390,406.22
其他货币资金	385,482.30	6,889,564.74
合计	2,666,326,412.14	3,292,608,757.11
其中：存放在境外的款项总额	0.00	0.00

其他说明：其他货币资金期末余额主要为公司开立信用证保证金。

• 图 2.8　货币资金

2. 结算备付金

结算备付金是指证券公司为证券交易的清算交割而存入指定清算代理机构的款项。

3. 拆出资金

拆出资金是我国商业银行的一项重要业务，其目的在于通过优化资产结构而实现整体资产收益最大化。

4. 以公允价值计量且其变动计入当期损益的金融资产

企业将某项金融资产指定为以公允价值计量且其变动计入当期损益的金融资产，通常是指该金融资产不满足确认为交易性金融资产条件时，企业仍可在符合条件的某些特定条件的情况下按其公允价值计量，并将其公允价值变动计入当期损益。

5. 衍生金融资产

衍生金融资产又称"金融衍生产品"，是指建立在基础产品或基础变量之上，其价格随基础金融产品的价格（或数值）变动的派生金融产品，例如期货、期权等。

在 2017 年资产负债表中，云南白药（000538）的货币资金、结算备付金、拆出资金、以公允价值计量且其变动计入当期损益的金融资产、衍生金融资产的期末余额与期初余额如图 2.9 所示。

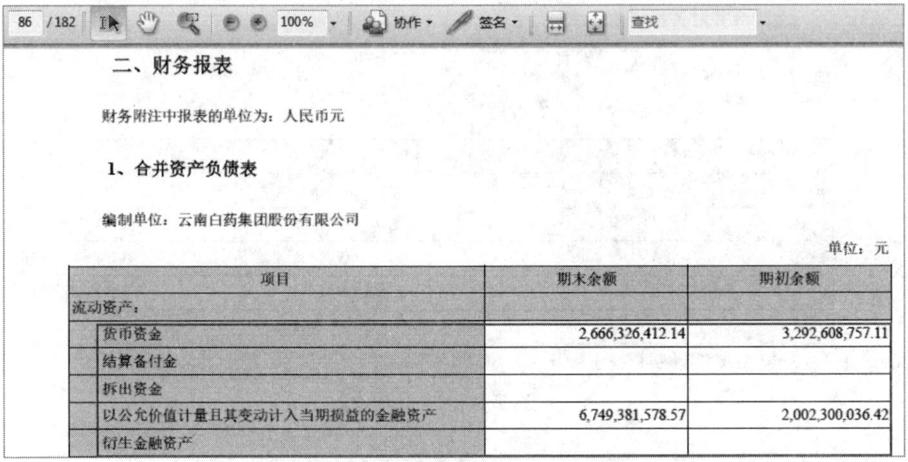

二、财务报表

财务附注中报表的单位为：人民币元

1、合并资产负债表

编制单位：云南白药集团股份有限公司

单位：元

项目	期末余额	期初余额
流动资产：		
货币资金	2,666,326,412.14	3,292,608,757.11
结算备付金		
拆出资金		
以公允价值计量且其变动计入当期损益的金融资产	6,749,381,578.57	2,002,300,036.42
衍生金融资产		

• 图 2.9　货币资金、结算备付金、拆出资金、以公允价值计量且其变动计入当期损益的金融资产、衍生金融资产的期末余额与期初余额

6. 应收票据

应收票据是指企业持有的未到期或未兑现的商业票据，是一种载有一定付款日期、付款地点、付款金额和付款人的无条件支付的流通证券，也是一种可以由持票人自由转让给他人的债权凭证。

在我国票据通常是指“商业汇票”，包括“银行承兑汇票”和“商业承兑汇票”两种，商业承兑汇票是付款人签发并承兑，或由收款人签发交由付款人承兑的汇票。银行承兑汇票是由在承兑银行开立存款账户的存款人出票，由承兑银行承兑的票据。

应收票据按时间来分，可分为短期应收票据和长期应收票据，如无特指，应收票据即为短期应收票据。应收票据常出现在三种情况下，分别是：

第一，收账款延期；

第二，为新顾客提供应用；

第三，赊销商品。

长期应收票据因长期合同而发生，包括销售机器设备等大型商品、提供贷款等。

应收票据按是否带息可分为两种，分别是带息应收票据和不带息应收票据。带息应收票据是票面注明利息的应收票据，其利息应单独计算；无息应收票据是票面不注明利息的应收票据，其利息包含在票面本金之中。

7. 应收账款

应收账款是指企业在正常的经营过程中因销售商品、产品、提供劳务等业务，应向购买单位收取的款项，包括应由购买单位或接受劳务单位负担的税金、代购买方垫付的各种运杂费等。

应收账款是有特定范围的。首先，应收账款是指因销售活动或提供劳务而形成的债权，不包括应收职工欠款、应收债务人的利息等其他应收款；其次，应收账款是指流动资产性质债权，不包括长期的债权，如购买长期债券等；最后，应收账款是指本公司应收客户的款项，不包括本公司付出的各类存储保证金，如投标保证金和租入包装物等保证金等。

应收账款的作用主要表现在它在生产经营中的作用有两点，分别是增加销售和减少存货。

8. 预付账款

预付账款是指企业按照购货合同的规定，预先以货币资金或货币等价物支付供应单位的款项。在日常核算中，预付账款按实际付出的金额入账，如预付的材料、商品采购货款、必须预先发放的在以后收回的农副产品预购定金等。

对购货企业来说，预付账款是一项流动资产。预付账款一般包括预付的货款、预付的购货定金。施工企业的预付账款主要包括预付工程款、预付备料款等。

9. 应收保费

应收保费定义为：保险公司按照合同约定应向投保人收取但尚未收到的保费收入。

10. 应收分保账款

应收分保账款是指公司开展分保业务而发生的各种应收款项。

11. 应收分保合同准备金

应收分保合同准备金是用于核算企业（再保险分出人）从事再保险业务确认的应收分保未到期责任准备金，以及应向再保险接受人摊回的保险责任准备金。

在 2017 年资产负债表中，云南白药（000538）的应收票据、应收账款、预付款项、应收保费、应收分保账款、应收分保合同准备金的期末余额与期初余额如图 2.10 所示。

| 87 /182 | | | | 100% | | 协作 | 签名 | | | 查找 | |

云南白药集团股份有限公司 2017 年度报告全文

应收票据	4,293,350,836.42	3,943,361,793.13
应收账款	1,233,810,339.12	1,012,036,371.97
预付款项	417,960,307.14	466,141,193.41
应收保费		
应收分保账款		
应收分保合同准备金		

● 图 2.10　应收票据、应收账款、预付款项、应收保费、应收分保账款、
应收分保合同准备金的期末余额与期初余额

12. 应收利息

应收利息是指短期债券投资实际支付的价款中包含的已到付息期但尚未领取的债券利息。这部分应收利息不计入短期债券投资初始投资成本中。但实际支付的价款中包含尚未到期的债券利息，则计入短期债券投资初始投资成本中不需要单独核算的部分。

2017 年 1 月 1 日，A 公司以 50000 元购买 B 公司在当日发行的 5 年期到期一次还本付息的债券，债券面值 50000 元，票面利率 8%，每年计息一次，在 2017 年 12 月 A 公司的账务处理为：

借：长期债权投资——债券投资（应计利息）　　　　4000

　　贷：投资收益　　　　　　　　　　　　　　　　　4000

如果上题中 B 公司发行的债券是分期付息，并且每年支付利息一次，那么在 2017 年 12 月 A 公司账务处理为：

借：应收利息　　　　　　　　　　　　　　　　　　4000

贷：投资收益	4000

如果上题中发行的债券是分期付息，但是每半年计提一次利息，每年年末支付利息，A 公司的账务处理如下：

2017 年 6 月 30 日：

借：长期债权投资——债券投资（应计利息）	2000
贷：投资收益	2000

2017 年 12 月 31 日：

借：应收利息	2000
贷：投资收益	2000

13. 应收股利

应收股利又称为应收股息，是指小企业因进行股权投资而发生应收取的现金股利及进行债权投资而发生应收取的利息和应收其他单位的利润，包括企业购入股票实际支付的款项中所包括的已宣告发放但尚未领取的现金股利和企业因对外投资应分得的现金股利或利润等，但不包括应收的股票股利。

14. 其他应收款

其他应收款是企业应收款项的另一重要组成部分，具体包括如下。

第一，应收的各种赔款、罚款。如因企业财产等遭受意外损失而应向有关保险公司收取的赔款等。

第二，应收出租包装物租金。

第三，应向职工收取的各种垫付款项，如为职工垫付的水电费、应由职工负担的医药费、房租费等。

第四，存出保证金，如租入包装物支付的押金。

第五，其他各种应收、暂付款项。

例如，某公司对备用金采取定额预付制，本月份发生如下业务：

5 日，设立管理部门定额备用金，由李红负责管理。管理部门的定额备用金核定定额为 300 元，财务科开出现金支票。应做如下分录：

借：其他应收款——备用金（李红）	300
贷：银行存款	300

16 日，李红交来普通发票 120 元，报销管理部门购买办公用品的支出，财务科以现金补足该定额备用金。

借：管理费用 120

    贷：库存现金 120

22 日，经批准减少管理部门定额备用金的核定定额 100 元，李红将 100 元交回财务科。

借：库存现金 100

    贷：其他应收款——备用金（李红） 100

30 日，由于机构变动，经批准撤销管理部门定额备用金，李红交回购买办公用品支出的普通发票 30 元及现金 170 元。

借：管理费用 30

    库存现金 170

    贷：其他应收款——备用金（李红） 200

15. 买入返售金融资产

买入返售金融资产是指公司按返售协议约定先买入再按固定价格返售的证券等金融资产所融出的资金。

16. 存货

存货是指企业在日常活动中持有以备出售的产成品或商品、处在生产过程中的在产品、在生产过程或提供劳务过程中耗用的材料或物料等，包括各类材料、在产品、半成品、产成品或库存商品以及包装物、低值易耗品、委托加工物资等。

一般情况下，企业的存货包括下列三种类型的有形资产。

第一，在正常经营过程中存储以备出售的存货。这是指企业在正常的过程中处于待销状态的各种物品，如工业企业的库存产成品及商品流通企业的库存商品。

第二，为了最终出售正处于生产过程中的存货。这是指为了最终出售但目前处于生产加工过程中的各种物品，如工业企业的在产品、自制半成品以及委托加工物资等。

第三，为了生产供销售的商品或提供服务以备消耗的存货。这是指企业为生产产品或提供劳务耗用而储备的各种原材料、燃料、包装物、低值易耗品等。

17. 持有待售的资产

持有待售的资产核算的是持有待售的固定资产、持有待售的无形资产、持有待售的长期股权投资等。同时满足下列条件的非流动资产（包括固定资产）应当划分为持有待售。

第一，企业已经就处置该非流动资产作出决议。

第二，企业已经与受让方签订了不可撤销的转让协议。

第三，该项转让将在一年内完成。

18. 一年内到期的非流动资产

一年内到期的非流动资产是指反映企业将于一年内到期的非流动资产项目金额，包括一年内到期的持有至到期投资、长期待摊费用和一年内可收回的长期应收款。

19. 其他流动资产

资产负债表上的其他流动资产，是指除货币资金、应收票据、应收账款、其他应收款、存货等流动资产以外的流动资产。一般企业"待处理流动资产净损益"科目未处理转账，报表时挂在"其他流动资产"项目中。

在 2017 年资产负债表中，云南白药（000538）的应收利息、应收股利、其他应收款、买入返售金融资产、存货、持有待售的资产、一年内到期的非流动资产、其他流动资产的期末余额与期初余额如图 2.11 所示。

应收利息	63,579,815.59	31,467,520.34
应收股利		
其他应收款	138,948,546.84	58,083,933.78
买入返售金融资产		
存货	8,663,278,462.90	6,918,030,390.07
持有待售的资产		
一年内到期的非流动资产		
其他流动资产	876,920,701.21	4,343,657,186.51
流动资产合计	25,103,556,999.93	22,067,687,182.74

- 图 2.11 应收利息、应收股利、其他应收款、买入返售金融资产、存货、持有待售的资产、一年内到期的非流动资产、其他流动资产的期末余额与期初余额

2.2.5　非流动资产类项目

在资产负债表中，非流动资产类项目包括 18 种，分别是发放贷款及垫款、可供出售金融资产、持有至到期投资、长期应收款、长期股权投资、投资性房地产、固定资产、在建工程、工程物资、固定资产清理、生产性生物资产、油气资产、无形资产、开发支出、商誉、长期待摊费用、递延所得税资产、其他非流动资产，如图 2.12 所示。

87 /182			
一年内到期的非流动资产			
其他流动资产		876,920,701.21	4,343,657,186.51
流动资产合计		25,103,556,999.93	22,067,687,182.74
非流动资产：			
发放贷款及垫款			
可供出售金融资产		124,634,700.00	124,634,700.00
持有至到期投资			
长期应收款			
长期股权投资		768,043.48	
投资性房地产		282,422.48	6,742,491.28
固定资产		1,745,371,710.46	1,782,319,408.22
在建工程		144,807,299.79	137,380,770.47
工程物资			
固定资产清理			
生产性生物资产			
油气资产			
无形资产		319,374,177.29	230,958,182.24
开发支出			
商誉		13,565,432.01	13,565,432.01
长期待摊费用		7,288,594.00	9,506,289.06
递延所得税资产		227,356,556.90	197,618,168.01
其他非流动资产		15,524,604.00	16,233,410.00
非流动资产合计		2,598,973,540.41	2,518,958,851.29
资产总计		27,702,530,540.34	24,586,646,034.03

● 图 2.12　非流动资产类项目及其期末余额与期初余额

1. 发放贷款及垫款

发放贷款是指银行或者其他金融机构依据法律、行政法规规定，向贷款人发放贷款。垫款是指银行在客户无力支付到期款项的情况下，被迫以自有资金代为支付的行为。

2. 可供出售金融资产

可供出售金融资产通常是指企业初始确认时即被指定为可供出售的非衍

生金融资产，以及没有划分为以公允价值计量且其变动计入当期损益的金融资产、持有至到期投资、贷款和应收款项的金融资产。

例如，企业购入的在活跃市场上有报价的股票、债券和基金等，没有划分为以公允价值计量且其变动计入当期损益的金融资产或持有至到期投资等金融资产的，可归为此类。

可供出售金融资产可分两类，分别是可供出售权益工具投资（股票）和可供出售债券工具投资（债券）。

3. 持有至到期投资

持有至到期投资是指企业打算并且能够持有到期的债权证券。

4. 长期应收款

长期应收款是指企业融资租赁产生的应收款项和采用递延方式分期收款、实质上具有融资性质的销售商品和提供劳务等经营活动产生的应收款项。

5. 长期股权投资

长期股权投资是指通过投资取得被投资单位的股份。企业对其他单位的股权投资，通常视为长期持有，以及通过股权投资达到控制被投资单位，或对被投资单位施加重大影响，或为了与被投资单位建立密切关系，以分散经营风险。

长期股权投资的基本特点有 4 项，分别是长期持有、利险并存、禁止出售、风险较大。

第一，长期持有。长期股权投资的目的是为长期持有被投资单位的股份，成为被投资单位的股东，并通过所持有的股份，对被投资单位实施控制或施加重大影响，或为了改善和巩固贸易关系，或持有不易变现的长期股权投资等。

第二，利险并存。获取经济利益，并承担相应的风险。长期股权投资的最终目标是为了获得较大的经济利益，这种经济利益可以通过分得利润或股利获取，也可以通过其他方式取得，如被投资单位生产的产品为投资企业生产所需的原材料，在市场上这种原材料的价格波动较大，且不能保证供应。在这种情况下，投资企业通过所持股份，达到控制或对被投资单位施加重大影响，使其生产所需的原材料能够直接从被投资单位取得，而且价格比较稳定，保证其生产经营的顺利进行。但是，如果被投资单位经营状况不佳，或者进行破产清算时，投资企业作为股东，也需要承担相应的投资损失。

第三，禁止出售。除股票投资外，长期股权投资通常不能随时出售。投资企业一旦成为被投资单位的股东，依所持股份份额享有股东的权利并承担相应的义务，一般情况下不能随意抽回投资。

第四，风险较大。长期股权投资相对于长期债权投资而言，投资风险较大。

6. 投资性房地产

投资性房地产，是指为赚取租金或资本增值，或两者兼有而持有的房地产。投资性房地产应当能够单独计量和出售。投资性房地产主要包括：已出租的土地使用权、持有并准备增值后转让的土地使用权和已出租的建筑物。

下列各项不属于投资性房地产。

第一，自用房地产，即为生产商品、提供劳务或者经营管理而持有的房地产。

第二，作为存货的房地产。投资性房地产属于正常经常性活动，形成的租金收入或转让增值收益确认为企业的主营业务收入，但对于大部分企业而言，是与经营性活动相关的其他经营活动。

7. 固定资产

固定资产是指企业为生产产品、提供劳务、出租或者经营管理而持有的、使用时间超过 12 个月的，价值达到一定标准的非货币性资产，包括房屋、建筑物、机器、机械、运输工具以及其他与生产经营活动有关的设备、器具、工具等。

固定资产是企业的劳动手段，也是企业赖以生产经营的主要资产。从会计的角度划分，固定资产一般被分为生产用固定资产、非生产用固定资产、租出固定资产、未使用固定资产、不需用固定资产、融资租赁固定资产、接受捐赠固定资产等。

8. 在建工程

在建工程是指企业固定资产的新建、改建、扩建，或技术改造、设备更新和大修理工程等尚未完工的工程支出。

在建工程通常有"自营"和"出包"两种方式。自营在建工程指企业自行购买工程用料、自行施工并进行管理的工程；出包在建工程是指企业通过签订合同，由其他工程队或单位承包建造的工程。

例如，某企业自行建造仓库一座，购入为工程准备的各种物资 200000 元，支付的增值税额为 34000 元，实际领用工程物资（含增值税）210600 元，剩余物资转作企业存货；另外还领用了企业生产用的原材料一批，实际成本为 30000 元，应转出的增值税为 5100 元；分配工程人员工资 50000 元，企业辅助生产车间为工程提供有关劳务支出 10000 元，工程完工交付使用。有关账务处理如下：购入为在建工程准备的物资时：

 借：工程物资   234000

  贷：银行存款   234000

领用工程物资时：

 借：在建工程——仓库   210600

  贷：工程物资   210600

领用原材料时：

 借：在建工程——仓库   30000

  贷：原材料   30000

分配工程人员工资时：

 借：在建工程——仓库   50000

  贷：应付职工薪酬——工资   50000

辅助车间为工程提供劳务支出时：

 借：在建工程——仓库   10000

  贷：生产成本——辅助生产成本 10000

工程完工交付使用时：

 借：固定资产   305700

  贷：在建工程——仓库   305700

剩余工程物资转作企业存货时：

 借：原材料   20000

应交税费——应交增值税（进项税额）　　　　3400

贷：工程物资　　　　　　　　　　　　　　　　23400

9. 工程物资

工程物资是指用于固定资产建造的建筑材料（如钢材、水泥、玻璃等），企业（民用航空运输）的高价周转件（例如飞机的引擎）等。买回来要再次加工建设的资产。

10. 固定资产清理

固定资产清理是因磨损、遭受非常灾害和意外事故而丧失生产能力，或因陈旧过时，需淘汰更新的固定资产，所办理的鉴定、报废、核销资产、处理残值等项工作的总称。

11. 生产性生物资产

生产性生物资产，是指为产出农产品、提供劳务或出租等目的而持有的生物资产，包括经济林、薪炭林、产畜和役畜等。生产性生物资产具备自我生长性，能够在持续的基础上予以消耗并在未来的一段时间内保持其服务能力或未来经济利益，属于劳动手段。

12. 油气资产

油气资产是指油气开采企业所拥有或控制的井及相关设施和矿区权益。

13. 无形资产

无形资产是指企业拥有或者控制的没有实物形态的可辨认非货币性资产。

无形资产具有广义和狭义之分，广义的无形资产包括货币资金、应收账款、金融资产、长期股权投资、专利权、商标权等，因为它们没有物质实体，而是表现为某种法定权利或技术。但是，会计上通常将无形资产做狭义的理解，即将专利权、商标权等称为无形资产。

14. 开发支出

开发支出是反映企业开发无形资产过程中能够资本化形成无形资产成本的支出部分。

15. 商誉

商誉是指能在未来期间为企业经营带来超额利润的潜在经济价值，或一家企业预期的获利能力超过可辨认资产正常获利能力（如社会平均投资回报率）的资本化价值。

商誉是企业整体价值的组成部分。在企业合并时，它是购买企业投资成本超过被合并企业净资产公允价值的差额。

依据商誉的取得方式，商誉可分为外购商誉和自创商誉。外购商誉是指由于企业合并采用购买法进行核算而形成的商誉；其他商誉即是自创商誉或称为非外购商誉。

16. 长期待摊费用

"长期待摊费用"账户用于核算企业已经支出，但摊销期限在 1 年以上（不含 1 年）的各项费用，包括固定资产修理支出、租入固定资产的改良支出以及摊销期限在 1 年以上的其他待摊费用。

在"长期待摊费用"账户下，企业应按费用的种类设置明细账，进行明细核算，并在会计报表附注中按照费用项目披露其摊余价值、摊销期限、摊销方式等。

例如，企业自行对经营租入发电设备进行大修理，经核算共发生大修理支出 24000 元，修理间隔期为 4 年。分录如下：

借：长期待摊费用——大修理支出　　　　　　　24000
　　贷：银行存款　　　　　　　　　　　　　　　24000

上述大修理费用按修理间隔期 4 年平均摊销，每月摊销 500 元。分录如下：

借：管理费用　　　　　　　　　　　　　　　　500
　　贷：长期待摊费用——大修理支出　　　　　　500

17. 递延所得税资产

递延所得税资产，就是未来预计可以用来抵税的资产，递延所得税是时间性差异对所得税的影响，在纳税影响会计法下才会产生递延税款，是根据可抵扣暂时性差异及适用税率计算、影响（减少）未来期间应交所得税的金额。

18. 其他非流动资产

其他非流动资产是指除资产负债表上所列非流动资产项目以外的其他周转期超过 1 年的长期资产。

2.2.6 资产类各项目的表内公式计算

在资产负债表中，流动资产合计就是把 19 项流动资产加起来得到的值，下面以 2017 年云南白药（000538）流动资产合计的期末余额为例讲解一下。

流动资产合计 = 货币资金 + 结算备付金 + 拆出资金 + 以公允价值计量且其变动计入当期损益的金融资产 + 衍生金融资产 + 应收票据 + 应收账款 + 预付账款 + 应收保费 + 应收分保账款 + 应收分保合同准备金 + 应收利息 + 应收股利 + 其他应收款 + 买入返售金融资产 + 存货 + 持有待售的资产 + 一年内到期的非流动资产 + 其他流动资产 = 2666326412.14+ 6749381578.57+ 4293350836.42+ 1233810339.12+ 417960307.14+ 63579815.59+ 138948546.84+ 8663278462.90+ 876920701.21= 25103556999.93 元，如图 2.13 所示。

提醒：有些项没有数据，即为零。

单位：元

项目	期末余额	期初余额
流动资产：		
货币资金	2,666,326,412.14	3,292,608,757.11
结算备付金		
拆出资金		
以公允价值计量且其变动计入当期损益的金融资产	6,749,381,578.57	2,002,300,036.42
衍生金融资产		

85

云南白药集团股份有限公司 2017 年度报告全文

项目	期末余额	期初余额
应收票据	4,293,350,836.42	3,943,361,793.13
应收账款	1,233,810,339.12	1,012,036,371.97
预付款项	417,960,307.14	466,141,193.41
应收保费		
应收分保账款		
应收分保合同准备金		
应收利息	63,579,815.59	31,467,520.34
应收股利		
其他应收款	138,948,546.84	58,083,933.78
买入返售金融资产		
存货	8,663,278,462.90	6,918,030,390.07
持有待售的资产		
一年内到期的非流动资产		
其他流动资产	876,920,701.21	4,343,657,186.51
流动资产合计	25,103,556,999.93	22,067,687,182.74

● 图 2.13 流动资产合计

在资产负债表中，非流动资产合计就是把 18 项非流动资产加起来得到的值，下面以 2017 年云南白药（000538）非流动资产合计的期末余额为例讲解一下。

非流动资产合计 = 发放贷款及垫款 + 可供出售金融资产 + 持有至到期投资 + 长期应收款 + 长期股权投资 + 投资性房地产 + 固定资产 + 在建工程 + 工程物资 + 固定资产清理 + 生产性生物资产 + 油气资产 + 无形资产 + 开发支出 + 商誉 + 长期待摊费用 + 递延所得税资产 + 其他非流动资产 =124634700.00+768043.48+282422.48+1745371710.46+144807299.79+319374177.29+13565432.01+7288594.00+227356556.90+15524604.00=2598973540.41 元，如图 2.14 所示。

| | | 100% | 协作 | 签名 | | | 查找 | | |

一年内到期的非流动资产			
其他流动资产		876,920,701.21	4,343,657,186.51
流动资产合计		25,103,556,999.93	22,067,687,182.74
非流动资产：			
发放贷款及垫款			
可供出售金融资产		124,634,700.00	124,634,700.00
持有至到期投资			
长期应收款			
长期股权投资		768,043.48	
投资性房地产		282,422.48	6,742,491.28
固定资产		1,745,371,710.46	1,782,319,408.22
在建工程		144,807,299.79	137,380,770.47
工程物资			
固定资产清理			
生产性生物资产			
油气资产			
无形资产		319,374,177.29	230,958,182.24
开发支出			
商誉		13,565,432.01	13,565,432.01
长期待摊费用		7,288,594.00	9,506,289.06
递延所得税资产		227,356,556.90	197,618,168.01
其他非流动资产		15,524,604.00	16,233,410.00
非流动资产合计		2,598,973,540.41	2,518,958,851.29
资产总计		27,702,530,540.34	24,586,646,034.03

● 图 2.14　非流动资产合计

在资产负债表中，资产合计 = 流动资产合计 + 非流动资产合计 =25103556999.93+2598973540.41=27702530540.34 元。注意，在图 2.14 中可以看到资产合计。

2.3 资产负债表的负债类各项目

负债是指公司过去的交易或事项形成的、预期会导致经济利益流出公司的现时义务。

2.3.1 负债的确认条件

将一项现时义务确认为负债，除应符合负债的定义外，还要同时满足两个条件。

1. 与该义务有关的经济利益很可能流出公司

从负债的定义可以看到，预期会导致经济利益流出公司是负债的一个本质特征。在实务中，履行义务所需流出的经济利益带有不确定性，尤其是与推定义务相关的经济利益通常需要依赖于大量的估计。因此，负债的确认应当与经济利益流出的不确定性程度的判断结合起来，如果有确凿证据表明，与现时义务有关的经济利益很可能流出公司，就应当将其作为负债予以确认；反之，如果公司承担了现时义务，但是导致公司经济利益流出的可能性很小，就不符合负债的确认条件，不应将其作为负债予以确认。

2. 未来流出的经济利益的金额能够可靠的计量

负债的确认在考虑经济利益流出公司的同时，对于未来流出的经济利益的金额应当能够可靠计量。对于与法定义务有关的经济利益流出金额，通常可以根据合同或者法律规定的金额予以确定，考虑到经济利益流出的金额通常在未来期间，有时未来期间较长，有关金额的计量需要考虑货币时间价值等因素的影响。对于与推定义务有关的经济利益流出金额，公司应当根据履行相关义务所需支出的最佳估计数进行估计，并综合考虑有关货币时间价值、风险等因素的影响。

2.3.2 为什么要有负债

为什么要有负债，即为什么要借钱，原因有两点，具体如下。

第一，负债可以减少投资者对公司的投入，降低出资风险。

第二，适量负债对公司有益，这个可以从两个方面来说，一是借款费用可以从税前扣除，公司可获得纳税上的利益，股东可以增加盈利；二是债权人无权参与公司的经营管理，不会影响投资人对公司的控制。

但需要注意的是，公司的息税前利润率应大于借款利息率，否则负债经营会背上沉重包袱，一是借款有规定期限，到期必须偿还；二是需要负担固定利息，不论公司使用资金效益如何，都必须无条件支付。

2.3.3　负债的类型

负债根据其流动性可分两种，分别是流动负债和非流动负债，如图 2.15 所示。

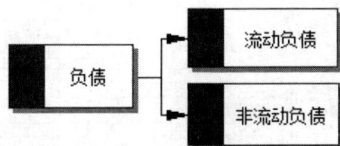

●图 2.15　负债

1. 流动负债

流动负债是指在一份资产负债表中，一年内或者超过一年的一个营业周期内需要偿还的债务合计。流动负债主要特征有两项，具体如下。

第一，流动负债的金额一般比较小。

第二，流动负债的到期日在一年或一个营业周期以内。

2. 非流动负债

非流动负债又称为长期负债，是指偿还期在一年或者超过一年的一个营业周期以上的债务。非流动负债主要是公司为筹集长期投资项目所需资金而发生的，比如公司为购买大型设备而向银行借入的中长期贷款等。

2.3.4　流动负债类项目

在资产负债表中，流动负债类项目包括 23 种，分别是短期借款、向中央银行借款、吸收存款及同业存款、拆入资金、以公允价值计量且其变动计入当期损益的金融负债、衍生金融负债、应付票据、应付账款、预收款项、卖出回购金融资产款、应付手续费及佣金、应付职工薪酬、应交税费、应付利息、应付股利、其他应付款、应付分保账款、保险合同准备金、代理买卖证券款、代理承销证券款、持有待售的负债、一年内到期的非流动负债、其他流动负债，如图 2.16 所示。

流动负债：		
短期借款		
向中央银行借款		
吸收存款及同业存放		
拆入资金		
以公允价值计量且其变动计入当期损益的金融负债		
衍生金融负债		

86

云南白药集团股份有限公司 2017 年度报告全文

应付票据	985,963,927.01	1,184,334,555.88
应付账款	3,583,844,187.55	3,195,641,736.85
预收款项	1,088,308,032.88	1,069,912,787.31
卖出回购金融资产款		
应付手续费及佣金		
应付职工薪酬	147,473,502.66	138,714,995.62
应交税费	274,110,059.55	325,725,012.66

• 图 2.16　流动负债类项目

1. 短期借款

短期借款是借款的一种，与之相对的是长期借款。对中国的会计实务而言，短期借款是指企业为维持正常的生产经营所需的资金或为抵偿某项债务而向银行或其他金融机构等外单位借入的、还款期限在一年以下（含一年）的各种借款。

短期借款主要有经营周转借款、临时借款、结算借款、票据贴现借款、卖方信贷、预购定金借款和专项储备借款等。

2. 向中央银行借款

向中央银行借款是指金融企业向中央银行借入的临时周转资金、季节性资金、年度性资金以及因特殊需要经批准向中央银行借入的特种借款等。

3. 吸收存款及同业存款

吸收存款核算企业（银行）吸收的除同业存放款项以外的其他各种存款，

包括单位存款（企业、事业单位、机关、社会团体等）、个人存款、信用卡存款、特种存款、转贷款资金和财政性存款等。

同业存款核算企业（银行）吸收的境内、境外金融机构的存款。

4. 拆入资金

拆入资金，是指信托投资公司向银行或其他金融机构借入的资金。拆入资金应按实际借入的金额入账。

5. 以公允价值计量且其变动计入当期损益的金融负债

以公允价值计量且其变动计入当期损益的金融负债可进一步分为交易性金融负债和直接指定为以公允价值计量且其变动计入当期损益的金融负债。

满足以下条件之一的金融负债，应当划分为交易性金融负债。

第一，承担该金融负债的目的，主要是为了近期内出售或回购。

第二，属于进行集中管理的可辨认金融工具组合的一部分，且有客观证据表明企业近期采用短期获利方式对该组合进行管理。在这种情况下，即使组合中有某个组成项目持有的期限稍长也不受影响。

第三，属于衍生工具。但是被指定为有效套期工具的衍生工具、属于财务担保合同的衍生工具与在活跃市场中没有报价且其公允价值不能可靠计量的权益工具投资挂钩并需通过交付该权益工具结算的衍生工具除外。其中，财务担保合同是指保证人和债权人约定，当债务人不履行债务时，保证人按照约定履行债务或者承担责任的合同。

对于包括一项或多项嵌入衍生工具的混合工具，企业可以将整个混合工具直接指定为以公允价值计量且其变动计入当期损益的金融负债，但以下两种情况除外。

第一，嵌入衍生工具对混合工具的现金流量没有重大改变。

第二，类似混合工具所嵌入的衍生工具明显不应从混合工具中分拆。

6. 衍生金融负债

衍生金融工具分为部分资产和负债，同一个衍生金融工具，资产负债表日公允价值是正的，就是衍生金融资产；资产负债表日公允价值是负的，就是衍生金融负债。

7. 应付票据

应付票据是指企业购买材料、商品和接受劳务供应等而开出、承兑的商业汇票。在我国应收票据、应付票据仅指"商业汇票"，包括"银行承兑汇票"和"商业承兑汇票"两种，属于远期票据，付款期一般在 1 个月以上，6 个月以内。其他的银行票据（支票、本票、汇票）等，都是作为货币资金来核算的，而不作为应收应付票据。

8. 应付账款

应付账款是企业应支付但尚未支付的手续费和佣金，是会计科目的一种，用于核算企业因购买材料、商品和接受劳务供应等经营活动应支付的款项。

应付账款通常是指因购买材料、商品或接受劳务供应等而发生的债务，这是买卖双方在购销活动中由于取得物资与支付贷款在时间上不一致而产生的负债。

9. 预收款项

预收款项是在企业销售交易成立以前，预先收取的部分货款。由于预收款项是随着企业销售交易的发生而发生的，注册会计师应结合企业销售交易对预收款项进行审计。

10. 卖出回购金融资产款

卖出回购金融资产款是用于核算企业（金融）按回购协议卖出票据、证券、贷款等金融资产所融入的资金。

11. 应付手续费及佣金

手续费及佣金支出用来核算企业（金融）发生的与其经营活动相关的各项手续费、佣金等支出。

12. 应付职工薪酬

应付职工薪酬是企业根据有关规定应付给职工的各种薪酬，按照"工资，奖金，津贴，补贴""职工福利""社会保险费""住房公积金""工会经费""职工教育经费""解除职工劳动关系补偿""非货币性福利""其他与获得职工提供的服务相关的支出"等应付职工薪酬项目进行明细核算。

13. 应交税费

应交税费是指企业根据在一定时期内取得的营业收入、实现的利润等，按照现行税法规定，采用一定的计税方法计提的应交纳的各种税费。

应交税费包括企业依法交纳的增值税、消费税、营业税、企业所得税、资源税、土地增值税、城市维护建设税、房产税、土地使用税、车船税、教育费附加、矿产资源补偿费等税费，以及在上缴国家之前，由企业代收代缴的个人所得税等。

注意，企业交纳的印花税、耕地占用税等不需要预计应交数的税金，不通过"应交税费"科目核算。

14. 应付利息

应付利息是指企业按照合同约定应支付的利息，包括吸收存款、分期付息到期还本的长期借款、企业债券等应支付的利息。本科目可按存款人或债权人进行明细核算。应付利息与应计利息的区别：应付利息属于借款，应计利息属于企业存款，如图 2.17 所示。

应付账款	3,583,844,187.55	3,195,641,736.85
预收款项	1,088,308,032.88	1,069,912,787.31
卖出回购金融资产款		
应付手续费及佣金		
应付职工薪酬	147,473,502.66	138,714,995.62
应交税费	274,110,059.55	325,725,012.66
应付利息	28,864,500.00	28,887,833.33
应付股利	843,994.42	843,994.42
其他应付款	1,414,961,183.44	780,565,254.16
应付分保账款		
保险合同准备金		
代理买卖证券款		
代理承销证券款		
持有待售的负债		
一年内到期的非流动负债		10,000,000.00
其他流动负债		
流动负债合计	7,524,369,387.51	6,734,626,170.23

● 图 2.17　应付利息

15. 应付股利

应付股利是指按协议规定应该支付给投资者的利润。由于企业的资金通常有投资者投入，因此，企业在生产经营过程中实现的利润，在依法纳税后，还必须向投资人分配利润。而这些利润在应付未付之前暂时留在企业内，构成企业的一项负债。

16. 其他应付款

其他应付款是指企业在商品交易业务以外发生的应付和暂收款项，指企业除应付票据、应付账款、应付工资、应付利润等以外的应付、暂收其他单位或个人的款项。

17. 应付分保账款

应收分保账款是指本公司与其他保险公司之间开展分保业务发生的各种应收款项，因分保业务上下级公司间发生的各种应收款项、应付款项通过"分保内部往来"科目核算。

18. 保险合同准备金

保险合同准备金是指保险合同产生的负债，包括未到期责任准备金、未决赔款准备金、寿险责任准备金和长期健康险责任准备金。

19. 代理买卖证券款

代理买卖证券款是指公司接受客户委托，代理客户买卖股票、债券和基金等有价证券而收到的款项，包括公司代理客户认购新股的款项、代理客户领取的现金股利和债券利息，代客户向证券交易所支付的配股款等。

20. 代理承销证券款

代理承销证券款是指公司接受委托，采用承购包销方式或代销方式承销证券所形成的、应付证券发行人的承销资金。

21. 持有待售的负债

持有待售的负债，就是准备"卖"的负债。企业主要通过出售而非持续使用一项非流动资产或处置组收回其账面价值的，应当将其划分为持有待售类别。

22. 一年内到期的非流动负债

一年内到期的非流动负债是反映企业各种非流动负债在一年之内到期的金额，包括一年内到期的长期借款、长期应付款和应付债券。

23. 其他流动负债

其他流动负债是指不能归属于短期借款、应付短期债券、应付票据、应付帐款、应付所得税、其他应付款、预收账款这七款项目的流动负债。但以上各款流动负债，其金额未超过流动负债合计金额 5% 者，需并入其他流动负债内。

2.3.5 非流动负债类项目

在资产负债表中，非流动负债类项目包括 9 种，分别是长期借款、应付债券、长期应付款、长期应付职工薪酬、专项应付款、预计负债、递延收益、递延所得税负债、其他非流动负债，如图 2.18 所示。

非流动负债：		
长期借款	2,500,000.00	6,100,000.00
应付债券	1,797,180,000.00	1,795,279,200.00
其中：优先股		
永续债		
长期应付款	4,814,832.43	4,814,832.43
长期应付职工薪酬	11,906,616.70	14,756,627.15
专项应付款		
预计负债		
递延收益	218,271,627.15	186,971,985.60
递延所得税负债	570,593.48	570,593.48
其他非流动负债		
非流动负债合计	2,035,243,669.76	2,008,493,238.66
负债合计	9,559,613,057.27	8,743,119,408.89

● 图 2.18　非流动负债类项目

1. 长期借款

长期借款是指企业向银行或其他金融机构借入的期限在一年以上（不含一年）或超过一年的一个营业周期以上的各项借款。

长期借款的利息率通常高于短期借款，但信誉好或抵押品流动性强的借款企业，仍然可以争取到较低的长期借款利率。长期借款利率有固定利率和浮动利率两种。浮动利率通常有最高、最低限，并在借款合同中明确规定。对于借款企业来讲，若预测市场利率将上升，应与银行签订固定利率合同；反之，则应签订浮动利率合同。

除了利息之外，银行还会向借款企业收取其他费用，如实行周转信贷协定所收取的承诺费、要求借款企业在本银行中保持补偿余额所形成的间接费用。这些费用会增加长期借款的成本。

2. 应付债券

应付债券是指企业为筹集长期资金而实际发行的债券及应付的利息，它是企业筹集长期资金的一种重要方式。企业发行债券的价格受同期银行存款利率的影响较大，一般情况下，企业可以按面值发行、溢价发行和折价发行债券。

3. 长期应付款

长期应付款是指外贸企业在发生补偿贸易时应付引进国外设备价款和融资租入固定资产时而发生的应付租赁费等。

4. 长期应付职工薪酬

长期应付职工薪酬的主要来源有三个，分别是退休后的福利、其他长期福利、裁员福利。

5. 专项应付款

专项应付款是企业的专项资金对外发生的各种应付和暂收款项。如购入专项物资的应付货款、应付承包单位的工程价款、应付运输费、应付罚金以及各种暂收的专用款项。

6. 预计负债

预计负债是因或有事项可能产生的负债。根据或有事项准则的规定，与或有事项相关的义务同时符合以下三个条件的，企业应将其确认为负债。

一是该义务是企业承担的现时义务。

二是该义务的履行很可能导致经济利益流出企业，这里的"很可能"指发生的可能性为"大于50%，但小于或等于95%"。

三是该义务的金额能够可靠地计量。

7. 递延收益

递延收益是指尚待确认的收入或收益，也可以说是暂时未确认的收益，它是权责发生制在收益确认上的运用。

8. 递延所得税负债

递延所得税负债主要指：一、本科目核算企业根据所得税准则确认的应纳税暂时性差异产生的所得税负债；二、本科目应当按照应纳税暂时性差异项目进行明细核算；三、递延所得税负债的主要账务处理。

9. 其他非流动负债

其他非流动负债是反映企业除长期借款、应付债券等以外的其他非流动负债。其他非流动负债项目应根据有关科目期末余额减去将于一年内（含一年）到期偿还数后的余额填列。

2.3.6 负债类各项目的表内公式计算

在资产负债表中，流动负债合计就是把 23 项流动负债加起来得到的值，下面以 2017 年云南白药（000538）流动负债合计的期末余额为例讲解一下。

流动负债合计 = 短期借款 + 向中央银行借款 + 吸收存款及同业存款 + 拆入资金 + 以公允价值计量且其变动计入当期损益的金融负债 + 衍生金融负债 + 应付票据 + 应付账款 + 预收款项 + 卖出回购金融资产款 + 应付手续费及佣金 + 应付职工薪酬 + 应交税费 + 应付利息 + 应付股利 + 其他应付款 + 应付分保账款 + 保险合同准备金 + 代理买卖证券款 + 代理承销证券款 + 持有待售的负债 + 一年内到期的非流动负债 + 其他流动负债 =985963927.01+3583844187.55+1088308032.88+147473502.66+274110059.55+28864500.00+843994.42+1414961183.44=7524369387.51 元，如图 2.19 所示。

> 提醒：有些项没有数据，即为零。

在资产负债表中，非流动负债合计就是把 9 项非流动负债加起来得到的值，下面以 2017 年云南白药（000538）非流动负债合计的期末余额为例讲解一下。

非流动负债合计 = 长期借款 + 应付债券 + 长期应付款 + 长期应付职工薪酬 + 专项应付款 + 预计负债 + 递延收益 + 递延所得税负债 + 其他非流动负债 =2500000.00+1797180000.00+4814832.43+11906616.70+218271627.15+570593.48=2035243669.76 元，如图 2.20 所示。

财报入门与实战技巧

向中央银行借款		
吸收存款及同业存放		
拆入资金		
以公允价值计量且其变动计入当期损益的金融负债		
衍生金融负债		

86

云南白药集团股份有限公司 2017 年度报告全文

应付票据	985,963,927.01	1,184,334,555.88
应付账款	3,583,844,187.55	3,195,641,736.85
预收款项	1,088,308,032.88	1,069,912,787.31
卖出回购金融资产款		
应付手续费及佣金		
应付职工薪酬	147,473,502.66	138,714,995.62
应交税费	274,110,059.55	325,725,012.66
应付利息	28,864,500.00	28,887,833.33
应付股利	843,994.42	843,994.42
其他应付款	1,414,961,183.44	780,565,254.16
应付分保账款		
保险合同准备金		
代理买卖证券款		
代理承销证券款		
持有待售的负债		
一年内到期的非流动负债		10,000,000.00
其他流动负债		
流动负债合计	7,524,369,387.51	6,734,626,170.23

● 图 2.19　流动负债合计

流动负债合计	7,524,369,387.51	6,734,626,170.23
非流动负债：		
长期借款	2,500,000.00	6,100,000.00
应付债券	1,797,180,000.00	1,795,279,200.00
其中：优先股		
永续债		
长期应付款	4,814,832.43	4,814,832.43
长期应付职工薪酬	11,906,616.70	14,756,627.15
专项应付款		
预计负债		
递延收益	218,271,627.15	186,971,985.60
递延所得税负债	570,593.48	570,593.48
其他非流动负债		
非流动负债合计	2,035,243,669.76	2,008,493,238.66
负债合计	9,559,613,057.27	8,743,119,408.89

● 图 2.20　非流动负债合计

在资产负债表中，负债合计 = 流动负债合计 + 非流动负债合计 =75243

69387.51+2035243669.76=9559613057.27 元。注意，在图 2.20 中可以看到负债合计。

2.4 资产负债表的所有者权益类各项目

所有者权益，在股份制企业又称为股东权益，是指企业资产扣除负债后由所有者享有的剩余权益。它受总资产和总负债变动的影响而发生增减变动。所有者权益包含所有者以其出资额的比例分享企业利润。与此同时，所有者也必须以其出资额承担企业的经营风险。所有者权益还意味着所有者有法定的管理企业和委托他人管理企业的权利。

所有者权益主要包括 4 项，分别是股本（实收资本金）、资本公积金、盈余公积金、未分配利润。盈余公积金与未分配利润又合称为留存收益，如图 2.21 所示。

所有者权益：		
股本	1,041,399,718.00	1,041,399,718.00
其他权益工具		
其中：优先股		
永续债		
资本公积	1,247,215,783.98	1,247,215,783.98
减：库存股		
其他综合收益	11,780.41	21,195.66
专项储备		
盈余公积	940,368,504.71	849,435,590.92
一般风险准备		

87

云南白药集团股份有限公司 2017 年度报告全文

未分配利润	14,808,524,490.36	12,587,595,748.95
归属于母公司所有者权益合计	18,037,520,277.46	15,725,668,037.51
少数股东权益	105,397,205.61	117,858,587.63
所有者权益合计	18,142,917,483.07	15,843,526,625.14

● 图 2.21 所有者权益类各项目

2.4.1 股本

股本指股东在公司中所占的权益。股票的面值与股份总数的乘积为股本，股本应等于公司的注册资本，所以，股本是很重要的指标。为了直观地反映这一指标，在会计核算上股份公司应设置"股本"科目。

公司的股本应在核定的股本总额范围内发行股票取得。但值得注意的是，公司发行股票取得的收入与股本总额往往不一致，公司发行股票取得的收入大于股本总额的，称为溢价发行；小于股本总额的，称为折价发行；等于股本总额的，称为面值发行。我国不允许公司折价发行股票。在采用溢价发行股票的情况下，公司应将相当于股票面值的部分记入"股本"科目，其余部分在扣除发行手续费、佣金等发行费用后记入"资本公积"科目。

2.4.2 资本公积金

资本公积金是在公司的生产经营之外，由资本、资产本身及其他原因形成的股东权益收入。股份公司的资本公积金，主要来源于股票发行的溢价收入、接受的赠与、资产增值、因合并而接受其他公司资产净额等。其中，股票发行溢价是上市公司最常见、也是最主要的资本公积金来源。

资本公积账户在会计核算上具有特殊意义。由于股票溢价（或者出资溢价）是资本公积金的主要组成部分，因此，在早期的资产负债表中，资本公积账户直接称为"股本溢价"账户。随着现代企业经营和资本运作的日趋复杂，资本公积账户所反映的内容也日渐增多，许多基于特定会计处理程序引起的项目也被置于资本公积账户之下。

2.4.3 盈余公积金

盈余公积金是指企业按照规定从税后利润中提取的积累资金。盈余公积金按其用途，分为法定公积金和任意公积金。盈余公积金主要用来弥补企业以前年度亏损和转增资本。

2.4.4　未分配利润

未分配利润是企业未作分配的利润。它在以后年度可继续进行分配，在未进行分配之前，属于所有者权益的组成部分。从数量上来看，未分配利润是期初未分配利润加上本期实现的净利润，减去提取的各种盈余公积金和分出的利润后的余额。

未分配利润有两层含义：一是留待以后年度处理的利润；二是未指明特定用途的利润。相对于所有者权益的其他部分来说，企业对于未分配利润的使用有较大的自主权。

上市公司报表中的"未分配利润"明细科目的余额，反映了上市公司累计未分配利润或累计未弥补亏损。由于各种原因，如平衡各会计年度的投资回报水平，以丰补欠，留有余地等。上市公司实现的净利润不予以全部分完，剩下一部分留待以后年度进行分配。这样，一年年的滚存下来，结余在"未分配利润"明细科目上，它反映的是历年累计的未分配利润。同样道理，上一年度未弥补亏损，留待以后年度弥补，以后年度又发生亏损继续滚存下来，结余在"未分配利润"明细科目上，它反映的是历年累计的亏损，记为负数。

2.4.5　所有者权益类各项目的表内公式计算

在资产负债表中，归属于母公司所有者权益合计就是把所有者权益的所有项加起来得到的值，下面以 2017 年云南白药（000538）归属于母公司所有者权益合计的期末余额为例讲解一下。

归属于母公司所有者权益合计 = 股本 + 其他权益工具 + 资本公积金 + 其他综合收益 + 专项储备 + 盈余公积金 + 一般风险准备 + 未分配利润 =1041399718.00+1247215783.98+11780.41+940368504.71+14808524490.36=18037520277.46 元，如图 2.22 所示。

归属于母公司所有者权益合计 + 少数股东权益 = 所有者权益合计，下面以 2017 年云南白药（000538）所有者权益合计的期末余额为例讲解一下。

负债合计	9,559,613,057.27	8,743,119,408.89
所有者权益：		
股本	1,041,399,718.00	1,041,399,718.00
其他权益工具		
其中：优先股		
永续债		
资本公积	1,247,215,783.98	1,247,215,783.98
减：库存股		
其他综合收益	11,780.41	21,195.66
专项储备		
盈余公积	940,368,504.71	849,435,590.92
一般风险准备		

87

云南白药集团股份有限公司 2017 年度报告全文

未分配利润	14,808,524,490.36	12,587,595,748.95
归属于母公司所有者权益合计	18,037,520,277.46	15,725,668,037.51
少数股东权益	105,397,205.61	117,858,587.63
所有者权益合计	18,142,917,483.07	15,843,526,625.14
负债和所有者权益总计	27,702,530,540.34	24,586,646,034.03

● 图 2.22 归属于母公司所有者权益合计

所有者权益合计 = 归属于母公司所有者权益合计 + 少数股东权益 =18037520277.46+105397205.61=18142917483.07 元，在图 2.22 可以看到所有者权益合计。

负债合计 + 所有者权益合计 = 负债和所有者权益合计，下面以 2017 年云南白药（000538）负债和所有者权益合计的期末余额为例讲解一下。

负债和所有者权益合计 = 负债合计 + 所有者权益合计 =9559613057.27+18142917483.07=27702530540.34 元，在图 2.22 可以看到负债和所有者权益合计。

2.5 资产负债表的运用技巧

资产负债表是上市公司的基本财务报表之一，揭示了一个公司到一定日期所有的经济资源及其构成。通过资产负债表可以把握经营方向，完成内部除错，防止各种弊端产生。

2.5.1 弄明白总资产增减变化的原因

"总资产"反映了公司的经营规模，而它的增减变化与公司负债、所有者权益变化有很大关系，具体分析如下。

如果资产总额的增长低于公司所有者权益的增长幅度，说明公司的资金实力有了相对的提高，这种经营规模扩大是好事。

如果资产总额的增长高于公司所有者权益的增长幅度，说明公司规模扩大的主要原因是负债的大规模上升，表明公司的资金实力、偿还债务的安全性都在下降，这就需要引起警惕了。

打开云南白药（000538）2017 年的财务报表，就可以查看云南白药（000538）2017 年总资产的期初余额和期末余额，如图 2.23 所示。

87 /182	100%	协作 ·	签名 ·			查找	
商誉				13,565,432.01		13,565,432.01	
长期待摊费用				7,288,594.00		9,506,289.06	
递延所得税资产				227,356,556.90		197,618,168.01	
其他非流动资产				15,524,604.00		16,233,410.00	
非流动资产合计				2,598,973,540.41		2,518,958,851.29	
资产总计				27,702,530,540.34		24,586,646,034.03	

• 图 2.23　云南白药（000538）2017 年总资产的期初余额和期末余额

在这里可以看到，云南白药（000538）2017 年的总资产是呈上升趋势的，增长了 27702530540.34 − 24586646034.03=3115184506.31 元 ≈ 31.15 亿元。

向下拖动垂直滚动条，再来看云南白药（000538）2017 年所有者权益合计的期初余额和期末余额，如图 2.24 所示。

89 /182	100%	协作 ·	签名 ·		查找	
云南白药集团股份有限公司 2017 年度报告全文						
未分配利润			14,808,524,490.36		12,587,595,748.95	
归属于母公司所有者权益合计			18,037,520,277.46		15,725,668,037.51	
少数股东权益			105,397,205.61		117,858,587.63	
所有者权益合计			18,142,917,483.07		15,843,526,625.14	
负债和所有者权益总计			27,702,530,540.34		24,586,646,034.03	

• 图 2.24　云南白药（000538）2017 年所有者权益合计的期初余额和期末余额

在这里可以看到，云南白药（000538）2017年的所有者权益合计是呈上升趋势的，增长了18142917483.07−15843526625.14=2299390857.93元≈22.99亿元。

这样，就可以看出云南白药（000538）的资产总额的增长高于公司所有者权益的增长幅度，这种经营规模扩大算不上是什么好事，投资者要看淡公司的发展了。

2.5.2　流动资产是否显著增长

流动资产如果显著增长，这表明公司的支付能力与变现能力增强，这样就可以看好公司未来的发展。

在流动资产中，货币资金的流动性最强，并且是唯一能够直接转化为其他任何资产形态的流动性资产，也是唯一能代表企业现实购买力水平的资产。为了确保生产经营活动的正常进行，企业必须拥有一定数量的货币资金，以便购买材料、交纳税金、发放工资、支付利息及股利或进行投资等。企业所拥有的货币资金量是分析判断企业支付能力与变现能力的重要指标。

打开云南白药（000538）2017年的财务报表，就可以查看云南白药（000538）2017年总流动资产的期初余额和期末余额，如图2.25所示。

87 /182		100%	协作 ▾	签名 ▾		查找	
应收账款			1,233,810,339.12			1,012,036,371.97	
预付款项			417,960,307.14			466,141,193.41	
应收保费							
应收分保账款							
应收分保合同准备金							
应收利息			63,579,815.59			31,467,520.34	
应收股利							
其他应收款			138,948,546.84			58,083,933.78	
买入返售金融资产							
存货			8,663,278,462.90			6,918,030,390.07	
持有待售的资产							
一年内到期的非流动资产							
其他流动资产			876,920,701.21			4,343,657,186.51	
流动资产合计			25,103,556,999.93			22,067,687,182.74	

● 图2.25　云南白药（000538）2017年总流动资产的期初余额和期末余额

在这里可以看到云南白药（000538）2017年总流动资产出现了增长，增长了25103556999.93−22067687182.74=3035869817.19元≈30.36亿元。

向下拖动垂直滚动条，再来看云南白药（000538）2017 年货币资金的期初余额和期末余额，如图 2.26 所示。

1、合并资产负债表

编制单位：云南白药集团股份有限公司

单位：元

项目	期末余额	期初余额
流动资产：		
货币资金	2,666,326,412.14	3,292,608,757.11
结算备付金		
拆出资金		
以公允价值计量且其变动计入当期损益的金融资产	6,749,381,578.57	2,002,300,036.42
衍生金融资产		

● 图 2.26　云南白药（000538）2017 年货币资金的期初余额和期末余额

在这里可以看到云南白药（000538）2017 年货币资金出现了减少，减少了 3292608757.11−2666326412.14=626282344.97 元 ≈ 6.26 亿元。

这样可以看出，总流动资产出现了增长，但货币资金却出现了减少，这样就不能过分看好公司的未来发展了。

2.5.3　长期投资是否增长

长期投资，即一年期以上的投资，如公司控股、实施多元化经营等。长期投资的增加，表明公司的成长前景看好。

打开云南白药（000538）2017 年的财务报表，就可以查看云南白药（000538）2017 年长期投资的期初余额和期末余额，如图 2.27 所示。

流动资产合计	25,103,556,999.93	22,067,687,182.74
非流动资产：		
发放贷款及垫款		
可供出售金融资产	124,634,700.00	124,634,700.00
持有至到期投资		
长期应收款		
长期股权投资	768,043.48	

● 图 2.27　云南白药（000538）2017 年长期投资的期初余额和期末余额

在这里，可以看到云南白药（000538）在 2017 年实施多元化经营，这表明公司的成长前景比较看好。向下拖动滚动条，就可以查看云南白药（000538）在2017年进行了什么股权投资，如图2.28所示。

被投资单位	期初余额	本期增减变动							期末余额	减值准备期末余额
		追加投资	减少投资	权益法下确认的投资损益	其他综合收益调整	其他权益变动	宣告发放现金股利或利润	计提减值准备	其他		
一、合营企业											
二、联营企业											
云南白药中草药科技有限公司	0									0	
云南白药清逸堂香港有限公司		800,000.00		-8,418.40	-23,538.12					768,043.48	
小计	0	800,000.00		-8,418.40	-23,538.12					768,043.48	
合计	0	800,000.00		-8,418.40	-23,538.12					768,043.48	

• 图 2.28　云南白药（000538）在 2017 年进行的股权投资

在这里可以看到 2017 年 2 月 23 日，根据云南白药清逸堂实业有限公司与万隆控股集团有限公司签订的合作协议，共同投资注册成立云南白药清逸堂香港有限公司，注册资金 100 港币，其中清逸堂实业实际出资 80 万元，持股比例 40%。

2.5.4　固定资产的分析技巧

固定资产分析是对实物形态资产进行的分析。资产负债表所列的各项固定资产数字，仅表示在持续经营的条件下，各固定资产尚未折旧、折耗的金额并预期于未来各期间陆续收回，因此，我们应该特别注意，折旧、损耗是否合理将直接影响到资产负债表、利润表和其他各种报表的准确性。很明显，少提折旧就会增加当期利润，而多提折旧则会减少当期利润，有些公司常常就此埋下伏笔。打开云南白药（000538）2017 年的财务报表，可以查看固定资产情况，如图 2.29 所示。

19、固定资产

（1）固定资产情况

单位：元

项目	房屋、建筑物	机器设备	运输工具	电子设备	其他	合计
一、账面原值：						
1.期初余额	1,550,491,395.20	828,889,209.90	48,232,964.38	64,063,904.66	3,042,795.32	2,494,720,269.46
2.本期增加金额	21,474,502.14	71,150,490.54	58,416.25	9,138,879.34		101,822,288.27
（1）购置	1,714,600.65	61,483,667.29	58,416.25	8,917,557.46		72,174,241.65
（2）在建工程转入		9,666,823.25		221,321.88		9,888,145.13
（3）企业合并增加						
（4）其他	19,759,901.49					19,759,901.49
3.本期减少金额	2,008,910.00	21,486,591.97	451,783.92	2,709,728.71		26,657,014.60
（1）处置或报废	2,008,910.00	21,486,591.97	451,783.92	2,709,728.71		26,657,014.60
（2）转出						
（3）其他						
4.期末余额	1,569,956,987.34	878,553,108.47	47,839,596.71	70,493,055.29	3,042,795.32	2,569,885,543.13
二、累计折旧						
1.期初余额	240,951,782.94	352,635,405.74	26,191,586.62	39,631,987.89	2,357,089.00	661,767,852.19
2.本期增加金额	40,855,411.63	71,260,431.39	1,663,179.71	7,133,837.04	319,240.51	121,232,100.28
（1）计提	36,554,674.57	71,260,431.39	1,663,179.71	7,133,837.04	319,240.51	116,931,363.22

● 图 2.29　固定资产情况

向下拖动滚动条，还可以查看暂时闲置的固定资产情况，如图 2.30 所示。

	房屋、建筑物	机器设备	运输工具	电子设备	其他	合计
3.本期减少金额	1,325,121.46	18,883,538.73	372,191.19	2,342,816.17		22,923,667.55
（1）处置或报废	1,325,121.46	18,883,538.73	372,191.19	2,342,816.17		22,923,667.55
4.期末余额	280,482,073.11	405,012,298.40	27,482,575.14	44,423,008.76	2,676,329.51	760,076,284.92
三、减值准备						
1.期初余额	47,503,509.54	3,119,262.52		10,236.99		50,633,009.05
2.本期增加金额	15,459,164.43					15,459,164.43
（1）计提						
（2）合并增加						
（3）其他	15,459,164.43					15,459,164.43
3.本期减少金额		1,654,625.73				1,654,625.73
（1）处置或报废		1,654,625.73				1,654,625.73
4.期末余额	62,962,673.97	1,464,636.79		10,236.99		64,437,547.75
四、账面价值						
1.期末账面价值	1,226,512,240.26	472,076,173.26	20,357,021.57	26,059,809.54	366,465.81	1,745,371,710.46
2.期初账面价值	1,262,036,102.72	473,134,541.64	22,041,377.76	24,421,679.78	685,706.32	1,782,319,408.22

（2）暂时闲置的固定资产情况

单位：元

项目	账面原值	累计折旧	减值准备	账面价值	备注
房屋、建筑物	39,768,335.09	15,370,109.10	12,757,766.15	11,640,459.84	
机器设备	15,383,155.76	13,858,807.06	60,943.78	1,463,404.92	
电子设备	197,432.24	176,376.31	10,236.99	10,818.94	

● 图 2.30　暂时闲置的固定资产情况

2.5.5 存货的分析技巧

存货是上市公司流动资产中重要的项目。它所占的金额通常占流动资产的大部分，一般可达到流动资产金额的50%~80%。但存货是流动资产中变现能力较差的一种。

存货过多，会影响上市公司资金的使用效益和利润的可靠性；存货过少，又会影响公司的销售。因此，为了提高公司效益，满足销货的需要，必须确定一个合理的存货量。

打开云南白药（000538）2017年的财务报表，可以查看存货情况，如图2.31所示。

10、存货

公司是否需要遵守房地产行业的披露要求：否

（1）存货分类

单位：元

项目	期末余额			期初余额		
	账面余额	跌价准备	账面价值	账面余额	跌价准备	账面价值
原材料	2,068,704,240.90	14,069,687.49	2,054,634,553.41	1,929,926,362.87	13,429,087.50	1,916,497,275.37
在产品	55,314,710.95		55,314,710.95	96,183,671.03		96,183,671.03
库存商品	6,546,990,979.87	56,290,561.96	6,490,700,417.91	4,884,078,447.17	33,644,106.64	4,850,434,340.53
消耗性生物资产	39,338,609.02		39,338,609.02	33,251,593.16		33,251,593.16
包装物及低值易耗品	23,240,094.60		23,240,094.60	21,231,481.39		21,231,481.39
委托加工物资	50,077.01		50,077.01	432,028.59		432,028.59
合计	8,733,638,712.35	70,360,249.45	8,663,278,462.90	6,965,103,584.21	47,073,194.14	6,918,030,390.07

公司是否需遵守《深圳证券交易所行业信息披露指引第4号—上市公司从事种业、种植业务》的披露要求：否

（2）存货跌价准备

单位：元

项目	期初余额	本期增加金额		本期减少金额		期末余额
		计提	其他	转回或转销	其他	
原材料	13,429,087.50	2,837,177.47		2,196,577.48		14,069,687.49
库存商品	33,644,106.64	29,136,298.53		6,489,843.21		56,290,561.96
合计	47,073,194.14	31,973,476.00		8,686,420.69		70,360,249.45

● 图2.31 存货情况

在这里可以看到，库存商品最多，金额为6546990979.87元；其次是原材料，金额为2068704240.90元。这说明公司在年底预备充足的存货并购置了很多原材料，以备第二年的销售。

这表明公司的管理层对第二年的销售状况是很乐观的。以防来年销售季时商品供应不上，而提前囤积足够的商品以满足销售需求。

第 3 章

全面掌握利润表

    通过资产负债表，投资者对上市公司的资产结构、资产质量有了一定的了解。但上市公司的盈利状况究竟如何，就必须靠利润表了。利润是上市公司经营业绩的综合体现，又是进行利润分配的重要依据。阅读利润表的重点在于了解该报表的主体构成、变动趋势和相关的构成要素。

本章主要内容包括：

➤ 利润表的基本关系

➤ 利润表的构成和格式

➤ 利润表的作用

➤ 利润表的收入类各项目

➤ 利润表的费用类各项目

➤ 利润表的利润类各项目

➤ 利润表的运用技巧

3.1 利润表概述

利润表主要提供企业一定会计期间经营成果方面的信息，如同一张考卷，加分的是收入，扣分的费用，加减相抵后得到的是成绩，即利润。

3.1.1 利润表的基本关系

利润表是根据"收入－费用＝利润"的基本关系来编制的，其具体内容取决于收入、费用、利润等会计要素及其内容，利润表项目是收入、费用和利润要素内容的具体体现。从反映企业经营资金运动的角度看，它是一种反映企业经营资金动态表现的报表，主要提供有关企业经营成果方面的信息，属于动态会计报表。

通过利润表，投资者可以对上市公司的经营业绩、管理的成功程度作出评估，从而评价自己的投资价值和报酬。

打开同花顺软件，输入"云南白药"的代码000538，然后按回车键，就可以查看云南白药（000538）的日 K 线图。接着按下键盘上的 F10 键，就可以看到云南白药（000538）的基本面资料信息。

在基本面资料信息中，单击"财务概况"，再单击"财务报表"，就可以查看云南白药（000538）的财务报表，如图 3.1 所示。

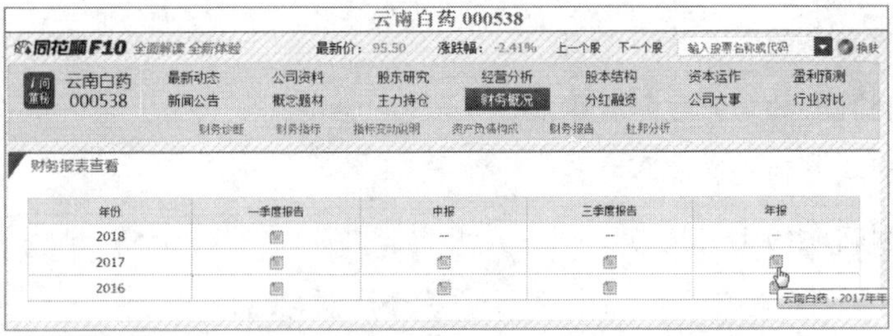

• 图 3.1　云南白药（000538）的财务报表查看

单击 2017 年报对应的 ■ 按钮，就可以打开网页，显示云南白药集团股
份有限企业 2017 年年度报告。向下拖动垂直滚动条，就可以看到云南白药
（000538）的利润表，如图 3.2 所示。

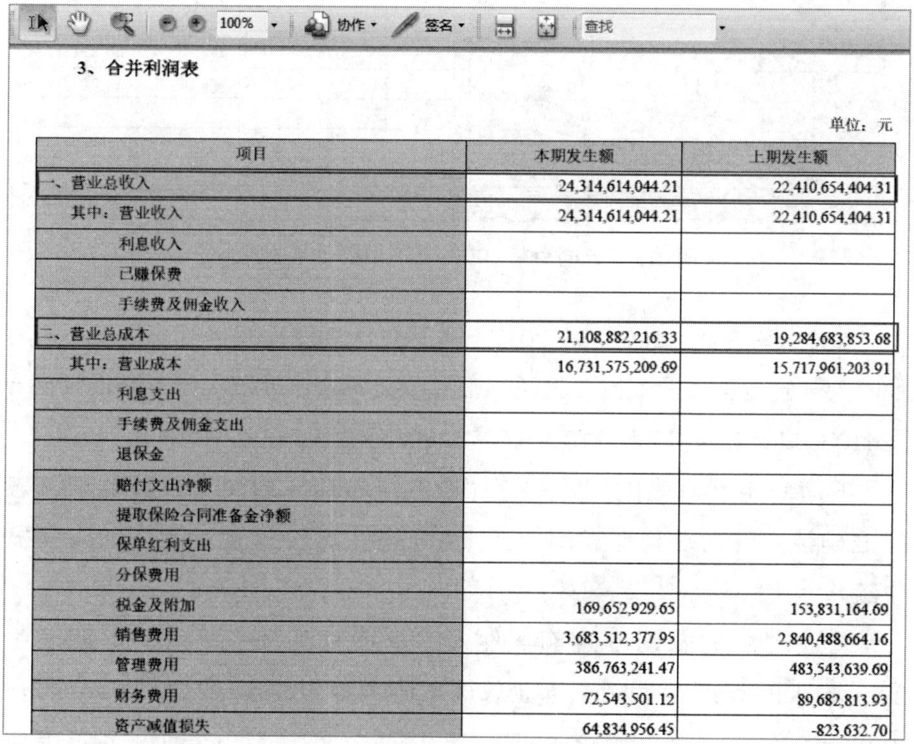

• 图 3.2　云南白药（000538）的利润表

在这里可以看到云南白药（000538）2017 年营业总收入的本期发生额为
24314614044.21 元，营业总收入的上期发生额为 22410654404.31 元。

还可以看到云南白药（000538）2017 年营业总成本的本期发生额为
21108882216.33 元，营业总收入的上期发生额为 19284683853.68 元。

向下拖动滚动条，就可以看到云南白药（000538）2017 年的其他收入，
即投资收益、汇兑收益、资产处置收益、其他收益，如图 3.3 所示。

这样云南白药（000538）2017 年收入的本期发生额 = 营业总收入 + 其他
收入 = 营业总收入 + 投资收益 + 汇兑收益 + 资产处置收益 + 其他收益 =2431
4614044.21+276911622.85+59711047.23+78369034.4=24729605748.69 元。

税金及附加	169,652,929.65	153,831,164.69
销售费用	3,683,512,377.95	2,840,488,664.16
管理费用	386,763,241.47	483,543,639.69
财务费用	72,543,501.12	89,682,813.93
资产减值损失	64,834,956.45	-823,632.70
加：公允价值变动收益（损失以"—"号填列）		
投资收益（损失以"—"号填列）	276,911,622.85	193,859,113.34
其中：对联营企业和合营企业的投资收益	-8,418.40	326,299.79
汇兑收益（损失以"—"号填列）		
资产处置收益（损失以"—"号填列）	59,711,047.23	6,071,280.53
其他收益	78,369,034.40	
三、营业利润（亏损以"—"号填列）	3,620,723,532.36	3,325,900,944.50

• 图 3.3　云南白药（000538）2017 的其他收入

这样云南白药（000538）2017 年收入的上期发生额＝营业总收入＋其他收入＝营业总收入＋投资收益＋汇兑收益＋资产处置收益＋其他收益＝22410654404.31+193859113.34+6071280.53=22610584798.18 元。

下面利用利润表的基本关系"收入－费用＝利润"来验证利润表的准确性。首先来验证云南白药（000538）2017 年营业利润的本期发生额。

营业利润的本期发生额＝收入的本期发生额－费用的本期发生额＝收入的本期发生额－营业总成本的本期发生额=24729605748.69-21108882216.33=3620723532.36 元。通过图 3.3 可以看到，与利润表中的营业利润（本期发生额）是相同的，这表明利润表数据是正确的。

下面再来验证云南白药（000538）2017 年营业利润的上期发生额。

营业利润的上期发生额＝收入的上期发生额－费用的上期发生额＝收入的上期发生额－营业总成本的上期发生额=22610584798.18-19284683853.68=3325900944.50 元。通过图 3.3 可以看到，与利润表中的营业利润（上期发生额）是相同的，这表明利润表数据是正确的。

3.1.2　利润表的构成

利润表一般由表首、正表两部分组成。

1. 利润表的表首

利润表的表首包括内容如下。

第一，表的名称"利润表"或"合并利润表"。

第二，表的所属期"2017 年"，反映一个会计期间。

第三，表的编制单位"云南白药集团股份有限公司"。

第四，主表的货币计量单位"元"。

2. 利润表的正表

正表是利润表的主体，反映形成经营成果的各个项目和计算过程，所以曾经将这张表称为损益计算书。利润表的正表如图 3.4 所示。

单位：元

项目	本期发生额	上期发生额
一、营业总收入	24,314,614,044.21	22,410,654,404.31
其中：营业收入	24,314,614,044.21	22,410,654,404.31
利息收入		
已赚保费		
手续费及佣金收入		
二、营业总成本	21,108,882,216.33	19,284,683,853.68
其中：营业成本	16,731,575,209.69	15,717,961,203.91
利息支出		
手续费及佣金支出		
退保金		
赔付支出净额		
提取保险合同准备金净额		
保单红利支出		
分保费用		
税金及附加	169,652,929.65	153,831,164.69
销售费用	3,683,512,377.95	2,840,488,664.16
管理费用	386,763,241.47	483,543,639.69
财务费用	72,543,501.12	89,682,813.93
资产减值损失	64,834,956.45	-823,632.70

● 图 3.4 利润表的正表

通过云南白药（000538）利润表的正表，可以直观地看到公司 2017 年的收入实现情况，即营业收入为 24314614044.21 元。还可以知道云南白药（000538）2017 年的费用耗费情况，即耗费的营业成本为 16731575209.69 元、销售费用为 3683512377.95 元、管理费用为 386763241.47 元等。

3.1.3 利润表的格式

利润表正表的格式一般有两种，分别是单步式利润表和多步式利润表，如图 3.5 所示。

1. 单步式利润表

单步式利润表是将当期所有的收入列在一起，然后将所有的费用列在一起，两者相减得出当期净损益。

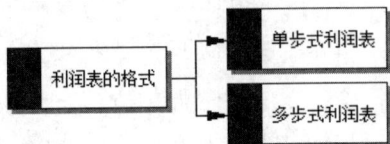

● 图 3.5 利润表的格式

2. 多步式利润表

多步式利润表是通过对当期的收入、费用、支出项目按性质加以归类，按利润形成的主要环节列示一些中间性利润指标，分步计算当期净损益。

在我国，企业利润表采用的是多步式结构，将不同性质的收入和费用类别进行对比，从而可以得出一些中间性的利润数据，便于使用者理解企业经营成果的不同来源。

企业编制利润表的步骤具体如下。

第一步：计算主营业务利润＝主营业务收入－主营业务成本－销售折让－主营业务税金及附加

第二步：计算营业利润＝主营业务利润＋其他业务利润－存货跌价准备－营业费用－管理费用－财务费用

第三步：计算利润总额＝营业利润＋投资收益＋补贴收入＋营业外收入－营业外支出

第四步：计算净利润＝利润总额－所得税

普通股或潜在普通股已公开交易的企业，以及正处于公开发行普通股或潜在普通股过程中的企业，还应当在利润表中列示每股收益信息。

3.1.4 利润表的作用

利润表的作用主要表现在 3 个方面，具体如下。

第一，可以反映企业一定会计期间收入的实现情况，如实现的营业收入有多少、实现的投资收益有多少、实现的营业外收入有多少等。

第二，可以反映一定会计期间的费用耗费情况，如耗费的营业成本有多少、营业税金及附加有多少及销售费用、管理费用、财务费用各有多少、营业外支出有多少等。

第三，可以反映企业生产经营活动的成果，即净利润的实现情况，据此判断资本保值、增值等情况。

3.2 利润表的收入类各项目

利润表有三个要素，分别是收入、费用和利润，其中收入就是经济活动中经济利益的总流入。

3.2.1 收入概述

收入是财务会计的一个基本要素。

广义的收入概念将企业日常活动及其之外的活动形成的经济利益流入均视为收入。

狭义的收入概念则将收入限定在企业日常活动所形成的经济利益总流入。

我国现行制度采用的是狭义的收入概念，即收入是指企业在日常活动中形成的、会导致所有者权益增加的、与所有者投入资本无关的经济利益的总流入。

1. 收入的类型

收入按照企业从事日常活动的性质来分类，可分为 4 种，分别是销售商品收入、提供劳务收入、让渡资产使用权收入、建造合同收入，如图 3.6 所示。

销售商品收入是指企业通过销售商品实现的收入，如工业企业制造并销售产品、商业企业销售商品等实现的收入。

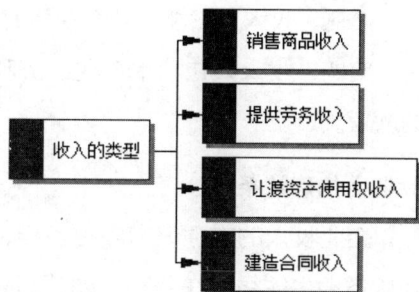

• 图 3.6 收入按照企业从事日常活动的性质来分类

提供劳务收入是指企业通过提供劳务实现的收入，如咨询公司提供咨询服务、软件开发企业为客户开发软件、安装公司提供安装服务等实现的收入。

让渡资产使用权收入是企业收入的来源之一，主要包括利息收入、使用费收入。另外还包括出租资产收取的租金、进行债券投资取得的利息、进行股权投资取得的现金股利收入等。

建造合同收入是指应于完成合同规定的工程形象进度或工程阶段，与发包单位进行工程价款结算时，确认为工程收入的实现。

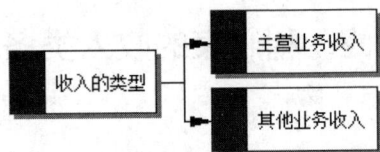

● 图 3.7　收入按照企业从事日常活动在企业的重要性来分类

收入按照企业从事日常活动在企业的重要性来分类，可以分为两种，分别是主营业务收入和其他业务收入，如图3.7 所示。

主营业务收入：来自企业为完成其经营目标而从事的日常活动中的主要项目，如工商企业的销售商品、银行的贷款和办理结算等。

其他业务收入：来自主营业务以外的其他日常活动，如工业企业销售材料，提供非工业性劳务等。

2. 收入的特征

收入的特征主要表现在 4 个方面，具体如下。

第一，收入从企业的日常活动中产生，而不是从偶发的交易或事项中产生。

第二，收入是与所有者投入资本有关的经济利益总流入。

第三，收入必然能导致企业所有者权益的增加。

第四，收入只包括本企业经济利益的流入，不包括为第三方或客户代收的款项。

3. 收入的确认条件

企业收入的来源渠道多种多样，不同收入来源的特征有所不同，其收入确认条件也往往存在差别，如销售商品、提供劳务、让渡资产使用权等。一般而言，收入只有在经济利益很可能流入从而导致企业资产增加或者负债减少，且经济利益的流入额能够可靠计量时才能予以确认。

收入的确认至少应当符合以下条件。

一是，与收入相关的经济利益应当很可能流入企业。

二是，经济利益流入企业的结果会导致资产的增加或者负债的减少。

三是，经济利益的流入额能够可靠计量。

3.2.2 营业总收入类项目

在利润表中，营业总收入类项目包括 4 种，分别是营业收入、利息收入、已赚保费、手续费及佣金收入，如图 3.8 所示。

3、合并利润表		
		单位：元
项目	本期发生额	上期发生额
一、营业总收入	24,314,614,044.21	22,410,654,404.31
其中：营业收入	24,314,614,044.21	22,410,654,404.31
利息收入		
已赚保费		
手续费及佣金收入		

● 图 3.8 营业总收入类项目

1. 营业收入

营业收入是指企业在从事销售商品，提供劳务和让渡资产使用权等日常经营业务过程中所形成的经济利益的总流入，其计算公式如下：

$$营业收入 = 主营业务收入 + 其他业务收入$$

$$或营业收入 = 产品销售量（或服务量）× 产品单价（或服务单价）$$

云南白药（000538）2017 年的主营业务收入和其他业务收入，如图 3.9 所示。

61、营业收入和营业成本				
				单位：元
项目	本期发生额		上期发生额	
	收入	成本	收入	成本
主营业务	24,248,987,776.85	16,670,982,272.12	22,362,176,110.78	15,680,976,698.83
其他业务	65,626,267.36	60,592,937.57	48,478,293.53	36,984,505.08
合计	24,314,614,044.21	16,731,575,209.69	22,410,654,404.31	15,717,961,203.91

● 图 3.9 云南白药（000538）2017 年的主营业务收入和其他业务收入

通常在营业收入管理中主要应考虑以下几项影响因素：价格与销售量、销售退回、销售折扣、销售折让。

提醒：这里的收入合计，就是利润表营业收入，可以验证利润表主表中数据的正确性。

销售退回是指在产品已经销售，营业收入已经实现以后，由于购货方对收到货物的品种或质量不满意，或者因为其他原因而向企业退货，企业向购货方退回货款。

销售折扣是企业根据客户的订货数量和付款时间而给予的折扣或给予客户的价格优惠。按折扣方式分为现金折扣和商业折扣。

现金折扣是企业给予在规定的日期以前付款的客户的价格优惠，这种折扣是企业为了尽快收回款项而采取的一种手段。

商业折扣是在公布的价格之外给予客户一定比例的价格折扣，通常是企业出于稳定客户关系，扩大销售量的目的。

销售折让是企业向客户交付商品后，因商品的品种、规格或质量等不符合合同的规定，经企业与客户协商，客户同意接受商品，而企业在价格上给予一定比例的减让。

营业收入的意义有三项，具体如下。

第一，营业收入是企业补偿生产经营耗费的资金来源。营业收入的实现关系到企业在生产活动的正常进行，加强营业收入管理，可以使企业的各种耗费得到合理补偿，有利于再生产活动的顺利进行。

第二，营业收入是企业的主要经营成果，是企业取得利润的重要保障。加强营业收入管理是实现企业财务目标的重要手段之一。

第三，营业收入是企业现金流入量的重要组成部分。加强营业收入管理，可以促使企业深入研究和了解市场需求的变化，以便作出正确的经营决策，避免盲目生产，这样可以提高企业的素质，增强企业的竞争力。

2. 利息收入

利息收入是指纳税人购买各种债券等有价证券的利息，外单位欠款付给的利息以及其他利息收入。

利息收入包括购买各种债券等有价证券的利息，如购买国库券，重点企业建设债券、国家保值公债以及政府部门和企业发放的各类有价证券；企业各项存款所取得的利息；外单位欠本企业款而取得的利息；其他利息收入等。

3. 已赚保费

已赚保费是对保费收入在剔除分保及保单获取成本后，在权责发生制下的表现形式，其直接影响保险公司的利润。即保单存续期内某一时点，已过保险期间收取的保费收入。

例如 1 月 1 日起保的保单，签单保费为 100 元，保险期间 1 年，则在 6 月 30 日，保费收入为 100 元，已赚保费为 100*1/2=50 元。

4. 手续费及佣金收入

手续费及佣金收入是指公司为客户办理各种业务收取的手续费及佣金收入，包括办理咨询业务、担保业务、代保管等代理业务以及办理投资业务等取得的手续费及佣金，如业务代办手续费收入、咨询服务收入、担保收入、资产管理收入、代保管收入，代理买卖证券、代理承销证券、代理兑付证券、代理保管证券等代理业务以及其他相关服务实现的手续费及佣金收入等。

3.2.3 其他收入类项目

在利润表中，其他收入类项目包括 5 种，分别是公允价值变动收益、投资收益、汇兑收益、资产处置收益、其他收益，如图 3.10 所示。

销售费用	3,683,512,377.95	2,840,488,664.16
管理费用	386,763,241.47	483,543,639.69
财务费用	72,543,501.12	89,682,813.93
资产减值损失	64,834,956.45	-823,632.70
加：公允价值变动收益（损失以"－"号填列）		
投资收益（损失以"－"号填列）	276,911,622.85	193,859,113.34
其中：对联营企业和合营企业的投资收益	-8,418.40	326,299.79
汇兑收益（损失以"－"号填列）		
资产处置收益（损失以"－"号填列）	59,711,047.23	6,071,280.53
其他收益	78,369,034.40	
三、营业利润（亏损以"－"号填列）	3,620,723,532.36	3,325,900,944.50
加：营业外收入	7,039,621.04	83,177,090.03
减：营业外支出	5,915,625.68	11,572,585.00
四、利润总额（亏损总额以"－"号填列）	3,621,847,527.72	3,397,505,449.53
减：所得税费用	489,313,357.27	466,615,846.45

●图 3.10 其他收入类项目

1. 公允价值变动收益

公允价值变动收益是指以公允价值计量且其变动计入当期损益的交易性金融资产的一个科目。在资产负债表中，"交易性金融资产"的公允价值高于其账面价值的差额，应借记"交易性金融资产－公允价值变动"，贷记"公允价值变动损益"，公允价值低于其账面价值的差额，则做相反的分录。也可以像理解"投资收益"这个科目一样去理解"公允价值变动损益"。

2. 投资收益

投资收益是对外投资所取得的利润、股利和债券利息等收入减去投资损失后的净收益。严格地讲，所谓投资收益是指以项目为边界的货币收入等。

云南白药（000538）2017 年的投资收益，如图 3.11 所示。

项目	本期发生额	上期发生额
权益法核算的长期股权投资收益	-8,418.40	326,299.79
处置长期股权投资产生的投资收益	10,886.00	
以公允价值计量且其变动计入当期损益的金融资产在持有期间的投资收益	197,005,724.51	122,586,840.27
处置以公允价值计量且其变动计入当期损益的金融资产取得的投资收益		
持有至到期投资在持有期间的投资收益		
可供出售金融资产在持有期间的投资收益	20,498,091.93	23,656,951.23
处置可供出售金融资产取得的投资收益		
丧失控制权后，剩余股权按公允价值重新计量产生的利得		
其他	59,405,338.81	47,289,022.05
合计	276,911,622.85	193,859,113.34

● 图 3.11　云南白药（000538）2017 年的投资收益

需要注意的是，合计就是所有项目发生额的和，这样可以验证表中数据的正确性。另外，合计中的数要与利润表中的投资收益对应的数相同，这可以验证利润表的主表中数据的正确性。

3. 汇兑收益

汇兑收益是指用记账本位币，按照不同的汇率报告相同数量的外币而产生的差额。简单地说，就是公司的外币货币性项目和非货币性项目因汇率变动，在折算成本币时造成损益。

4. 资产处置收益

资产处置收益反映企业出售划分为持有待售的非流动资产（金融工具、长期股权投资和投资性房地产除外）时确认的处置利得或损失，以及处置未划分为持有待售的固定资产、在建工程、生产性生物资产及无形资产而产生的处置利得或损失。债务重组中因处置非流动资产产生的利得或损失和非货币性资产交换产生的利得或损失也包括在本项目内。

5. 其他收益

其他收益是指政策的补助。云南白药（000538）2017 年的其他收益，如图 3.12 所示。

70、其他收益

单位：元

产生其他收益的来源	本期发生额	上期发生额
与资产相关的政府补助	21,067,008.20	
与收益相关的政府补助	57,302,026.20	
合计	78,369,034.40	

● 图 3.12　云南白药（000538）2017 年的其他收益

3.2.4　收入类各项目的表内公式计算

在利润表中，营业总收入就是把营业收入、利息收入、已赚保费、手续费及佣金收入这 4 项中的数据加起来，下面以云南白药（000538）2017 年营业收入的本期发生额为例讲解一下。

云南白药（000538）2017 年营业收入的本期发生额为 24314614044.21 元，而利息收入、已赚保费、手续费及佣金收入都为 0，所以营业总收入的本期发生额就是 24314614044.21 元。

其他收入类项目，如投资收益、其他收益，都可以利用其对应的附表中的数据来验证数据的正确性。下面以云南白药（000538）2017 年其他收益的本期发生额为例讲解一下。

在其他收益附表中（图 3.12），可以看到云南白药（000538）2017 年与资产相关的政府补助的本期发生额为 21067008.20 元，与收益相关的政府补助的本期发生额为 57302026.20 元，这样云南白药（000538）2017 年其他收益的本期发生额就是 21067008.20+57302026.20=78369034.40 元。

这时再来看一下利润表的主表，可以看到其他收益的本期发生额就是 78369034.40，如图 3.13 所示。

91 /182 100% 协作 ▾ 签名 ▾ 查找		
管理费用	586,763,241.47	483,543,639.09
财务费用	72,543,501.12	89,682,813.93
资产减值损失	64,834,956.45	-823,632.70
加：公允价值变动收益（损失以"－"号填列）		
投资收益（损失以"－"号填列）	276,911,622.85	193,859,113.34
其中：对联营企业和合营企业的投资收益	-8,418.40	326,299.79
汇兑收益（损失以"－"号填列）		
资产处置收益（损失以"－"号填列）	59,711,047.23	6,071,280.53
其他收益	78,369,034.40	
二、营业利润（亏损以"－"号填列）	3,620,723,532.36	3,325,900,944.50
加：营业外收入	7,039,621.04	83,177,090.03
减：营业外支出	5,915,625.68	11,572,585.00
四、利润总额（亏损总额以"－"号填列）	3,621,847,527.72	3,397,505,449.53
减：所得税费用	489,313,357.27	466,615,846.45

● 图 3.13　其他收益的本期发生额

3.3　利润表的费用类各项目

在利润表的三个素（收入、费用和利润）中，费用是经济活动中经济利益的总流出。

3.3.1　费用概述

费用是指企业为生产、经营商品和提供劳务等所发生的销售（经营）费用、管理费用和财务费用。实际上费用概念有狭义和广义之分。

狭义的费用概念将费用限定于获取收入过程中发生的资源耗费。

广义的费用概念则同时包括了经营成本和非经营成本。

1. 费用的特征

无论费用是否包括损失，都应具有以下特征。

第一，费用最终会导致企业资源的减少，这种减少具体表现为企业的资金支出。 从这个意义上说，费用本质是一种资源流出企业，它与资源流入企业所形成的收入相反，它也可理解为资产的耗费，其目的是为了取得收入，从而获得更多资产。

第二，费用最终会减少企业的所有者权益。一般而言，企业的所有者权益会随着收入的增长而增加；相反，费用的增加会减少所有者权益。但是所有者权益减少也不一定都列入费用，如企业偿债性支出和向投资者分配利润，显然减少了所有者权益，但不能归入费用。

第三，费用可能表现为资产的减少或负债的增加，或者两者兼而有之。

2. 费用的内容

费用的内容包括两项，分别是营业成本和期间费用，如图 3.14 所示。

营业成本是与营业收入直接相关的，已经确定了归属期和归属对象的各种直接费用。营业成本主要包括主营业务成本、劳务成本、其他业务成本。

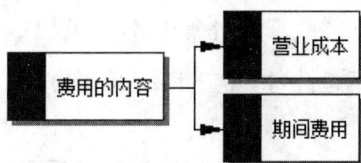

● 图 3.14　费用的内容

期间费用是指虽与本期收入的取得密切相关，但不能直接归属于某个特定对象的各种费用。期间费用是企业当期发生的费用中重要的组成部分。

3. 费用的确认

费用的确认应遵循以下两条基本标准。

第一，划分资本性支出和收益性支出。这一原则限定了费用确认的时间界限。

第二，权责发生制。这一原则限定费用应当按照权责发生制原则在确认有关收入的同一期间予以确认，从而为费用的确认提供了进一步的指南。

4. 费用的计量

从理论上分析，基于费用和资产的特殊联系，费用可以根据投入价值基础和产出价值基础，分别采用历史成本、现行成本、变现价值等不同的计量属性进行计价。

按照历史成本（实际成本）进行费用的计量因其易于验证，已经成为各国会计实务中广泛采用的费用计量属性。根据我国现行制度的规定，企业应当按实际发生额核算费用和成本。

5. 费用与成本的联系

费用与成本的联系主要表现在 3 个方面，具体如下。

第一，成本和费用都是企业除偿债性支出和分配性支出以外的支出的构成部分。

第二，成本和费用都是企业经济资源的耗费。

第三，期末应将当期已销产品的成本结转进入当期的费用。

6. 费用与成本的区别

成本是对象化的费用，其所针对的是一定的成本计算对象。另外，费用则是针对一定的期间而言的。

3.3.2 营业总成本类项目

在利润表中，营业总成本类项目包括 13 种，分别是营业成本、利息支出、手续费及佣金支出、退保金、赔付支出净额、提取保险合同准备金额、保单红利支出、分保费用、营业税金及附加、销售费用、财务费用、管理费用、资产减值损失，如图 3.15 所示。

91 /182	100%	协作 · 签名 ·	查找	
二、营业总成本		21,108,882,216.33	19,284,683,853.68	
其中：营业成本		16,731,575,209.69	15,717,961,203.91	
利息支出				
手续费及佣金支出				
退保金				
赔付支出净额				
提取保险合同准备金净额				
保单红利支出				
分保费用				
税金及附加		169,652,929.65	153,831,164.69	
销售费用		3,683,512,377.95	2,840,488,664.16	
管理费用		386,763,241.47	483,543,639.69	
财务费用		72,543,501.12	89,682,813.93	
资产减值损失		64,834,956.45	-823,632.70	
加：公允价值变动收益（损失以"-"号填列）				
投资收益（损失以"-"号填列）		276,911,622.85	193,859,113.34	
其中：对联营企业和合营企业的投资收益		-8,418.40	326,299.79	
汇兑收益（损失以"-"号填列）				
资产处置收益（损失以"-"号填列）		59,711,047.23	6,071,280.53	
其他收益		78,369,034.40		

● 图 3.15 营业总成本类项目

1. 营业成本

营业成本是指企业所销售商品或者提供劳务的成本。营业成本应当与所销售商品或者所提供劳务而取得的收入进行配比。营业成本主要包括主营业务成本、其他业务成本。云南白药（000538）2017 年的主营业务成本和其他业务成本，如图 3.16 所示。

61、营业收入和营业成本

单位：元

项目	本期发生额		上期发生额	
	收入	成本	收入	成本
主营业务	24,248,987,776.85	16,670,982,272.12	22,362,176,110.78	15,680,976,698.83
其他业务	65,626,267.36	60,592,937.57	48,478,293.53	36,984,505.08
合计	24,314,614,044.21	16,731,575,209.69	22,410,654,404.31	15,717,961,203.91

● 图 3.16　云南白药（000538）2017 年的主营业务成本和其他业务成本

2. 利息支出

利息支出是指临时借款的利息支出。在以收付实现制作为记账基础的前提条件下，所谓支出应以实际支付为标准，即资金流出，标志着现金、银行存款的减少。就利息支出而言、给个人账户计息，其资金并没有流出，现金、银行存款并没有减少，因此，给个人计息不应作为利息支出列支。

> 提醒：这里成本合计就是利润表中的营业成本，可以验证利润表主表中数据的正确性。

3. 手续费及佣金支出

手续费及佣金支出是指主要核算企业（金融）发生的与其经营活动相关的各项手续费、佣金等支出。

4. 退保金

退保金是指公司经营的长期人身保险业务中，投保人办理退保时，按保险条款规定支付给投保人的金额。

投保人解除合同时，已交足两年以上保险费的，保险人应当在接到解除合同通知之日起三十日内，退还保险单的现金价值；未交足两年保险费的，保险人按照合同约定在扣除手续费后，退还保险费。

5. 赔付支出净额

赔付支出净额是指保险企业支付的原保险合同和再保险合同赔付款项减去摊回后的净额。

6. 提取保险合同准备金额

提取保险合同准备金额是指保险企业提取的保险合同的相关准备金减去摊回后的净额。

7. 保单红利支出

保单红利支出是根据原保险合同的约定，按照分红保险产品的红利分配方法及有关精算结果而估算，支付给保单持有人的红利。

8. 分保费用

分保费用是办理初保业务的保险公司向其他保险公司分保保险业务，在向对方支付分保费的同时，向对方收取的一定费用，用以弥补初保人的费用支出。

9. 营业税金及附加

营业税金及附加反映企业经营的主要业务应负担的消费税、资源税、教育费附加、城市维护建设税等。

营业税是国家对提供各种应税劳务、转让无形资产或者销售不动产的单位和个人征收的税种。营业税按照营业额或交易金额的大小乘以相应的税率计算。

消费税是国家为了调节消费结构，正确引导消费方向，在普遍征收增值税的基础上，选择部分消费品，再征收一道消费税。消费税实行价内征收，企业交纳的消费税计入销售税金，抵减产品销售收入。

资源税是国家对在我国境内开采矿产品或者生产盐的单位和个人征收的税种。资源税按照应税产品的课税数量和规定的单位税额计算，计算公式为：应纳税额 = 课税数量 × 单位税额。

教育费附加是国家为了发展我国的教育事业，提高人民的文化素质而征收的一项费用。这项费用按照企业交纳流转税的一定比例计算，并与流转税一起交纳。

城市维护建设税，是为了加强城市的维护建设，扩大和稳定城市维护建设资金的来源，国家开征了城市维护建设税。云南白药（000538）2017 年的税金及附加，如图 3.17 所示。

62、税金及附加

单位：元

项目	本期发生额	上期发生额
消费税	190,957.43	541,081.60
城市维护建设税	79,283,813.48	79,815,086.80
教育费附加	34,199,721.44	34,308,372.62
房产税	13,777,806.74	11,325,387.75
土地使用税	9,860,260.33	5,807,425.10
车船使用税	118,174.65	34,537.55
印花税	9,416,031.97	5,218,500.02
营业税		904,537.59
地方教育费附加	22,806,163.61	15,876,235.66
合计	169,652,929.65	153,831,164.69

148

云南白药集团股份有限公司 2017 年度报告全文

• 图 3.17　云南白药（000538）2017 年的税金及附加

10. 销售费用

销售费用是指企业在销售产品、自制半成品和提供劳务等过程中发生的各项费用。包括由企业负担的包装费、运输费、广告费、装卸费、保险费、委托代销手续费、展览费、租赁费（不含融资租赁费）和销售服务费、销售部门人员工资、职工福利费、差旅费、折旧费、修理费、物料消耗、低值易耗品摊销以及其他经费等。云南白药（000538）2017 年的销售费用，如图 3.18 所示。

11. 财务费用

财务费用是指企业在生产经营过程中为筹集资金而发生的筹资费用。包括企业生产经营期间发生的利息支出（减利息收入）、汇兑损益（有的企业如商品流通企业、保险企业进行单独核算，不包括在财务费用）、金融机构手续费，企业发生的现金折扣或收到的现金折扣等。云南白药（000538）2017 年的财务费用，如图 3.19 所示。

63、销售费用

单位：元

项目	本期发生额	上期发生额
市场维护费	1,454,835,279.98	771,152,114.48
职工薪酬	847,633,547.61	735,282,876.09
广告宣传费	689,520,697.25	706,897,245.44
运输装卸费	269,716,003.30	228,703,168.40
差旅费	40,980,436.31	56,949,315.94
租赁费	45,281,883.42	51,556,615.01
制作费	49,551,432.47	49,951,373.03
综合管理	25,731,208.25	40,802,157.33
策划服务费	87,661,222.47	35,936,914.77
办公费	31,203,785.87	34,888,374.15
促销费	14,050,776.24	28,091,122.71
会务费	6,687,761.54	13,454,833.36
样品费	20,743,690.01	12,914,605.32
技术服务费	21,075,763.89	12,294,032.48
仓储费	18,101,111.08	12,052,799.15
物料消耗	15,193,644.82	10,209,027.81
汽车使用费	2,336,894.66	6,059,813.45
修理费	3,930,709.64	5,109,099.46
咨询费	11,505,081.42	4,804,893.50
装修费	2,974,071.56	4,388,474.09
劳动保护费	4,176,879.62	2,293,214.78
商品损耗	2,229,457.45	1,819,206.10
劳务及劳务手续费	513,789.50	1,674,476.09
折旧与摊销	2,081,444.00	690,627.81
其他	15,795,805.59	12,512,283.41
合计	3,683,512,377.95	2,840,488,664.16

• 图 3.18　云南白药 (000538) 2017 年的销售费用

65、财务费用

单位：元

项目	本期发生额	上期发生额
利息支出	127,882,597.85	124,905,007.05
减：利息收入	78,096,374.50	45,970,204.54
利息净支出	49,786,223.35	78,934,802.51
汇兑损失	8,491,071.43	939,973.80
减：汇兑收益	1,180,798.41	7,587,493.98
汇兑净损失	7,310,273.02	-6,647,520.18
银行手续费	4,302,783.60	7,847,022.76
其他	11,144,221.15	9,548,508.84
合计	72,543,501.12	89,682,813.93

• 图 3.19　云南白药 (000538) 2017 年的财务费用

12. 管理费用

　　管理费用是指企业行政管理部门为组织和管理生产经营活动而发生的各项费用。管理费用属于期间费用，在发生的当期就计入当期的损失或是利益。

13. 资产减值损失

资产减值损失是指因资产的账面价值高于其可收回金额而造成的损失。云南白药（000538）2017 年的资产减值损失，如图 3.20 所示。

66、资产减值损失

单位：元

项目	本期发生额	上期发生额
一、坏账损失	32,861,480.45	-2,601,844.24
二、存货跌价损失	31,973,476.00	1,778,211.54
三、可供出售金融资产减值损失		
四、持有至到期投资减值损失		
五、长期股权投资减值损失		
六、投资性房地产减值损失		
七、固定资产减值损失		
八、工程物资减值损失		
九、在建工程减值损失		
十、生产性生物资产减值损失		
十一、油气资产减值损失		
十二、无形资产减值损失		
十三、商誉减值损失		
十四、其他		
合计	64,834,956.45	-823,632.70

● 图 3.20　云南白药（000538）2017 年的资产减值损失

3.3.3　费用类各项目的表内公式计算

在利润表中，营业总成本就是把营业成本、利息支出、手续费及佣金支出、退保金、赔付支出净额、提取保险合同准备金额、保单红利支出、分保费用、营业税金及附加、销售费用、财务费用、管理费用、资产减值损失这 13 项中的数据加起来，下面以云南白药（000538）2017 年营业总成本的本期发生额为例讲解一下。

营业总成本 = 营业成本 + 利息支出 + 手续费及佣金支出 + 退保金 + 赔付支出净额 + 提取保险合同准备金额 + 保单红利支出 + 分保费用 + 营业税金及附加 + 销售费用 + 财务费用 + 管理费用 + 资产减值损失 =16731575209.69+169652929.65+3683512377.95+386763241.47+72543501.12+64834956.45=21108882216.33 元。与利润表中的"营业总成本"项数据相同，表明数据的正确性，如图 3.21 所示。

一、营业总成本		21,108,882,216.33	19,284,683,853.68
其中：营业成本		16,731,575,209.69	15,717,961,203.91
利息支出			
手续费及佣金支出			
退保金			
赔付支出净额			
提取保险合同准备金净额			
保单红利支出			
分保费用			
税金及附加		169,652,929.65	153,831,164.69
销售费用		3,683,512,377.95	2,840,488,664.16
管理费用		386,763,241.47	483,543,639.69
财务费用		72,543,501.12	89,682,813.93
资产减值损失		64,834,956.45	-823,632.70

● 图 3.21　营业总成本

营业成本、营业税金及附加、销售费用、财务费用、资产减值损失这些附表中的数据合计，要与利润表中的主表相对应项的数据一致。下面以云南白药（000538）2017 年资产减值损失的本期发生额为例讲解一下。

通过图 3.20 可以看到资产减值损失的本期发生额共包括 14 项，但只有坏账损失和存货跌价损失有具体的损失值，其他项都没有损失值，即其他项的损失值都为 0。

坏账损失的本期发生额为 32861480.45 元；存货跌价损失的本期发生额为 31973476.00 元，这样资产减值损失的本期发生额 =32861480.45+31973476.00=64834956.45 元。这个值与图 3.21 中的资产减值损失的本期发生额是一致的，即附表中的数据合计与利润表中的主表相对应项的数据一致。

3.4　利润表的利润类各项目

在利润表的三个素（收入、费用和利润）中，收入减去费用就形成了经济活动中的利润。利润是资金运用的结果，反映了企业的生产经济成果。

3.4.1　利润概述

利润是企业销售商品收入扣除这个商品所有费用后的余额，包括营业利润、投资净收益、营业外支出净额，其计算公式如下：

$$利润 = 营业利润 + 投资净收益 + 营业外收支净额$$

下面举一个简单例子说明一下。

某企业在 2013 年实现的利润总额为 500 万元，适用的所得税税率为 25%。2015 年，经注册会计师审计发现如下问题。

第一，该公司按税法规定应计提的坏账准备为 3 万元，但实际却计提了 5 万元。

第二，该公司利润总额中包括从被投资企业分回的税后利率 15 万元。

第三，该公司有以前年度累计亏损 160 万元（其中超过税前利润补亏期限的有 33 万元）。

计算该公司 2015 年的应纳税所得额、应纳所得税税额和税后利润。

应纳税所得额 =500+（5-3）-15-（160-33）=360 万元。

应纳所得税税额 =360×25% = 90 万元。

本年的税后利润 =500-90 = 410 万元。

1. 利润的质量特征

利润的质量特征主要有 4 点，具体如下。

第一，一定的赢利能力。它是企业一定时期的最终财务成果。

第二，利润结构基本合理。利润是按配比性原则计量的，是一定时期的收入与费用相减的结果。

第三，企业的利润具有较强的获取现金的能力。

第四，影响利润的因素较复杂，利润的计算含有较大的主观判断成份，其结果可能因人而异，因此具有可操纵性。

2. 利润的类型

利润按照形成原因可分 4 种，分别是主营业务利润、其他业务利润、投资收益、营业外收支净额。

利润按照税收的角度可分两种，分别是税前利润和税后利润。

利润按照经济学角度可分两种，分别是会计利润和财务利润。

利润按照计算目标的角度可分两种，分别是帐面利润和应税利润。

3. 利润的确认条件

利润反映的是收入减去费用、利得减去损失后的净额，因此，利润的确认主要依赖于收入和费用以及利得和损失的确认，其金额的确定也主要取决于收入、费用、利得、损失金额的计量。

4. 利润的意义

利润的意义有三项，具体如下。

第一，利润是企业经营所追求的目标。

第二，利润是企业投资人和债权人进行投资决策和信贷决策的重要依据。

第三，利润是企业分配的基础。

3.4.2 利润总额类项目

在利润表中，利润总额类项目包括营业利润、营业外收入、营业外支出，如图 3.22 所示。

92 /182					100%		协作 ▾	签名 ▾			查找	
三、营业利润（亏损以"—"号填列）							3,620,723,532.36			3,325,900,944.50		
加：营业外收入							7,039,621.04			83,177,090.03		
减：营业外支出							5,915,625.68			11,572,585.00		
四、利润总额（亏损总额以"—"号填列）							3,621,847,527.72			3,397,505,449.53		

● 图 3.22　利润总额类项目

1. 营业利润

营业利润是企业最基本经营活动的成果，也是企业一定时期获得利润中最主要、最稳定的来源。其计算公式如下：

营业利润 = 营业总收入 + 其他收入 = 营业总收入 + 投资收益 + 汇兑收益 + 资产处置收益 + 其他收益 − 营业总成本

在 3.1.1 节中已详细讲过，这里不再重复。

2. 营业外收入

营业外收入是指企业确认与企业生产经营活动没有直接关系的各种收入。营业外收入并不是由企业经营资金耗费所产生的，不需要企业付出代价，实际上是一种纯收入，不需要与有关费用进行配比。因此，在会计核算上，应当严格区分营业外收入与营业收入的界限。云南白药（000538）2017 年的营业外收入，如图 3.23 所示。

项目	本期发生额	上期发生额	计入当期非经常性损益的金额
债务重组利得			
接受捐赠	50,000.00		50,000.00
政府补助		77,392,832.88	
非流动资产处置利得	49,127.16	46,803.66	49,127.16
其他	6,940,493.88	5,737,453.49	6,940,493.88
合计	7,039,621.04	83,177,090.03	7,039,621.04

• 图 3.23 　云南白药（000538）2017 年的营业外收入

3. 营业外支出

营业外支出是企业发生的与其日常活动无直接关系的各项损失，主要包括非流动资产处置损失、公益性捐赠支出、盘亏损失、非常损失、罚款支出等。云南白药（000538）2017 年的营业外支出，如图 3.24 所示。

项目	本期发生额	上期发生额	计入当期非经常性损益的金额
债务重组损失			
非货币性资产交换损失			
对外捐赠	646,269.04	1,029,653.81	646,269.04
非常损失	93,852.00		93,852.00
盘亏损失	421,653.21		421,653.21
非流动资产毁损报废损失	1,099,165.31	2,130,055.51	1,099,165.31
非货币性资产交换损失			
其他	3,654,686.12	8,412,875.68	3,654,686.12
合计	5,915,625.68	11,572,585.00	5,915,625.68

• 图 3.24 　云南白药（000538）2017 年的营业外支出

4. 利润总额

利润总额是衡量企业经营业绩的一项十分重要的经济指标，其计算公式如下：

利润总额 = 营业利润 + 营业外收入 − 营业外支出 = 3620723532.36 + 7039621.04 − 5915625.68 = 3621847527.72 元。

3.4.3　净利润

净利润是一个企业经营的最终成果，净利润多，企业的经营效益就好；净利润少，企业的经营效益就差，它是衡量一个企业经营效益的主要指标。

净利润是指在利润总额中按规定交纳了所得税后公司的利润留成。净利润的多寡取决于两个因素，一是利润总额，其二就是所得税费用，其计算公式如下：

$$净利润 = 利润总额 - 所得税费用$$

所得税费用是指企业经营利润应交纳的所得税。云南白药（000538）2017 年的所得税费用，如图 3.25 所示。

（1）所得税费用表

单位：元

项目	本期发生额	上期发生额
当期所得税费用	519,051,746.16	536,185,653.80
递延所得税费用	-29,738,388.89	-69,569,807.35
合计	489,313,357.27	466,615,846.45

● 图 3.25　云南白药（000538）2017 年的所得税费用

下面就可以计算云南白药（000538）2017 年净利润的本期发生额 =3621847527.72–489313357.27=3132534170.45 元，如图 3.26 所示。

		本期	上期
四、	利润总额（亏损总额以"－"号填列）	3,621,847,527.72	3,397,505,449.53
	减：所得税费用	489,313,357.27	466,615,846.45

云南白药集团股份有限公司 2017 年度报告全文

五、	净利润（净亏损以"－"号填列）	3,132,534,170.45	2,930,889,603.08
	（一）持续经营净利润（净亏损以"－"号填列）	3,132,534,170.45	2,930,889,603.08
	（二）终止经营净利润（净亏损以"－"号填列）		
	归属于母公司所有者的净利润	3,144,981,429.60	2,919,876,812.88
	少数股东损益	-12,447,259.15	11,012,790.20

● 图 3.26　云南白药（000538）2017 年净利润的本期发生额

通过图 3.26 还可以看到，云南白药（000538）2017 年净利润的本期发生额是持续经营净利润，其中 3144981429.60 元归属于母公司所有者的净利润，少数股东损益为 −12447259.15 元。

3.4.4　其他综合收益的税后净额

其他综合收益的税后净额包括两项，分别是归属母公司所有者的其他综合收益的税后净额和归属于少数股东的其他综合收益的税后净额。

归属母公司所有者的其他综合收益的税后净额又分两项，分别是以后不能重分类进损益的其他综合收益和以后将重分类进损益的其他综合收益。

以后不能重分类进损益的其他综合收益可以进一步分两类，分别是重新计量设定受益计划净负债或净资产的变动、权益法下在被投资单位不能重分类进损益的其他综合收益中享有的份额。需要注意的是，云南白药（000538）2017 年这两项的本期发生额都为零。

以后将重分类进损益的其他综合收益可以进一步分 6 类，如图 3.27 所示。

（二）以后将重分类进损益的其他综合收益	-9,415.25
1.权益法下在被投资单位以后将重分类进损益的其他综合收益中享有的份额	-9,415.25
2.可供出售金融资产公允价值变动损益	
3.持有至到期投资重分类为可供出售金融资产损益	
4.现金流量套期损益的有效部分	
5.外币财务报表折算差额	
6.其他	

●图 3.27　以后将重分类进损益的其他综合收益可以进一步分 6 类

在这 6 类中，只有第一类有值，其值为 −9415.25 元，其他都为 0，所以以后将重分类进损益的其他综合收益的值就为 −9415.25 元。

归属母公司所有者的其他综合收益的税后净额 = 以后不能重分类进损益的其他综合收益 + 以后将重分类进损益的其他综合收益 =0+（−9415.25）=−9415.25 元。

其他综合收益的税后净额 = 归属母公司所有者的其他综合收益的税后净额 + 归属于少数股东的其他综合收益的税后净额 =−9415.25+（−14122.87）=−23538.12 元，如图 3.28 所示。

六、其他综合收益的税后净额	-23,538.12	
归属母公司所有者的其他综合收益的税后净额	-9,415.25	
（一）以后不能重分类进损益的其他综合收益		
1.重新计量设定受益计划净负债或净资产的变动		
2.权益法下在被投资单位不能重分类进损益的其他综合收益中享有的份额		
（二）以后将重分类进损益的其他综合收益	-9,415.25	
1.权益法下在被投资单位以后将重分类进损益的其他综合收益中享有的份额	-9,415.25	
2.可供出售金融资产公允价值变动损益		
3.持有至到期投资重分类为可供出售金融资产损益		
4.现金流量套期损益的有效部分		
5.外币财务报表折算差额		
6.其他		
归属于少数股东的其他综合收益的税后净额	-14,122.87	

● 图 3.28 其他综合收益的税后净额

3.4.5 综合收益总额和每股收益

综合收益总额是企业净利润与其他综合收益的合计金额，其计算公式如下：

综合收益总额＝净利润＋其他综合收益的税后净额

下面以云南白药（000538）2017 年综合收益总额的本期发生额为例讲解一下。

综合收益总额的本期发生额＝净利润＋其他综合收益的税后净额 ＝3132534170.45+（-23538.12）=3132510632.33 元，如图 3.29 所示。

七、综合收益总额	3,132,510,632.33	2,930,889,603.08
归属于母公司所有者的综合收益总额	3,144,972,014.35	2,919,876,812.88
归属于少数股东的综合收益总额	-12,461,382.02	11,012,790.20

● 图 3.29 云南白药（000538）2017 年综合收益总额的本期发生额

在这里可以看到归属于母公司所有者的综合收益总额为 3144972014.35 元，而归属于少数股东的综合收益总额为 -12461382.02 元。

每股收益即每股盈利（EPS），又称每股税后利润、每股盈余，指税后利润与股本总数的比率，是普通股股东每持有一股所能享有的企业净利润或需承担的企业净亏损，如图 3.30 所示。

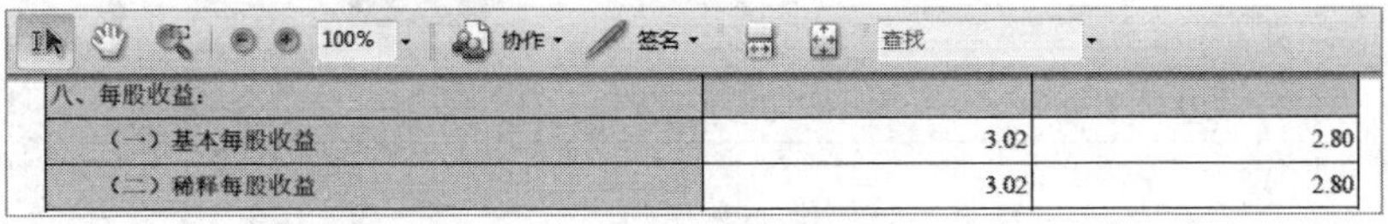

• 图 3.30　每股收益

每股收益分两种，分别是基本每股收益和稀释每股收益。

基本每股收益是指企业应当按照属于普通股股东的当期净利润，除以发行在外普通股的加权平均数从而计算出的每股收益，其计算公式如下：

基本每股收益 = 净利润 ÷ 总股本

需要注意的是，这里的净利润是归属于母公司所有者的净利润，云南白药（000538）2017 年的本期发生额为 3144981429.60 元 ≈ 31.45 亿元，如图 3.31 所示。

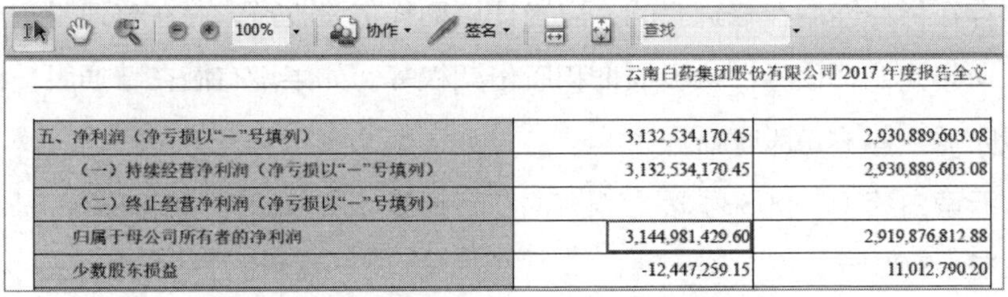

• 图 3.31　归属于母公司所有者的净利润

下面再来看一下云南白药（000538）的总股本。打开同花顺软件，输入"云南白药"的代码 000538，然后按回车键，就可以查看云南白药（000538）的日 K 线图。接着按下键盘上的 F10 键，就可以看到云南白药（000538）的基本面资料信息。

在基本面资料信息中，单击"股本结构"，就可以看到总股本为 10.41 亿股，如图 3.32 所示。

云南白药（000538）2017 年基本每股收益的本期发生额 = 净利润 ÷ 总股本 =31.45 ÷ 10.41=3.021133525 ≈ 3.02 元。

● 图 3.32　总股本

稀释每股收益是以基本每股收益为基础，假设企业所有发行在外的稀释性潜在普通股均已转换为普通股，从而分别调整归属于普通股股东的当期净利润以及发行在外普通股的加权平均数计算而得的每股收益。

存在稀释性潜在普通股的，应当计算稀释每股收益。潜在普通股主要包括：可转换公司债券、认股权证和股份期权等。如果没有潜在普通股，稀释每股收益 = 基本每股收益。

云南白药（000538）因为没有潜在普通股，所以稀释每股收益 = 基本每股收益 =3.02 元。

3.5　利润表的运用技巧

在利润表中，如果收入大于费用，余额就是净利润，这表明企业是赚钱的；如果费用大于收入，余额就是净亏损，这表明企业亏钱了。

3.5.1　通过利润表可以看到的信息

投资者通过利润表可以获得有关企业经营成果的信息。具体来说，利润表把一定期间的营业收入与其同一会计期间相关的销售费用进行配比，以便计算出企业一定时期的净利润或净亏损。

通过利润表，投资者可以了解企业的盈利情况，具体有如下几个方面。

第一，主营业利润是多少?

第二，营业利润是多少?

第三，期间费用对营业利润有多大影响?

第四，利润总额是多少?

第五，交纳所得税有多少?

第六，净利润有多少?

第七，有哪些主要因素影响净利润?

3.5.2 看利润表的方法与技巧

利润表是一张动态报表，反映的是企业一个时期的状况，它会告诉投资者所投资的企业利润的来龙去脉。

1. 利用净利润看企业是盈利还是亏损

很多投资者都喜欢利用利润表中的净利润项，来看企业是盈利的，还是亏损。如果企业的净利润为正值，说明这段时间的收入大于费用，是盈利的;如果企业的净利润为负值，说明这段时间的收入小于费用，是亏损的，所有者权益正在受到损失。

下面是云南白药（000538）的利润表，在这里可以看到云南白药（000538）2017 年上期发生额和本期发生额的净利润分别是 2930889603.08元和 3132534170.45 元，都为正数，说明企业是盈利的，如图 3.33 所示。

92 /182 🔍 ▾ 100% ▾ 协作 ▾ 签名 ▾ 查找 ▾

云南白药集团股份有限公司 2017 年度报告全文		
五、净利润（净亏损以"-"号填列）	3,132,534,170.45	2,930,889,603.08
（一）持续经营净利润（净亏损以"-"号填列）	3,132,534,170.45	2,930,889,603.08
（二）终止经营净利润（净亏损以"-"号填列）		
归属于母公司所有者的净利润	3,144,981,429.60	2,919,876,812.88
少数股东损益	-12,447,259.15	11,012,790.20
六、其他综合收益的税后净额	-23,538.12	
归属母公司所有者的其他综合收益的税后净额	-9,415.25	

• 图 3.33 利用净利润看企业是盈利还是亏损

2. 看企业的钱是从哪里赚到的

通过净利润项可以看到，云南白药（000538）是盈利的，下面来看一下这些钱是从哪里赚来的。

第一，看营业利润项。营业利润永远是商业经济活动中的行为目标，没有足够的利润企业就无法继续生存，没有足够的利润企业就无法继续扩大发展。

企业的营业收入出现了上升，导致营业成本也随着上升，但是成本没有收入上升得多，故企业营业利润仍为增长状态，说明企业的经营状况良好，如图 3.34 所示。

单位：元

项目	本期发生额	上期发生额
一、营业总收入	24,314,614,044.21	22,410,654,404.31
其中：营业收入	24,314,614,044.21	22,410,654,404.31
利息收入		
已赚保费		
手续费及佣金收入		
二、营业总成本	21,108,882,216.33	19,284,683,853.68
其中：营业成本	16,731,575,209.69	15,717,961,203.91
利息支出		
手续费及佣金支出		
退保金		
赔付支出净额		
提取保险合同准备金净额		
保单红利支出		
分保费用		
税金及附加	169,652,929.65	153,831,164.69
销售费用	3,683,512,377.95	2,840,488,664.16
管理费用	386,763,241.47	483,543,639.69
财务费用	72,543,501.12	89,682,813.93
资产减值损失	64,834,956.45	-823,632.70
加：公允价值变动收益（损失以"一"号填列）		
投资收益（损失以"一"号填列）	276,911,622.85	193,859,113.34
其中：对联营企业和合营企业的投资收益	-8,418.40	326,299.79
汇兑收益（损失以"一"号填列）		
资产处置收益（损失以"一"号填列）	59,711,047.23	6,071,280.53
其他收益	78,369,034.40	
三、营业利润（亏损以"一"号填列）	3,620,723,532.36	3,325,900,944.50
加：营业外收入	7,039,621.04	83,177,090.03
减：营业外支出	5,915,625.68	11,572,585.00

●图 3.34　营业利润

第二，看利润总额项。如果企业的利润总额为正数，说明企业是盈利的，即企业经营的不错，如图 3.35 所示。

	三、营业利润（亏损以"一"号填列）	3,620,723,532.36	3,325,900,944.50
	加：营业外收入	7,039,621.04	83,177,090.03
	减：营业外支出	5,915,625.68	11,572,585.00
	四、利润总额（亏损总额以"一"号填列）	3,621,847,527.72	3,397,505,449.53
	减：所得税费用	489,313,357.27	466,615,846.45

● 图 3.35　利润总额

3. 评价企业满意程度

在企业内部管理中使用的利润表至少要报告 3 项数据信息，分别是本期数、上期数和本期预算数。

首先，将本期的利润数与上期的利润数对比，看是否满意。

其次，是将本期的利润数与本期的利润预算数进行对比，看是否令人满意。

4. 查看利润表各项数据的变化趋势

首先查看销售额增加了吗？

其次看各项费用是增加了，还是下降了？

最后查看各项利润是稳步增加，还是大起大落？

企业销售额增加说明业务在发展，而销售额下降说明业务在萎缩。各项费用都在增加，这样利润就会关少；而各项费用都在减少，那么企业利润就会增加。所以观察、对比利润表各项目，对于分析利润目标实现的程度具有重要作用。

第4章

全面掌握现金流量表

———————○———————○———————

现金流量表是反映上市公司现金流入与流出信息的报表。这里的现金不仅指公司在财会部门保险柜里的现钞，还包括银行存款、短期证券投资、其他货币资金。现金流量表可以告诉我们公司经营活动、投资活动和筹资活动所产生的现金收支活动，以及现金流量净增加额，从而有助于我们分析公司的变现能力和支付能力，进而把握公司的生存能力、发展能力和适应市场变化的能力。

本章主要内容包括：

➤ 现金流量表中的现金

➤ 现金流量的定义

➤ 现金流量表的构成和作用

➤ 现金流量表的逻辑关系

➤ 经营活动产生的现金流量

➤ 投资活动产生的现金流量

➤ 筹资活动产生的现金流量

➤ 现金流量表中的其他数据

➤ 现金流量表与资产负债表的勾稽关系

➤ 现金流量表与利润表的勾稽关系

➤ 现金流量表的运用技巧

4.1 现金流量表概述

现金流量表对权责发生制原则下编制的资产负债表和利润表，是一个十分有益的补充，它是以现金为编制基础，编制不采取权责发生制程序，排除了人为判断因素，能在程序上防止企业利用会计方法隐瞒财务状况和操纵经营效果，从而确保了会计信息的真实性，它能反映企业现金流入和流出的全过程。

4.1.1 现金流量表中的现金

现金，顾名思义就是我们平时日常生活中用到的钱，云南白药（000538）2017 年年底放在企业保险柜中的现金是 265016.18 元，存在企业银行账户上的现金是 2665675913.66 元，还有其他货币资金是 385482.30 元。

上述几项资金，都是可以用来马上购买商品、货物、劳务或偿还债务的，被大多数人普遍接受，也即是该公司的现金。公司的现金在资产负债表上的“货币资金”项中体现出来，如图 4.1 所示。

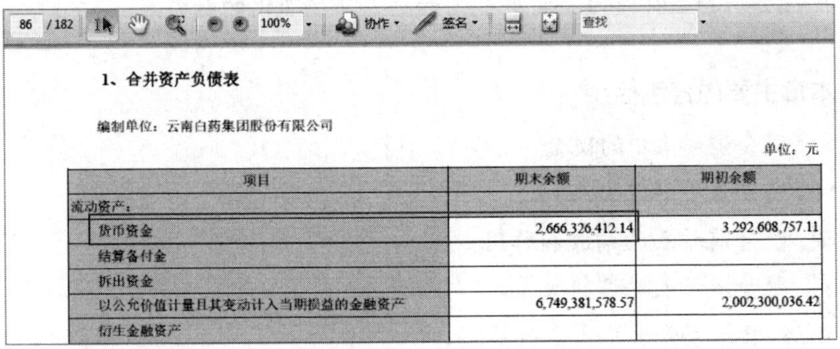

1、合并资产负债表

编制单位：云南白药集团股份有限公司

单位：元

项目	期末余额	期初余额
流动资产：		
货币资金	2,666,326,412.14	3,292,608,757.11
结算备付金		
拆出资金		
以公允价值计量且其变动计入当期损益的金融资产	6,749,381,578.57	2,002,300,036.42
衍生金融资产		

● 图 4.1　现金流量表中的现金

从上述情况看出，现金流量表中的现金不仅包括“现金”账户核算的现金，而且还包括公司“银行存款”账户核算的存入金融机构、随时可以用于支付的存款，也包括"其他货币资金"账户核算的外埠存款、银行汇票存款、银行本票存款和在途货币资金等。

还需要注意，现金流量表中的现金还包括现金等价物。现金等价物是指公司持有的期限短、流动性强、易于转换为已知金额现金、价值变动风险很小的投资。现金等价物虽然不是现金，但其支付能力与现金的差别不大，可视为现金。

> 提醒：这里的期限短，一般指从购买日起三个月到期。现金等价物包括三个月内到期的债券投资等，但不包括三个月内到期的权益性投资，因为权益性投资变现的金额通常不能确定。

4.1.2 现金流量的定义

现金流量是某一段时期内公司现金流入和流出的数量。如公司出售商品、提供劳务、出售固定资产、向银行借款等取得现金，形成公司的现金流入；购买原材料、接受劳务、购置固定资产、对外投资、偿还债务等而支付现金，形成公司的现金流出。

现金流量信息表明公司经营状况是否良好、资金是否紧缺、公司偿付能力大小等，从而为投资者、债权人、公司管理者提供非常有用的信息。同时还应注意，公司现金形式的转换不会产生现金的流入和流出，如：公司从银行提取现金，是公司现金存放形式的转换，并未改变现金流量；同样，现金与现金等价物之间的转换也不改变现金流量，如公司将一个月前购买的有价证券变现，收回现金，并不增加和减少现金流量。

4.1.3 现金流量表的构成

现金流量表以现金的流入和流出反映公司在一定期间内的经营活动、投资活动和筹资活动的动态情况，反映公司现金流入和流出的全貌。现金流量表一般由表首、正表两部分组成。

1. 现金流量表的表首

现金流量表的表首包括内容如下。

第一，表的名称"现金流量表"或"合并现金流量表"。

第二，表的所属期"2017 年"，反映一个会计期间。

第三，表的编制单位"云南白药集团股份有限公司"。

第四，主表的货币计量单位"元"。

2. 现金流量表的正表

正表是现金流量表的主体，其结构如表 4.1 所示。

表 4.1　现金流量表的正表

直接法	经营活动产生的现金流量	间接法	从净利润开始
	投资活动产生的现金流量		将净利润调节为经营活动产生的现金流量
	筹资活动产生的现金流量		不涉及现金支付的投资和筹资活动
	汇率变动对现金的影响		现金及现金等价物净增加情况
	最后结出现金及现金等价物净增加额		最后结出现金及现金等价物净增加额

现金流量表的主表分两部分，分别是直接法计算现金及现金等价物净增加额、间接法计算现金及现金等价物净增加额。

直接法计算现金及现金等价物净增加额，即直接法计算现金流量，按不同的业务类型计算出不同业务类型的经营活动产生的现金流量，可分成如下 5 点。

第一，经营活动产生的现金流量。

第二，投资活动产生的现金流量。

第三，筹资活动产生的现金流量。

第四，汇率变动对现金的影响。

第五，最后结出现金及现金等价物净增加额，如图 4.2 所示。

间接法计算现金及现金等价物净增加额，是补充资料，运用间接法的原理，从净利润开始，进行分步还原。

第一，将净利润调节为经营活动产生的现金流量。

第二，不涉及现金支付的投资和筹资活动。

第三，现金及现金等价物净增加情况。

第四，最后结出现金及现金等价物净增加额，如图 4.3 所示。

云南白药集团股份有限公司 2017 年度报告全文

投资活动产生的现金流量净额	-351,800,650.78	-3,987,197,004.40
三、筹资活动产生的现金流量：		
吸收投资收到的现金		11,900,000.00
其中：子公司吸收少数股东投资收到的现金		4,900,000.00
取得借款收到的现金		896,544,000.00
发行债券收到的现金		
收到其他与筹资活动有关的现金	30,664,618.85	35,627,200.00
筹资活动现金流入小计	30,664,618.85	944,071,200.00
偿还债务支付的现金	11,100,000.00	20,000,000.00
分配股利、利润或偿付利息支付的现金	930,792,696.49	691,687,830.11
其中：子公司支付给少数股东的股利、利润		
支付其他与筹资活动有关的现金	500,000.00	7,036,081.45
筹资活动现金流出小计	942,392,696.49	718,723,911.56
筹资活动产生的现金流量净额	-911,728,077.64	225,347,288.44
四、汇率变动对现金及现金等价物的影响	-5,448,143.58	5,131,871.54
五、现金及现金等价物净增加额	-113,286,923.10	-771,960,161.45
加：期初现金及现金等价物余额	1,870,713,526.20	2,642,673,687.65
六、期末现金及现金等价物余额	1,757,426,603.10	1,870,713,526.20

● 图 4.2 直接法计算现金及现金等价物净增加额

单位：元

补充资料	本期金额	上期金额
1. 将净利润调节为经营活动现金流量：	—	—
净利润	3,132,534,170.45	2,930,889,603.08
加：资产减值准备	64,834,956.45	-823,632.70
固定资产折旧、油气资产折耗、生产性生物资产折旧	117,118,763.86	107,046,444.03
无形资产摊销	12,530,850.72	9,510,493.70
长期待摊费用摊销	3,060,588.10	2,434,129.89
处置固定资产、无形资产和其他长期资产的损失（收益以"-"号填列）	-59,711,047.23	-4,676,111.30
固定资产报废损失（收益以"-"号填列）	1,050,038.15	688,082.62
财务费用（收益以"-"号填列）	79,634,029.53	83,340,597.12
投资损失（收益以"-"号填列）	-276,911,622.85	-193,859,113.34
递延所得税资产减少（增加以"-"号填列）	-29,738,388.89	-70,140,400.83
递延所得税负债增加（减少以"-"号填列）		570,593.48
存货的减少（增加以"-"号填列）	-1,777,221,548.83	-1,294,803,592.54
经营性应收项目的减少（增加以"-"号填列）	-1,030,565,114.87	-771,201,988.33
经营性应付项目的增加（减少以"-"号填列）	918,319,107.61	2,213,889,333.14
其他	755,166.70	-28,106,755.05
经营活动产生的现金流量净额	1,155,689,948.90	2,984,757,682.97
2. 不涉及现金收支的重大投资和筹资活动：	—	—
3. 现金及现金等价物净变动情况：	—	—

● 图 4.3 间接法计算现金及现金等价物净增加额

4.1.4 现金流量表的逻辑关系

现金流量表可以用直接法计算现金流量，从而计算出现金及现金等价物

财报入门与实战技巧

净增加额；也可以按间接的方式，从净利润倒推经营活动现金流量，从而计算出现金及现金等价物净增加额，所以现金流量表的结构体现了内在平衡性特征及逻辑关系。

现金流量表的直接法和间接法都有一个共同的项目，即"经营活动产生的现金流量净额"，分别反映直接法和间接法的两个不同编制方法来编制现金流量表，得出的结果是一样的平衡关系。

直接法中的经营活动产生的现金流量净额，如图 4.4 所示。

94 /182			100%	协作 签名 查找		
	收到的保费退回			15,320,075.48	8,910,182.07
	收到其他与经营活动有关的现金			783,329,598.52	125,042,863.74
经营活动现金流入小计				28,859,759,810.83	27,408,201,528.98
	购买商品、接受劳务支付的现金			21,310,575,493.69	19,060,561,636.95
	客户贷款及垫款净增加额				
	存放中央银行和同业款项净增加额				
	支付原保险合同赔付款项的现金				
	支付利息、手续费及佣金的现金				
	支付保单红利的现金				
	支付给职工以及为职工支付的现金			1,278,263,315.48	1,187,860,947.35
	支付的各项税费			1,877,721,577.15	1,864,163,734.73
	支付其他与经营活动有关的现金			3,237,509,475.61	2,310,857,526.98
经营活动现金流出小计				27,704,069,861.93	24,423,443,846.01
经营活动产生的现金流量净额				1,155,689,948.90	2,984,757,682.97

● 图 4.4　直接法中的经营活动产生的现金流量净额

间接法中的经营活动产生的现金流量净额，如图 4.5 所示。

	100%	协作 签名 查找		
存货的减少（增加以"－"号填列）			-1,777,221,548.83	-1,294,803,592.54
经营性应收项目的减少（增加以"－"号填列）			-1,030,565,114.87	-771,201,988.33
经营性应付项目的增加（减少以"－"号填列）			918,319,107.61	2,213,889,333.14
其他			755,166.70	-28,106,755.05
经营活动产生的现金流量净额			1,155,689,948.90	2,984,757,682.97
2. 不涉及现金收支的重大投资和筹资活动：			--	--
3. 现金及现金等价物净变动情况：			--	--
现金的期末余额			1,757,426,603.10	1,870,713,526.20
减：现金的期初余额			1,870,713,526.20	2,642,673,687.65
现金及现金等价物净增加额			-113,286,923.10	-771,960,161.45

● 图 4.5　间接法中的经营活动产生的现金流量净额

在这里可以看到直接法和间接法中的经营活动产生的现金流量净额的本期发生额都是 1155689948.90 元，上期发生额都是 2984757682.97 元。

同理，现金流量表的直接法和间接法，最终结果都是"现金及现金等价物净增加额"，所以两种计算方法，得出的结果也应该是一样的平衡关系，如图 4.6 所示。

（a）直接法计算出的现金及现金等价物净增加额

（b）间接法计算出的现金及现金等价物净增加额

● 图 4.6　现金及现金等价物净增加额

在这里可以看到直接法和间接法中的现金及现金等价物净增加额的本期发生额都是 −113286923.10 元，上期发生额都是 −771960161.45 元。

4.1.5　现金流量表的作用

现金流是企业生存的基础，是企业的阳光。假如企业没有现金流作为支撑，一天也活不下去。现金流量表反映的是企业的生命力，现金流量状况越好，企业的生命力越旺盛。现金流量表的作用主要表现在如下 5 个方面。

第一，能说明企业一定期间内现金流入和流出的原因。

第二，直接揭示企业当前的偿债能力、支付能力和筹资能力。经营活动产生的现金流量能衡量这些指标，因为它本质上代表了企业自我创造现金的能力。债务最终应由其归还。

第三，有利于投资者预测企业未来的现金流量。

第四，有助于分析企业收益质量及影响现金净流量的因素（投资理财活动对经营成果和财务状况的影响）。

第五，可弥补权责发生制的不足、增强会计信息的可比性。

4.2　经营活动产生的现金流量

经营活动产生的现金流量，是企业现金的主要来源，是指企业投资活动和筹资活动以外的所有的交易和事项产生的现金流量。

4.2.1　经营活动现金流入类项目

在现金流量表中，经营活动现金流入类项目包括 13 种，分别是销售商品、提供劳务收到的现金，客户存款和同业存放款项净增加额，向中央银行借款净增加额，向其他金额机构拆入资金净增加额，收到原保险合同保费取得的现金，收到再保险业务现金净额，保户储金及投资款净增加额，处置以公允价值计量且其变动计入当期损益的金额资产净增加额，收取利息、手续费及佣金的现金，拆入资金净增加额，回购业务资金净增加额，收到的税费返还，收到其他与经营活动有关的现金，如图 4.7 所示。

一、经营活动产生的现金流量：		
销售商品、提供劳务收到的现金	28,062,904,138.83	27,274,582,482.57

92

云南白药集团股份有限公司 2017 年度报告全文

客户存款和同业存放款项净增加额		
向中央银行借款净增加额		
向其他金融机构拆入资金净增加额		
收到原保险合同保费取得的现金		
收到再保险业务现金净额		
保户储金及投资款净增加额		
处置以公允价值计量且其变动计入当期损益的金融资产净增加额		
收取利息、手续费及佣金的现金		
拆入资金净增加额		
回购业务资金净增加额		
收到的税费返还	13,526,073.48	8,576,182.67
收到其他与经营活动有关的现金	783,329,598.52	125,042,863.74
经营活动现金流入小计	28,859,759,810.83	27,408,201,528.98

● 图 4.7　经营活动现金流入类项目

1. 销售商品、提供劳务收到的现金

销售商品、提供劳务收到的现金主要包括以下内容。

（1）本期销售商品和提供劳务本期收到的现金。

（2）前期销售商品和提供劳务（含应收账款和应收票据）本期收到的现金。

（3）本期预收的商品款和劳务款等。

（4）本期收回前期核销的坏账损失。

（5）本期发生销货退回而支付的现金。

销售商品、提供劳务收到的现金计算方法如下。

销售商品、提供劳务收到的现金＝营业收入＋本期收到的增值税销项税额＋应收账款（期初余额－期末余额）（不扣除坏账准备）＋应收票据（期初余额－期末余额）＋预收款项项目（期末余额－期初余额）－本期由于收到非现金资产抵债减少的应收账款、应收票据的金额－本期发生的现金折扣－本期发生的票据贴现利息（不附追索权）＋收到的带息票据的利息（会计处理为借记银行存款，贷记财务费用）± 其他特殊调整业务

2. 客户存款和同业存放款项净增加额

客户存款和同业存放款项净增加额反映商业银行本期吸收的境内外金融机构以及非同业存放款项以外的各种存款的净增加额。

本项目要根据资产负债表的"短期存款""短期储蓄存款""同业存放款项""一年内到期的长期负债""长期存款""长期储蓄存款"填列。

3. 向中央银行借款净增加额

向中央银行借款净增加额反映商业银行本期向中央银行借入款项的净增加额。

4. 向其他金额机构拆入资金净增加额

向其他金额机构拆入资金净增加额反映商业银行本期从金融机构拆入款项所取得的现金。

本项目要根据资产负债表的"同业拆入"填列。

5. 收到原保险合同保费取得的现金

收到原保险合同保费取得的现金反映担保公司本期收到的原担保合同保

费取得的现金。包括本期收到的原担保保费收入、本期收到的前期应收原担保保费、本期预售的原担保保费和本期代其他企业收取的原担保保费，扣除本期担保合同提前解除以现金支付的退保费。

本项目应根据"现金""银行存款""应收账款""预收账款""保费收入"等科目的记录分析填列。

6. 收到再保险业务现金净额

收到再保险业务现金净额反映担保公司本期从事再保业务实际收支的现金净额。

本项目要可以根据"银行存款""应收分保账款""应付分保账款"等科目的记录分析填列。

7. 保户储金及投资款净增加额

保户储金及投资款净增加额反映担保公司向投保人收取的以储金利息作为保费收入的储金，以及以投资收益作为保费收入的投资保障型担保业务的投资本金，减去担保公司向投保人返还的储金和投资本金后的净额。

本项目可以根据"现金""银行存款""保户储金""应收保户储金"等科目的记录分析填列。

8. 处置以公允价值计量且其变动计入当期损益的金额资产净增加额

处置以公允价值计量且其变动计入当期损益的金额资产净增加额反映证券公司本期自行买卖交易性金融资产所取得的现金净增加额。

9. 收取利息、手续费及佣金的现金

收取利息、手续费及佣金的现金反映金融企业本期从客户收取的利息、手续费及佣金收入现金数。

本项目要根据利润表的"利息净收入""中间业务净收入（大于零时）"和资产负债表的"应付利息"填列。

10. 拆入资金净增加额

拆入资金净增加额反映证券公司本期从境内外金融机构拆入款项所取得的现金，减去拆借给境内外金融机构款项而支付的现金后的净额。

本项目可以根据"拆入资金""拆出资金"等科目的记录分析填列。本项目如为负数，应在经营活动现金流出类项目中列示。

11. 回购业务资金净增加额

回购业务资金净增加额反映证券公司本期按回购协议卖出票据、证券、贷款等金融资产所融入的现金，减去按返售协议约定先买入再按固定价格返售给卖出方的票据、证券、贷款等金融资产所融出的现金后的现金增加额。

本项目可以根据"买入返售金融资产""卖出回购金融资产款"等科目的记录分析填列。本项目如为负数，应在经营活动现金流出类项目中单独列示。

12. 收到的税费返还

收到的税费返还反映企业收到返还的各种税费。

本项目可以根据"库存现金""银行存款""应交税费""营业税金及附加"等账户的记录分析填列。

13. 收到其他与经营活动有关的现金

收到其他与经营活动有关的现金反映企业除了上述各项目以外收到的其他与经营活动有关的现金流入，如图 4.8 所示。

（1）收到的其他与经营活动有关的现金

单位：元

项目	本期发生额	上期发生额
政府补助	79,754,582.23	64,411,901.19
收到保证金	22,953,935.82	21,930,759.04
利息收入	32,624,207.72	11,600,465.98
房租收入	8,219,752.48	10,236,867.34
收往来款	699,532.64	6,293,598.30
代收代付款	632,464,279.94	2,215,660.88
其他	6,613,307.69	8,353,611.01
合计	783,329,598.52	125,042,863.74

• 图 4.8　收到其他与经营活动有关的现金

4.2.2　经营活动现金流出类项目

在现金流量表中，经营活动现金流出类项目包括 9 种，分别是购买商品、接受劳务支付的现金，客户货款及垫款净增加额，存放中央银行和同业款项净增加额，支付原保险合同赔付款项的现金，支付利息、手续费及佣金的现金，支付保单红利的现金，支付给职工以及为职工支付的现金，支付的各项税费，支付其他与经营活动有关的现金，如图 4.9 所示。

94 /182		100%			协作 ▾	签名 ▾			查找	
经营活动现金流入小计				28,859,759,810.83				27,408,201,528.98		
购买商品、接受劳务支付的现金				21,310,575,493.69				19,060,561,636.95		
客户贷款及垫款净增加额										
存放中央银行和同业款项净增加额										
支付原保险合同赔付款项的现金										
支付利息、手续费及佣金的现金										
支付保单红利的现金										
支付给职工以及为职工支付的现金				1,278,263,315.48				1,187,860,947.35		
支付的各项税费				1,877,721,577.15				1,864,163,734.73		
支付其他与经营活动有关的现金				3,237,509,475.61				2,310,857,526.98		
经营活动现金流出小计				27,704,069,861.93				24,423,443,846.01		
经营活动产生的现金流量净额				1,155,689,948.90				2,984,757,682.97		

● 图 4.9　经营活动现金流出类项目

1. 购买商品、接受劳务支付的现金

购买商品、接受劳务支付的现金可根据"应付账款""应付票据""预付账款""库存现金""银行存款""主营业务成本""其他业务成本""存货"等账户的记录分析填列。

购买商品、接受劳务支付的现金的计算具体如下。

购买商品、接受劳务支付的现金 = 主营业务成本 + 其他业务支出（如销售多余材料等）（来自于利润表）+ 本期进项税发生额（业务中分析）+ 存货期末金额减期初金额 + 预付账款期末金额减期初金额 + 应付账款、应付票据的期初金额减期末金额（来自于资产负债表）+ 存货的意外减少 – 存货的意外增加（包括固定资产折旧计入制造费用部分；待摊费用计入制造费用部分；预提费用计入制造费用部分；工资计入生产成本和制造费用部分；福利费计入生产成本和制造费用部分；接受存货投入；接受存货捐赠；债务重组中对方单位以存货还债；非货币性交易以存货的换入）– 应付项目意外减少（包括：无法支付的应付账款；以非货币性资产偿还应付账款、应付票据。）

2. 客户货款及垫款净增加额

客户货款及垫款净增加额反映商业银行本期发放的各种客户贷款，以及办理商业票据贴现、转贴现融出及融入资金等业务款项的净增加额。

本项目要根据资产负债表的"贴现""短期贷款""贸易融资""中长期贷款""逾期贷款"填列。

3. 存放中央银行和同业款项净增加额

存放中央银行和同业款项净增加额反映商业银行本期存放于中央银行以及其他金融机构的款项的净增加额。

本项目要根据资产负债表的"存放中央银行款项""存放联行款项""存放同业款项"填列。

4. 支付原保险合同赔付款项的现金

支付原保险合同赔付款项的现金反映保险公司本期实际支付原保险合同赔付的现金。本项目应根据"赔付支出"等科目记录分析填列。

5. 支付利息、手续费及佣金的现金

支付利息、手续费及佣金的现金反映担保公司本期实际支付手续费及佣金等现金。本项目应根据"应付账款""手续费及佣金支出"等科目的记录分析填列。

6. 支付保单红利的现金

支付保单红利的现金反映保险公司按原保险合同约定支付投保人的红利。本项目应根据"保单红利支出""银行存款"科目的记录分析填列。

7. 支付给职工以及为职工支付的现金

支付给职工以及为职工支付的现金反映企业实际支付给职工以及为职工支付的工资、奖金、各种津贴和补贴等（含为职工支付的养老、失业等各种保险和其他福利费用），但不含固定资产购建人员的工资。

本项目可根据"库存现金""银行存款""应付职工薪酬""生产成本"等账户的记录分析填列。

支付给职工以及为职工支付的现金 ＝ 生产成本、制造费用、管理费用中职工薪酬 ＋（应付职工薪酬年初余额 － 应付职工薪酬期末余额）－[应付职工

薪酬（在建工程）年初余额 - 应付职工薪酬（在建工程）期末余额]

8. 支付的各项税费

支付的各项税费反映的是企业按规定支付的各项税费和有关费用。本项目应根据"应交税费""库存现金""银行存款"等账户的记录分析填列。

9. 支付其他与经营活动有关的现金

支付其他与经营活动有关的现金反映企业除上述各项目外，支付的其他与经营活动有关的现金。

本项目应根据"管理费用""销售费用""营业外支出"等账户的记录分析填列。

支付的其他与经营活动有关的现金 = 剔除各项因素后的费用 + 罚款支出 + 保险费等。如：各种罚款支出；差旅费、业务招待费、保险费、广告费等销售费用；离退休人员工资、捐赠支出、经营租赁支付的租金。

4.2.3 经营活动现金流量类各项目的表内公式计算

在现金流量表中，经营活动现金流入小计的值是通过其包括的 13 项数据加起来得到的，下面以云南白药（000538）2017 年的经营活动现金流入小计的本期发生额为例讲解一下。

经营活动现金流入小计 = 销售商品、提供劳务收到的现金 + 客户存款和同业存放款项净增加额 + 向中央银行借款净增加额 + 向其他金额机构拆入资金净增加额 + 收到原保险合同保费取得的现金 + 收到再保险业务现金净额 + 保户储金及投资款净增加额 + 处置以公允价值计量且其变动计入当期损益的金额资产净增加额 + 收取利息 + 手续费及佣金的现金 + 拆入资金净增加额 + 回购业务资金净增加额 + 收到的税费返还 + 收到其他与经营活动有关的现金 = 28062904138.83+ 13526073.48+ 783329598.52=28859759810.83 元，如图 4.10 所示。

在现金流量表中，经营活动现金流出小计的值是通过其包括的 9 项数据加起来得到的，下面以云南白药（000538）2017 年的经营活动现金流出小计的本期发生额为例讲解一下。

销售商品、提供劳务收到的现金	28,062,904,138.83	27,274,582,482.57

92

云南白药集团股份有限公司 2017 年度报告全文

客户存款和同业存放款项净增加额		
向中央银行借款净增加额		
向其他金融机构拆入资金净增加额		
收到原保险合同保费取得的现金		
收到再保险业务现金净额		
保户储金及投资款净增加额		
处置以公允价值计量且其变动计入当期损益的金融资产净增加额		
收取利息、手续费及佣金的现金		
拆入资金净增加额		
回购业务资金净增加额		
收到的税费返还	13,526,073.48	8,576,182.67
收到其他与经营活动有关的现金	783,329,598.52	125,042,863.74
经营活动现金流入小计	28,859,759,810.83	27,408,201,528.98

● 图 4.10 经营活动现金流入小计

经营活动现金流出小计 = 购买商品、接受劳务支付的现金 + 客户货款及垫款净增加额 + 存放中央银行和同业款项净增加额 + 支付原保险合同赔付款项的现金 + 支付利息、手续费及佣金的现金 + 支付保单红利的现金 + 支付给职工以及为职工支付的现金 + 支付的各项税费 + 支付其他与经营活动有关的现金 =21310575493.69+1278263315.48+1877721577.15+3237509475.61= 27704069861.93 元，如图 4.11 所示。

回购业务资金净增加额		
收到的税费返还	13,526,073.48	8,576,182.67
收到其他与经营活动有关的现金	783,329,598.52	125,042,863.74
经营活动现金流入小计	28,859,759,810.83	27,408,201,528.98
购买商品、接受劳务支付的现金	21,310,575,493.69	19,060,561,636.95
客户贷款及垫款净增加额		
存放中央银行和同业款项净增加额		
支付原保险合同赔付款项的现金		
支付利息、手续费及佣金的现金		
支付保单红利的现金		
支付给职工以及为职工支付的现金	1,278,263,315.48	1,187,860,947.35
支付的各项税费	1,877,721,577.15	1,864,163,734.73
支付其他与经营活动有关的现金	3,237,509,475.61	2,310,857,526.98
经营活动现金流出小计	27,704,069,861.93	24,423,443,846.01
经营活动产生的现金流量净额	1,155,689,948.90	2,984,757,682.97

● 图 4.11 经营活动现金流出小计

在现金流量表中，经营活动产生的现金流量净额 = 经营活动现金流入小计 − 经营活动现金流出小计。下面以云南白药（000538）2017 年的经营活动产生的现金流量净额的本期发生额为例讲解一下。

经营活动产生的现金流量净额 = 经营活动现金流入小计 − 经营活动现金流出小计 =28859759810.83−27704069861.93=1155689948.90 元。

4.3 投资活动产生的现金流量

投资活动产生的现金流量是指企业长期资产（通常指一年以上）的购建及其处置产生的现金流量，包括购建固定资产、长期投资现金流量和处置长期资产现金流量，并按其性质分项列示。

4.3.1 投资活动现金流入类项目

在现金流量表中，投资活动现金流入类项目包括 5 种，分别是收回投资收到的现金，取得投资收益收到的现金，处置固定资产、无形资产和其他长期资产收回的现金净额，处置子公司及其他营业单位收到的现金净额，收到其他与投资活动有关的现金，如图 4.12 所示。

二、投资活动产生的现金流量：		
收回投资收到的现金	6,725,563,746.72	3,022,172,422.60
取得投资收益收到的现金	287,538,334.62	185,758,392.12
处置固定资产、无形资产和其他长期资产收回的现金净额	62,350,985.61	6,519,035.62
处置子公司及其他营业单位收到的现金净额		
收到其他与投资活动有关的现金	520,234,671.64	4,202,322.51
投资活动现金流入小计	7,595,687,738.59	3,218,652,172.85

● 图 4.12 投资活动现金流入类项目

1. 收回投资收到的现金

收回投资收到的现金反映企业出售、转让和到期收回的除现金等价物以外的交易性金融资产、长期股权投资而收到的现金，以及收回持有至到期投资本金而收到的现金。不包括持有至到期投资收回的利息以及收回的非现金资产。

本项目应根据"交易性金融资产""长期股权投资""库存现金""银行存款"等科目的记录分析填列。

收回投资收到的现金计算公式如下。

收回投资所收到的现金（不包括长期债权投资收回的利息）＝出售、转让或到期收回对其他企业的交易性金融资产、持有至到期投资、可供出售金融资产收到的本金及收益＋出售、转让或到期收回长期股权投资（特指权益法下的长期股权投资和成本法下不具有重大影响，活跃市场上没有报价公允价值不能可靠计量的长期股权投资）收到的本金及收益

2. 取得投资收益收到的现金

取得投资收益收到的现金反映企业因股权性投资而分得的现金股利和分回利润所收到的现金，以及债权性投资取得的现金利息收入。

本项目应根据"投资收益""库存现金""银行存款"等科目的记录分析填列。

3. 处置固定资产、无形资产和其他长期资产收回的现金净额

处置固定资产、无形资产和其他长期资产收回的现金净额反映处置上述各项长期资产所取得的现金，减去为处置这些资产所支付的有关费用后的净额。

本项目可根据"固定资产清理""库存现金""银行存款"等科目的记录分析填列。需要注意的是，如该项目（包括灾害造成固定资产及长期资产损失的保险赔偿）所收回的现金净额为负数，应在"支付的其他与投资活动有关的现金"项目填列。

4. 处置子公司及其他营业单位收到的现金净额

处置子公司及其他营业单位收到的现金净额反映企业处置子公司及其他营业单位所取得的现金，减去相关处置费用以及子公司及其他营业单位持有的现金和现金等价物后的净额。

本项目可以根据"长期股权投资""银行存款""库存现金"等科目的记录分析填列。

5. 收到其他与投资活动有关的现金

收到其他与投资活动有关的现金反映除上述各项目以外，收到的其他与投资活动有关的现金流入，如图 4.13 所示。

项目	本期发生额	上期发生额
定期存款利息收入	13,734,671.64	4,202,322.51
定期存款到期收回	506,500,000.00	
合计	520,234,671.64	4,202,322.51

● 图 4.13　收到其他与投资活动有关的现金

4.3.2　投资活动现金流出类项目

在现金流量表中，投资活动现金流出类项目包括 5 种，分别是购建固定资产、无形资产和其他长期资产支付的现金，投资支付的现金，质押贷款净增加额，取得子公司及其他营业单位支付的现金净额，支付其他与投资活动有关的现金，如图 4.14 所示。

购建固定资产、无形资产和其他长期资产支付的现金	193,206,847.22	140,632,036.17
投资支付的现金	7,754,281,542.15	5,564,056,050.00
质押贷款净增加额		
取得子公司及其他营业单位支付的现金净额		86,120,334.69
支付其他与投资活动有关的现金		1,415,040,756.39
投资活动现金流出小计	7,947,488,389.37	7,205,849,177.25

● 图 4.14　投资活动现金流出类项目

1. 购建固定资产、无形资产和其他长期资产支付的现金

购建固定资产、无形资产和其他长期资产支付的现金反映企业购买、建造固定资产，取得无形资产和其他长期资产所支付的现金。其中企业为购建固定资产支付的现金，包括购买固定资产支付的价款现金及增值税款、固定资产购建支付的现金。但不包括：支付的资本化的利息；支付融资租赁的租金；分期付款方式下购买固定资产各期支付的现金。

本项目应根据"固定资产""无形资产""在建工程""库存现金""银行存款"等科目的记录分析填列。

2. 投资支付的现金

投资支付的现金反映企业在现金等价物以外进行交易性金融资产、长期股权投资、持有至到期投资所实际支付的现金,包括佣金手续费所支付的现金。但不包括企业购买股票和债券时,实际支付价款中包含的已宣告尚未领取的现金股利或已到付息期但尚未领取的债券利息。

本项目应根据"交易性金融资产""长期股权投资""持有至到期投资""库存现金""银行存款"等科目的记录分析填列。

3. 质押贷款净增加额

质押贷款净增加额反映担保公司本期发放保户质押贷款的现金净额。本项目可以根据"贷款""银行存款"等科目的记录分析填列。

担保公司可以单独设置"处置损余物资收到的现金净额"和"代位追偿款收到的现金"等项目,或者在"收到的其他与经营活动有关的现金"项目中反映。

4. 取得子公司及其他营业单位支付的现金净额

取得子公司及其他营业单位支付的现金净额反映企业购买子公司及其他营业单位购买出价中以现金支付的部分,减去子公司及其他营业单位持有的现金和现金等价物后的净额。

本项目可以根据"长期股权投资""库存现金""银行存款"等科目的记录分析填列。

5. 支付其他与投资活动有关的现金

支付其他与投资活动有关的现金反映企业除了上述各项以外,支付的与投资活动有关的现金流出。包括企业购买股票和债券时,实际支付价款中包含的已宣告尚未领取的现金股利或已到付息期但尚未领取的债券利息等。

本项目应根据"库存现金""银行存款""应收股利""应收利息"等科目的记录分析填列。

4.3.3　投资活动现金流量类各项目的表内公式计算

在现金流量表中，投资活动现金流入小计的值是通过其包括的 5 项数据加起来得到的，下面以云南白药（000538）2017 年的投资活动现金流入小计的本期发生额为例讲解一下。

投资活动现金流入小计 = 收回投资收到的现金 + 取得投资收益收到的现金 + 处置固定资产 + 无形资产和其他长期资产收回的现金净额 + 处置子公司及其他营业单位收到的现金净额 + 收到其他与投资活动有关的现金 =6725563746.72+287538334.62+62350985.61+520234671.64=7595687738.59 元，如图 4.15 所示。

支付给职工以及为职工支付的现金	1,278,263,315.48	1,187,860,947.35
支付的各项税费	1,877,721,577.15	1,864,163,734.73
支付其他与经营活动有关的现金	3,237,509,475.61	2,310,857,526.98
经营活动现金流出小计	27,704,069,861.93	24,423,443,846.01
经营活动产生的现金流量净额	1,155,689,948.90	2,984,757,682.97
二、投资活动产生的现金流量：		
收回投资收到的现金	6,725,563,746.72	3,022,172,422.60
取得投资收益收到的现金	287,538,334.62	185,758,392.12
处置固定资产、无形资产和其他长期资产收回的现金净额	62,350,985.61	6,519,035.62
处置子公司及其他营业单位收到的现金净额		
收到其他与投资活动有关的现金	520,234,671.64	4,202,322.51
投资活动现金流入小计	7,595,687,738.59	3,218,652,172.85

•图 4.15　投资活动现金流入小计

在现金流量表中，投资活动现金流出小计的值是通过其包括的 5 项数据加起来得到的，下面以云南白药（000538）2017 年的投资活动现金流出小计的本期发生额为例讲解一下。

投资活动现金流出小计 = 购建固定资产、无形资产和其他长期资产支付的现金 + 投资支付的现金 + 质押贷款净增加额 + 取得子公司及其他营业单位支付的现金净额 + 支付其他与投资活动有关的现金 =193206847.22+7754281542.15=7947488389.37 元，如图 4.16 所示。

投资活动现金流入小计	7,595,687,738.59	3,218,652,172.85
购建固定资产、无形资产和其他长期资产支付的现金	193,206,847.22	140,632,036.17
投资支付的现金	7,754,281,542.15	5,564,056,050.00
质押贷款净增加额		
取得子公司及其他营业单位支付的现金净额		86,120,334.69
支付其他与投资活动有关的现金		1,415,040,756.39
投资活动现金流出小计	7,947,488,389.37	7,205,849,177.25

93

云南白药集团股份有限公司 2017 年度报告全文

投资活动产生的现金流量净额	-351,800,650.78	-3,987,197,004.40

● 图 4.16　投资活动现金流出小计

在现金流量表中，投资活动产生的现金流量净额 = 投资活动现金流入小计 − 投资活动现金流出小计。下面以云南白药（000538）2017 年的投资活动产生的现金流量净额的本期发生额为例讲解一下。

投资活动产生的现金流量净额 = 投资活动现金流入小计 − 投资活动现金流出小计 =7595687738.59−7947488389.37=−351800650.78 元。

4.4　筹资活动产生的现金流量

筹资活动产生的现金流量是指导致企业资本及债务的规模和构成发生变化的活动所产生的现金流量。

4.4.1　筹资活动现金流入类项目

在现金流量表中，筹资活动现金流入类项目包括 4 种，分别是吸收投资收到的现金，取得借款收到的现金，发行债券收到的现金，收到其他与筹资活动有关的现金，如图 4.17 所示。

95 / 182						100% ▾		协作 ▾		签名 ▾				查找	▾

三、筹资活动产生的现金流量：		
吸收投资收到的现金		11,900,000.00
其中：子公司吸收少数股东投资收到的现金		4,900,000.00
取得借款收到的现金		896,544,000.00
发行债券收到的现金		
收到其他与筹资活动有关的现金	30,664,618.85	35,627,200.00
筹资活动现金流入小计	30,664,618.85	944,071,200.00

●图 4.17　筹资活动现金流入类项目

1. 吸收投资收到的现金

吸收投资收到的现金反映企业收到投资者投入的现金，包括以发行股票、债券等方式筹集资金实际收到的款项净额（即发行收入减去支付的佣金等发行费用后的净额）。

本项目可根据"实收资本（或股本）""应付债券""库存现金""银行存款"等科目的记录分析填列。

2. 取得借款收到的现金

取得借款收到的现金反映企业举借各种短期借款、长期借款而收到的现金。本项目可根据"短期借款""长期借款""银行存款"等科目的记录分析填列。

3. 发行债券收到的现金

发行债券收到的现金反映发行债券筹集资金收到的现金。该项目以发行债券实际收到的现金列示。本项目根据"发行短期债券""发行长期债券"等科目的记录分析填列。

4. 收到其他与筹资活动有关的现金

收到其他与筹资活动有关的现金反映企业除上述各项以外，收到的其他与筹资活动有关的现金流入，如图 4.18 所示。

159 / 182						100% ▾		协作 ▾		签名 ▾				查找	▾

（5）收到的其他与筹资活动有关的现金

单位：元

项目	本期发生额	上期发生额
收到的与资产相关的政府补助	30,664,618.85	35,527,200.00
收到企业及个人借款		100,000.00
合计	30,664,618.85	35,627,200.00

●图 4.18　收到其他与筹资活动有关的现金

4.4.2　筹资活动现金流出类项目

在现金流量表中，筹资活动现金流出类项目包括 3 种，分别是偿还债务支付的现金，分配股利、利润或偿付利息支付的现金，支付其他与筹资活动有关的现金，如图 4.19 所示。

	95 /182					100%		协作		签名				查找	
偿还债务支付的现金							11,100,000.00				20,000,000.00				
分配股利、利润或偿付利息支付的现金							930,792,696.49				691,687,830.11				
其中：子公司支付给少数股东的股利、利润															
支付其他与筹资活动有关的现金							500,000.00				7,036,081.45				
筹资活动现金流出小计							942,392,696.49				718,723,911.56				

● 图 4.19　筹资活动现金流出类项目

1. 偿还债务支付的现金

偿还债务支付的现金反映企业以现金偿还债务的本金，包括偿还金融机构的借款本金、偿还到期的债券本金等，不包括偿还的借款利息、债券利息。

本项目可根据"短期借款""长期借款""应付债券""库存现金""银行存款"等科目的记录分析填列。

2. 分配股利、利润或偿付利息支付的现金

分配股利、利润或偿付利息支付的现金反映企业实际支付的现金股利、支付给投资人的利润或用现金支付的借款利息、债券利息等。

本项目可根据"应付股利（或应付利润）""财务费用""长期借款""应付债券""库存现金""银行存款"等科目的记录分析填列。

3. 支付其他与筹资活动有关的现金

支付其他与筹资活动有关的现金反映除了上述各项目以外，支付的与筹资活动有关的现金流出，如图 4.20 所示。

（6）支付的其他与筹资活动有关的现金

158

云南白药集团股份有限公司 2017 年度报告全文

单位：元

项目	本期发生额	上期发生额
保理手续费		4,937,738.87
支付云全公司收购尾款	400,000.00	
支付企业及个人借款	100,000.00	2,098,342.58
合计	500,000.00	7,036,081.45

● 图 4.20　支付其他与筹资活动有关的现金

4.4.3　筹资活动现金流量类各项目的表内公式计算

在现金流量表中，筹资活动现金流入小计的值是通过其包括的 4 项数据加起来得到的，下面以云南白药（000538）2017 年的筹资活动现金流入小计的上期发生额为例讲解一下。

筹资活动现金流入小计 = 吸收投资收到的现金 + 取得借款收到的现金 + 发行债券收到的现金 + 收到其他与筹资活动有关的现金 =11900000.00+896544000.00+35627200.00=944071200.00 元，如图 4.21 所示。

云南白药集团股份有限公司 2017 年度报告全文		
投资活动产生的现金流量净额	-351,800,650.78	-3,987,197,004.40
三、筹资活动产生的现金流量：		
吸收投资收到的现金		11,900,000.00
其中：子公司吸收少数股东投资收到的现金		4,900,000.00
取得借款收到的现金		896,544,000.00
发行债券收到的现金		
收到其他与筹资活动有关的现金	30,664,618.85	35,627,200.00
筹资活动现金流入小计	30,664,618.85	944,071,200.00

● 图 4.21　筹资活动现金流入小计

在现金流量表中，筹资活动现金流出小计的值是通过其包括的 3 项数据加起来得到的，下面以云南白药（000538）2017 年的筹资活动现金流出小计的上期发生额为例讲解一下。

筹资活动现金流出小计 = 偿还债务支付的现金 + 分配股利、利润或偿付利息支付的现金 + 支付其他与筹资活动有关的现金 =20000000.00+691687830.11+7036081.45=718723911.56 元，如图 4.22 所示。

筹资活动现金流入小计	30,664,618.85	944,071,200.00
偿还债务支付的现金	11,100,000.00	20,000,000.00
分配股利、利润或偿付利息支付的现金	930,792,696.49	691,687,830.11
其中：子公司支付给少数股东的股利、利润		
支付其他与筹资活动有关的现金	500,000.00	7,036,081.45
筹资活动现金流出小计	942,392,696.49	718,723,911.56
筹资活动产生的现金流量净额	-911,728,077.64	225,347,288.44

● 图 4.22　筹资活动现金流出小计

在现金流量表中，筹资活动产生的现金流量净额 = 筹资活动现金流入小计 - 筹资活动现金流出小计。下面以云南白药（000538）2017 年的筹资活动产生的现金流量净额的上期发生额为例讲解一下。

筹资活动产生的现金流量净额 = 筹资活动现金流入小计 - 筹资活动现金流出小计 =944071200.00-718723911.56=225347288.44 元。

4.5　现金流量表中的其他数据

现金流量表中的其他数据如图 4.23 所示。

四、汇率变动对现金及现金等价物的影响	-5,448,143.58	5,131,871.54
五、现金及现金等价物净增加额	-113,286,923.10	-771,960,161.45
加：期初现金及现金等价物余额	1,870,713,526.20	2,642,673,687.65
六、期末现金及现金等价物余额	1,757,426,603.10	1,870,713,526.20

● 图 4.23　现金流量表中的其他数据

1. 汇率变动对现金及现金等价物的影响

汇率变动对现金及现金等价物的影响反映企业的外币现金流量发生日所采用的汇率与期末汇率的差额对现金的影响数额。

2. 现金及现金等价物的净增加额

现金及现金等价物的净增加额是将现金流量表中"经营活动产生的现金流量净额""投资活动产生的现金流量净额""筹资活动产生的现金流量净额"和"汇率变动对现金及现金等价物的影响"四个项目相加得出的。

下面以云南白药（000538）2017年的现金及现金等价物的净增加额的本期发生额为例讲解一下。

经营活动产生的现金流量净额的本期发生额：1155689948.90元。

投资活动产生的现金流量净额的本期发生额：−351800650.78元。

筹资活动产生的现金流量净额的本期发生额：−911728077.64元。

汇率变动对现金及现金等价物的影响的本期发生额：−5448143.58元。

现金及现金等价物的净增加额的本期发生额＝经营活动产生的现金流量净额的本期发生额＋投资活动产生的现金流量净额的本期发生额＋筹资活动产生的现金流量净额的本期发生额＋汇率变动对现金及现金等价物的影响的本期发生额=1155689948.90+（−351800650.78）+（−911728077.64）+（−5448143.58）=−113286923.10元，如图4.24所示。

95 / 182	100%	协作 ▾	签名 ▾	查找
五、现金及现金等价物净增加额		−113,286,923.10		−771,960,161.45

• 图4.24 现金及现金等价物的净增加额的本期发生额

3. 期末现金及现金等价物余额

期末现金及现金等价物余额是将计算出来的现金及现金等价物净增加额加上期初现金及现金等价物金额求得。

下面以云南白药（000538）2017年的期末现金及现金等价物余额的本期发生额为例讲解一下。

期末现金及现金等价物余额的本期发生额＝现金及现金等价物的净增加

额的本期发生额 + 期初现金及现金等价物余额 =−113286923.10+1870713526.20=17574 26603.10 元，如图 4.25 所示。

> 提醒：期初现金及现金等价物余额就是期末现金及现金等价物余额的上期发生额。

95 /182	100%	协作 ▾	签名 ▾	查找	
五、现金及现金等价物净增加额				-113,286,923.10	-771,960,161.45
加：期初现金及现金等价物余额				1,870,713,526.20	2,642,673,687.65
六、期末现金及现金等价物余额				1,757,426,603.10	1,870,713,526.20

● 图 4.25　期末现金及现金等价物余额

4.6　现金流量表与资产负债表、利润表的勾稽关系

勾稽关系是会计在编制会计报表时常用的一个术语，是指相互间存在一种可检查验证的关系。例如，企业发了 10000 的薪资给 A，那么 A 就会有 10000 的收入，这两者间可互相验证，互相勾稽，就是勾稽关系了。

4.6.1　勾稽关系的类型

勾稽关系的类型包括 6 种，分别是平衡勾稽关系、对应勾稽关系、和差勾稽关系、积商勾稽关系、动静勾稽关系、补充勾稽关系，如图 4.26 所示。

1. 平衡勾稽关系

资金平衡表分左右两方，一方反映资金占用，另一方反映资金来源，两方必须保持平衡。

2. 对应勾稽关系

根据复式记账法对每项经济业务用

● 图 4.26　勾稽关系的类型

相等金额在两个或两个以上互相关联的账户中登记，表明资金运动的来龙去脉以及相互对应关系固定不变。

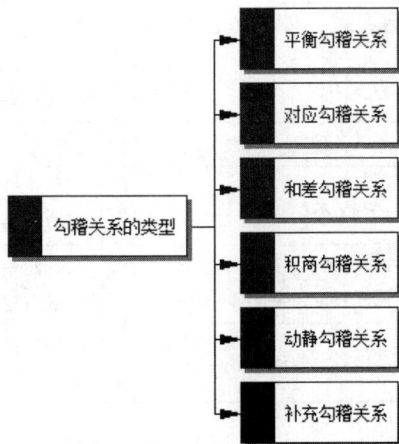

3. 和差勾稽关系

报表中的有些勾稽关系表现为一个指标等于其他几个指标的和或者差。

4. 积商勾稽关系

报表中有些勾稽关系表现为一个项目等于其他几个项目的积或商。

5. 动静勾稽关系

专用基金及专用拨款表等为"动态表",而资金平衡表为"静态表"。"静态表"与"动态表"所反映的某些指标具有一致性,由此在报表中形成勾稽关系。

6. 补充勾稽关系

报表中反映的某些指标,为了解它的明细核算资料和计算,依据另设项目或表式加以补充说明。

4.6.2 现金流量表与资产负债表的勾稽关系

现金流量表是反映一段时间的现金流量,而资产负债表是反映某个时点的财务状况。这样就可以利用资产负债表的年初数和年末数之间的变化数额,基于一定的条件来推断现金流量表的正确性。

资产负债表与现金流量表在基于一定的条件下,存在一种不太精确的勾稽关系,如表 4.2 所示。

表 4.2 现金流量表与资产负债表的勾稽关系

现金流量表项目	资产负债表项目	假设条件
现金及现金等价物净增加额	货币资金年末数与年初数之差	企业不存在现金等价物净增加额
购建固定资产、无形资产和其他长期资产所支付的现金	固定资产年末数与年初数之差	企业不存在处置的固定资产的情况
借款所收到的现金	短期借款和长期借款年末数与年初数之差	在没有偿还债务的前提下,企业不存在往来款中入账的借款

4.6.3 现金流量表与利润表的勾稽关系

利润表与现金流量表在基于一定的条件下,存在一种不太精确的勾稽关系,如表 4.3 所示。

表 4.3　现金流量表与利润表的勾稽关系

现金流量表项目	资产负债表项目	假设条件
销售商品、提供劳务收到的现金	营业收入	在应收账款没有变动的前提下
购买商品、接受劳务支付的现金	营业成本	在应收账款没有变动的前提下
处置固定资产、无形资产和其他长期资产收回的现金净额	外置固定资产形成的营业外收入	外置固定资产收到的全是现金
分配股利、利润或偿付利息支付的现金	应付优先股股利、应付普通股股利、财务费用	应付利息、应付股利没有变动

提醒：现金流量表与资产负债表、利润表的勾稽关系，形象地归纳了不同报表项目之间的勾稽关系，可以利用这种关系高效地判断三大主表的准确性。

4.7　现金流量表的运用技巧

资产负债表提供了企业货币资金期末与期初的增减变化，但未揭示其变化的原因；利润表列出企业一定时期实现的净利润，但未揭示其与现金流量的关系。现金流量表如同桥梁，沟通了上述两表的会计信息。

4.7.1　通过现金流量表可以分析出的信息

通过现金流量表可以分析企业的投资回报率。分析企业的投资回报率主要看两个指标，分别是现金回收额和现金回报率。

1. 现金回收额

现金回收额，又称剩余现金流量，其计算公式如下。

现金回收额 = 经营活动现金净流量 − 偿付利息支付的现金

在对现金回收额进行分析时，应注意经营活动现金流量中是否有其他不正常的现金流入和流出。

2. 现金回报率

现金回收额除以投入资金，就会得到投资回报率；现金回收额除以全部资金，就会得到现金回报率。

通过现金流量表还可以分析企业的筹措现金、生成现金能力。企业筹措现金有两种方法，具体如下。

第一，通过筹资活动吸收投资者投资或借入资金。

第二，从经营过程中获取利润。

通过现金流量表，投资者可以了解一段时期内企业的经营状况。

4.7.2 看现金流量表的方法与技巧

看现金流量表，主要从四个方面来看，分别是经营活动产生的现金流量、投资活动产生的现金流量、筹资活动产生的现金流量、正确看待现金及现金等价物净增加额。

1. 经营活动产生的现金流量

看经营活动产生的现金流量应把握 4 点，分别是经营活动产生的现金流量是否为正数、经营现金指数是否大于等于 1、销售收现率要适当、支付给职工以及为职工支付的现金很重要，如图 4.27 所示。

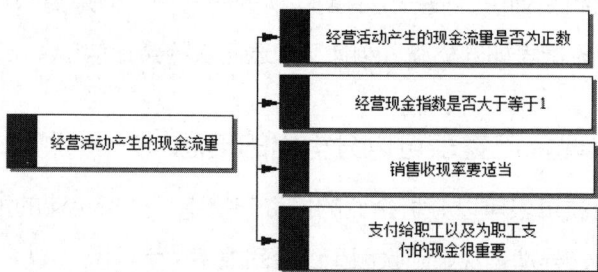

• 图 4.27　经营活动产生的现金流量

第一，经营活动产生的现金流量是否为正数。企业经营的活力在现金流量表中表现为大量的经营现金流，企业的基本业务具有创造现金的功能时，经营活动产生的现金流量净额通常为正数。

需要注意的是，如果经营活动产生的现金流量净额长期为负数时，表明企业已陷入困境，这时就有必要改造企业的经营结构，这一点很重要。图 4.28 显示的是云南白药（000538）2017 年的现金流量表中的经营活动产生的现金流量信息。

经营活动现金流入小计	28,859,759,810.83	27,408,201,528.98
购买商品、接受劳务支付的现金	21,310,575,493.69	19,060,561,636.95
客户贷款及垫款净增加额		
存放中央银行和同业款项净增加额		
支付原保险合同赔付款项的现金		
支付利息、手续费及佣金的现金		
支付保单红利的现金		
支付给职工以及为职工支付的现金	1,278,263,315.48	1,187,860,947.35
支付的各项税费	1,877,721,577.15	1,864,163,734.73
支付其他与经营活动有关的现金	3,237,509,475.61	2,310,857,526.98
经营活动现金流出小计	27,704,069,861.93	24,423,443,846.01
经营活动产生的现金流量净额	1,155,689,948.90	2,984,757,682.97

• 图 4.28　云南白药（000538）2017 年的现金流量表中的

经营活动产生的现金流量信息

在这里可以看到，云南白药（000538）2017 年年初和年末的经营活动产生的现金流量净额都为正数，这表明企业的经营状况良好。需要注意的是，年末的经营活动产生的现金流量净额小于年初经营活动产生的现金流量净额，表明企业虽经营良好，但在走下坡路。

第二，经营现金指数是否大于 1。追求经营现金流动最大化是企业的基本经营目标，为此企业就要采取增加销售、缩短收款周期、延长支付等措施，追求经营利润与经营营业额的统一。在日常实际工作中，可通过计算经营现金指数来评价企业营业利润与之相对应的现金之间的差距，进而评价企业盈利质量，其计算公式如下：

经营现金指数 = 经营活动产生的现金净流量 ÷ 营业利润

当企业赚取利润与收回现金达到统一时，经营现金指数等于 1；当收款速度很快时，经营现金指数就会大于 1；但当出现大量的赊销业务或应收账款回收速度较慢时，经营现金指数就会小于 1。

一般情况下，经营现金指数接近 1，企业的盈利质量比较高；经营现金指数比 1 小很多时，企业的盈利质量就比较差。

提醒：当企业营业利润是负数时，计算经营现金指数就已经没有意义了。

第三，销售收现率要适当。销售收现率反映的是企业销售与收款的比率，其计算公式如下：

销售收现率 ＝ 现金流量表中的销售商品、提供劳务收到的现金 ÷

（利润表中的主营业务收入账 ＋ 本期增值税销项税额）

如果销售收现率过低，就说明企业的产品结构或销售业务存在问题，企业的大量资金被别人占用，企业要注意分析原因；如果销售收现率比较高，说明企业的产品结构或销售业务做的很好，销售回款速度快，企业运行良好。

第四，支付给职工以及为职工支付的现金很重要。掌握企业生存命脉的是经营活动，企业成长的关键在于对人才的投资，所以借助这一项指标，可以了解企业对员工的态度、企业的人力资源政策以及企业能否正常地发展。图 4.29 显示的是云南白药（000538）的现金流量表中的支付给职工以及为职工支付的现金信息。

收到的税费返还	13,526,073.48	8,576,182.67
收到其他与经营活动有关的现金	783,329,598.52	125,042,863.74
经营活动现金流入小计	28,859,759,810.83	27,408,201,528.98
购买商品、接受劳务支付的现金	21,310,575,493.69	19,060,561,636.95
客户贷款及垫款净增加额		
存放中央银行和同业款项净增加额		
支付原保险合同赔付款项的现金		
支付利息、手续费及佣金的现金		
支付保单红利的现金		
支付给职工以及为职工支付的现金	1,278,263,315.48	1,187,860,947.35
支付的各项税费	1,877,721,577.15	1,864,163,734.73
支付其他与经营活动有关的现金	3,237,509,475.61	2,310,857,526.98
经营活动现金流出小计	27,704,069,861.93	24,423,443,846.01

● 图 4.29 云南白药（000538）的现金流量表中的支付给职工
以及为职工支付的现金信息

2. 投资活动产生的现金流量

投资活动对企业的经营方向、经营结构会产生重大影响，而且投资活动一般涉及的金额比较大，因此投资者要重点关注三个方面，分别是投资的目的和投资的方向、投资的规模和投资的风险、投资对企业产生的影响，如图 4.30 所示。

第一，投资的目的和投资的方向。如果企业为扩大经营规模或改变经营方向而投资时，企业会把资金投资在固定资产、在建工程和无形资产上；如

果企业为控股而进行投资时，就会把资金投资在股票上或联营投资上；如果
企业只是为获利而投资时，企业常常会把资金投资在公司债券等债权方面。

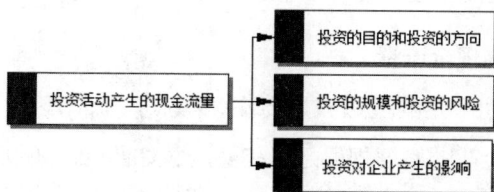

● 图 4.30   投资活动产生的现金流量

第二，投资的规模和投资的风险。企业的投资规模对企业以后的发展会
产生重大影响；当企业将大量的资金投资在股权或无形资产上时，企业就会
有较大的风险。

第三，投资对企业产生的影响。投资活动会改变企业的经营方向，也会
加大企业的风险，所以必须重视对此的评估。

图 4.31 显示的是云南白药（000538）的现金流量表中的投资活动产生的
现金流量。

取得投资收益收到的现金	287,538,334.62	185,758,392.12
处置固定资产、无形资产和其他长期资产收回的现金净额	62,350,985.61	6,519,035.62
处置子公司及其他营业单位收到的现金净额		
收到其他与投资活动有关的现金	520,234,671.64	4,202,322.51
投资活动现金流入小计	7,595,687,738.59	3,218,652,172.85
购建固定资产、无形资产和其他长期资产支付的现金	193,206,847.22	140,632,036.17
投资支付的现金	7,754,281,542.15	5,564,056,050.00
质押贷款净增加额		
取得子公司及其他营业单位支付的现金净额		86,120,334.69
支付其他与投资活动有关的现金		1,415,040,756.39
投资活动现金流出小计	7,947,488,389.37	7,205,849,177.25

93

云南白药集团股份有限公司 2017 年度报告全文

投资活动产生的现金流量净额	-351,800,650.78	-3,987,197,004.40

● 图 4.31   云南白药（000538）的现金流量表中的投资活动产生的现金流量

从上面的数据可以看出，云南白药（000538）投资活动产生的现金流量净额为负数，这是由于该公司投资活动的现金流入固定资产、无形资产和其他长期资产，并且这些投资金额很大，但没有收益，这就导致投资净额为负数。

3. 筹资活动产生的现金流量

对于筹资活动产生的现金流量要注意两点，分别是筹资的方式和筹资的风险、筹资量与企业的发展规模是否相适应，如图 4.32 所示。

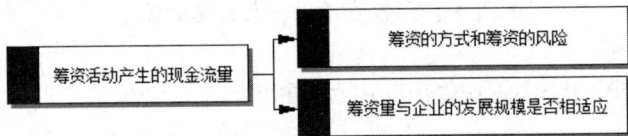

• 图 4.32　筹资活动产生的现金流量

第一，筹资的方式和筹资的风险。通过发行股票筹集资金，企业的财务结构趋向稳定，财务风险降低。通过发行债券或借款筹集资金，企业财务结构的稳定性减弱，财务风险增加。

第二，筹资量与企业的发展规模是否相适应。筹资量过低，会影响企业的发展，但筹资量过高，会形成资金浪费。需要注意的是，借款会增加企业利息负担。

图 4.33 显示的是云南白药（000538）的现金流量表中的筹资活动产生的现金流量。

三、筹资活动产生的现金流量：		
吸收投资收到的现金		11,900,000.00
其中：子公司吸收少数股东投资收到的现金		4,900,000.00
取得借款收到的现金		896,544,000.00
发行债券收到的现金		
收到其他与筹资活动有关的现金	30,664,618.85	35,627,200.00
筹资活动现金流入小计	30,664,618.85	944,071,200.00
偿还债务支付的现金	11,100,000.00	20,000,000.00
分配股利、利润或偿付利息支付的现金	930,792,696.49	691,687,830.11
其中：子公司支付给少数股东的股利、利润		
支付其他与筹资活动有关的现金	500,000.00	7,036,081.45
筹资活动现金流出小计	942,392,696.49	718,723,911.56
筹资活动产生的现金流量净额	-911,728,077.64	225,347,288.44

• 图 4.33　云南白药（000538）的现金流量表中的筹资活动产生的现金流量

从上图可以看到云南白药（000538）筹资活动产生的现金流量净额年初为正数，而年末为负数，表明企业没有吸收到新的资金。

4. 正确看待现金及现金等价物净增加额

企业的经营活动应具有"造血"功能，是创造现金的基本途径；投资活动是企业寻求更广阔的生存空间，为投资者寻求更多更好的赚钱机会；筹资活动要为经营活动和投资活动提供资金上的保障。

现金剩余过多，是缺乏效率的表现，因为投资者不是为了获取利息才向企业投资的，否则他们情愿将现金直接存入银行，所以企业要将现金投入到能够产生利润的领域。

第5章

全面掌握所有者权益变动表

所有者权益变动表全面反映了企业的股东权益在年度内的变化情况，便于投资者深入分析企业股东权益的增减变化情况，并进而对企业的资本保值增值情况作出正确判断，从而提供对决策有用的信息。

本章主要内容包括：

➤ 所有者权益的定义和分类

➤ 所有者权益变动表的定义和构成

➤ 所有者权益变动表的作用

➤ 实战剖析上年期末余额

➤ 实战剖析本年期初余额

➤ 实战剖析本期增减变动金额

➤ 实战剖析本期期末余额

➤ 所有者权益变动表与资产负债表的勾稽关系

➤ 派现与送股对所有者权益变动的影响

➤ 股票分割对所有者权益变动的影响

➤ 库存股对所有者权益变动的影响

5.1 所有者权益变动表概述

所有者权益变动表是指企业所有者权益在当期的变化情况、分配结构等内容，也就是拥有这家企业的股东分配情况和变化情况。通过所有者权益变动表，可以了解企业的资产分配比例及谁是企业的股东。

5.1.1 所有者权益的定义

所有者权益是指企业资产扣除负债后由所有者享有的剩余权益。在股份制企业中，所有者权益又称为股东权益。所有者权益是企业投资人对企业净资产的所有权，它受总资产和总负债变动的影响而发生增减变动。

所有者权益的来源包括所有者投入的资本、直接计入所有者权益的利得和损失、留存收益等。

其中，利得是指由企业非日常活动所形成的、会导致所有者权益增加的、与所有者投入资本无关的经济利益的流入。利得又分两种，分别是直接计入所有者权益的利得和直接计入当期利润的利得。

损失是指由企业非日常活动所发生的、会导致所有者权益减少的、与向所有者分配利润无关的经济利益的流出。损失又分两种，分别是直接计入所有者权益的损失和直接计入当期利润的损失。

5.1.2 所有者权益的分类

所有者权益按其构成可分三种，分别是投入资本、资本公积和留存收益，如图 5.1 所示。

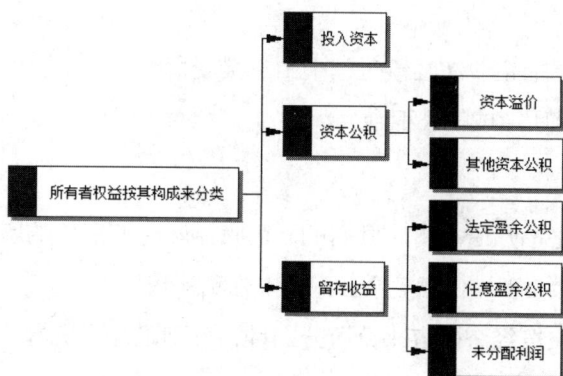

● 图 5.1　所有者权益按其构成来分类

1. 投入资本

投入资本是指所有者在企业注册资本的范围内实际投入的资本。所谓注册资本，是指企业在设立时向工商行政管理部门登记的资本总额，也就是全部出资者设定的出资额之和。企业对资本的筹集，应该按照法律、法规、合同和章程的规定及时进行。如果是一次筹集的，投入资本应等于注册资本；如果是分期筹集的，在所有者最后一次缴入资本以后，投入资本应等于注册资本。注册资本是企业的法定资本，是企业承担民事责任的财力保证。

在不同类型的企业中，投入资本的表现形式有所不同。在股份有限公司，投入资本表现为实际发行股票的面值，也称为股本；在其他企业，投入资本表现为所有者在注册资本范围内的实际出资额，也称为实收资本。

投入资本按照所有者的性质不同，可以分为国家投入资本、法人投入资本、个人投入资本和外方投入资本。国家投入资本是指有权代表国家投资的政府部门或者机构以国有资产投入企业所形成的资本；法人投入资本是指我国具有法人资格的单位以其依法可以支配的资产投入企业所形成的资本；个人投入资本是指我国公民以其合法财产投入企业所形成的资本；外方投入资本是指外国投资者以及我国香港、澳门和台湾地区的投资者将资产投入企业所形成的资本。

投入资本按照投入资产的形式不同，可以分为货币投资、实物投资和无形资产投资。

2. 资本公积

资本公积是指企业在经营过程中由于接受捐赠、股本溢价以及法定财产重估增值等原因所形成的公积金。

3. 留存收益

留存收益是指归所有者所共有的、由收益转化而形成的所有者权益，主要包括法定盈余公积、任意盈余公积和未分配利润。

所有者权益按经济内容来分可分四种，分别是投入资本、资本公积、盈余公积和未分配利润。

投入资本和资本公积，前面已讲过。下面来看一下盈余公积和未分配利润。

4. 盈余公积

盈余公积是指企业从税后净利润中提取形成的、存留于企业内部、具有特定用途的收益积累。盈余公积按规定可用于弥补企业亏损，也可按法定程序转增资本金。公司制企业按照税后利润的 5% ~ 10% 的比例提取法定公益金。

5. 未分配利润

未分配利润是本年度所实现的净利润经过利润分配后所剩余的利润，等待以后分配。如果未分配利润出现负数时，即表示年末的未弥补的亏损，应由以后年度的利润或盈余公积来弥补。

5.1.3 所有者权益变动表的定义

所有者权益变动表是反映所有者权益变动情况的明细表格，也就是企业所有者的注资变化情况、分配情况等关于所有者的变化情况。它包括股本（或实收资本）、资本公积、库存股、专项储备、盈余公积、未分配利润、少数股东权益、所有者权益合计等。

打开同花顺软件，输入"云南白药"的代码 000538，然后按回车键，就可以查看云南白药（000538）的日 K 线图。接着按下键盘上的 F10 键，就可以看到云南白药（000538）的基本面资料信息。

在基本面资料信息中，单击"财务概况"，再单击"财务报表"，就可以查看云南白药（000538）的财务报表，如图 5.2 所示。

• 图 5.2　云南白药（000538）的财务报表查看

单击 2017 年报对应的 按钮，就可以打开网页，显示云南白药集团股份有限企业 2017 年年度报告。向下拖动垂直滚动条，就可以看到云南白药（000538）的所有者权益变动表，如图 5.3 所示。

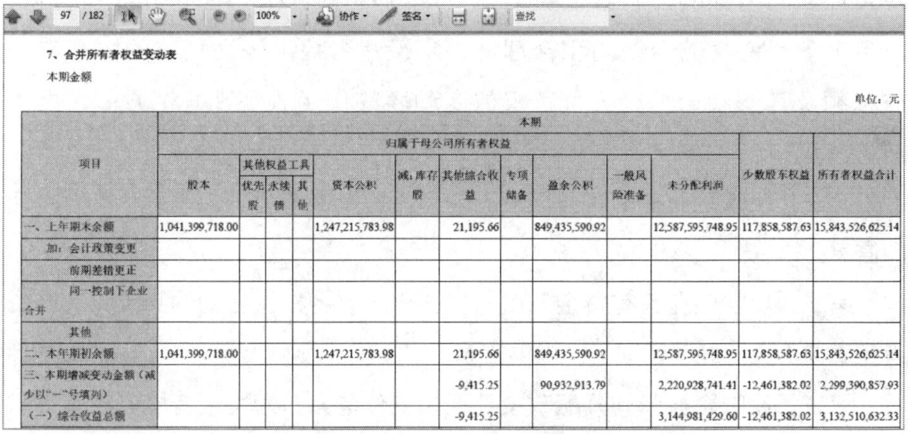

• 图 5.3　云南白药（000538）的所有者权益变动表

5.1.4　所有者权益变动表的构成

所有者权益变动表一般由表首、正表两部分组成。

1. 所有者权益变动表的表首

利润表的表首包括内容如下。

第一，表的名称"所有者权益变动表"或"合并所有者权益变动表"。

第二，表的所属期"2017 年"，反映一个会计期间。

第三，表的编制单位"云南白药集团股份有限公司"。

第四，主表的货币计量单位"元"。

2. 所有者权益变动表的正表

所有者权益变动表以矩阵的形式列示：一方面是所有者权益变动的来源，对一定时期所有者权益的变动情况进行全面反映；另一方面，按照所有者权益各组成部分列示交易或事项对所有者权益各部门的影响，其中包括实收资本、资本公积、盈余公积、末分配利润等。

5.1.5 所有者权益变动表的作用

所有者权益变动表分析，是通过所有者权益的来源及变动情况，了解会计期间内影响所有者权益增减变动的具体原因，判断构成所有者权益各个项目变动的合法情和合理情，为投资者提供较为真实的所有者权益总额及其变动信息。所有者权益变动表的作用表现在 5 个方面，具体如下。

第一，反映企业抵御财务风险的能力，为投资者提供企业盈利能力方面的信息。

第二，反映企业自有资金的质量，解释所有者权益变动的原因，为投资者正确评价企业经营管理工作提供信息。

第三，反映企业股利分配政策及现金支付能力，为投资者投资决策提供全面信息。

第四，为公允价值的广泛运用创造条件。

第五，有利于全面反映企业的经营业绩。

5.2　实战剖析所有者权益变动表

所有者权益变动表共分 4 大部分，
分别是上年期末余额、本年期初余额、
本期增减变动金额、本期期末余额，如
图 5.4 所示。

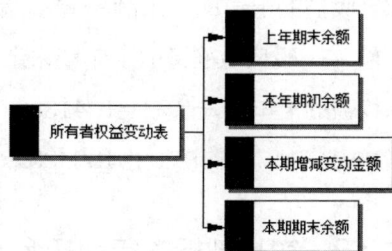

不管哪个项目都要分别记载本期金
额和上期金额。本期金额是根据本期发
生额来填写；上期金额是根据上期发生
的情况来填写。

● 图 5.4　所有者权益变动表

5.2.1　实战剖析上年期末余额

上年期末余额是根据上年度所有者权益变动表中的期末余额进行填写。
这个比较简单，每张表的期初余额，都是上年度的股本、其他权益工具（优
先股、永续绩、其他）、资本公积、库存股（减）、其他综合收益、专项储备、
盈余公积、一般风险准备、未分配利润、少数股东权益、所有者权益合计，
如图 5.5 所示。

● 图 5.5　上年期末余额

下面来看一下上年期末余额的表内公式计算。

在上年期末余额中，股本为 1041399718.00 元、其他权益工具为 0 元、

资本公积为1247215783.98元、库存股为0元、其他综合收益为21195.66元、专项储备为0元、盈余公积为849435590.92元、一般风险准备为0元、未分配利润为12587595748.95元、少数股东权益为117858587.63元。

所有者权益合计的上年期末余额＝股本的上年期末余额＋其他权益工具的上年期末余额＋资本公积的上年期末余额＋库存股的上年期末余额＋其他综合收益的上年期末余额＋专项储备的上年期末余额＋盈余公积的上年期末余额＋一般风险准备的上年期末余额＋未分配利润的上年期末余额＋少数股东权益的上年期末余额＝1041399718.00+21195.66+849435590.92+12587595748.95+117858587.63=15843526625.14元。

5.2.2 实战剖析本年期初余额

本年期初余额是上年期末余额加上会计政策变更内容和前期差错更正的余额。如果本年与上年没有会计政策变更和前期没有差错需要更正的，本年期初余额与上年期末余额是一样的。云南白药（000538）本年期初余额与上年期末余额是一样的，说明该公司没有会计政策变更，也没有差错，如图5.6所示。

97 /182 协作 签名 查找

7、合并所有者权益变动表

本期金额

单位：元

项目	本期												
	归属于母公司所有者权益											少数股东权益	所有者权益合计
	股本	其他权益工具			资本公积	减：库存股	其他综合收益	专项储备	盈余公积	一般风险准备	未分配利润		
		优先股	永续债	其他									
一、上年期末余额	1,041,399,718.00				1,247,215,783.98		21,195.66		849,435,590.92		12,587,595,748.95	117,858,587.63	15,843,526,625.14
加：会计政策变更													
前期差错更正													
同一控制下企业合并													
其他													
二、本年期初余额	1,041,399,718.00				1,247,215,783.98		21,195.66		849,435,590.92		12,587,595,748.95	117,858,587.63	15,843,526,625.14

•图5.6　本年期初余额

需要注意的是，会计政策是不能随意更改的，但是当有重大事件和变更时也是可以更改的。如果出现了需要变更的情况而对公司所有者有影响时，就需要在这里体现。虽然财务报表要求准确，但是既然是人工操作，就会出现差错。所以当发现以前的操作出现问题时，就需要及时改正，改正记录也是在"前期差错更正"项目中体现。

需要注意的是，在本年期初余额中，所有者权益合计的值要与股本＋其他权益工具＋资本公积＋库存股＋其他综合收益＋专项储备＋盈余公积＋一般风险准备＋未分配利润＋少数股东权益的值一致。

5.2.3 实战剖析本期增减变动金额

本期增减变动金额是所有者权益变动表的核心内容，共包括 6 项内容，分别是综合收益总额、所有者投入和减少资本、利润分配、所有者权益内部结转、专项储备、其他，如图 5.7所示。

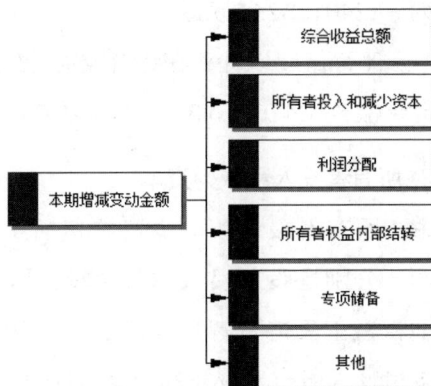

● 图 5.7 本期增减变动金额

1. 综合收益总额

综合收益总额项目是反映企业净利润与其他综合收益的合计金额。综合收益，包括其他综合收益和综合收益总额。其中，其他综合收益反映企业根据企业会计准则规定未在损益中确认的各项利得和损失扣除所得税影响后的净额，如图 5.8 所示。

项目	本期										
	归属于母公司所有者权益										少数股东权益	所有者权益合计
	股本	其他权益工具			资本公积	减:库存股	其他综合收益	专项储备	盈余公积	一般风险准备	未分配利润		
		优先股	永续债	其他									
一、上年期末余额	1,041,399,718.00				1,247,215,783.98		21,195.66		849,435,590.92		12,587,595,748.95	117,858,587.63	15,843,526,625.14
加: 会计政策变更													
前期差错更正													
同一控制下企业合并													
其他													
二、本年期初余额	1,041,399,718.00				1,247,215,783.98		21,195.66		849,435,590.92		12,587,595,748.95	117,858,587.63	15,843,526,625.14
三、本期增减变动金额（减少以"-"号填列）							-9,415.25		90,932,913.79		2,220,928,741.41	-12,461,382.02	2,299,390,857.93
（一）综合收益总额							-9,415.25				3,144,981,429.60	-12,461,382.02	3,132,510,632.33

● 图 5.8 综合收益总额

下面来看一下综合收益总额的表内公式计算。

在综合收益总额项目中，股本的本期增减变动金额为 0 元、其他权益工具的本期增减变动金额为 0 元、资本公积的本期增减变动金额为 0 元、库存股的本期增减变动金额为 0 元、其他综合收益的本期增减变动金额为 −9415.25 元、专项储备的本期增减变动金额为 0 元、盈余公积的本期增减变动金额为 0 元、一般风险准备的本期增减变动金额为 0 元、未分配利润的本期增减变动金额为 3144981429.60 元、少数股东权益的本期增减变动金额为 −12461382.02 元。

下面就可以计算在综合收益总额项目中，所有者权益合计的本期增减变动金额 =−9415.25+3144981429.60+（−12461382.02）=3132510632.33 元。

2. 所有者投入和减少资本

所有者投入和减少资本包括 4 项，分别是股东投入的普通股、其他权益工具持有者投入资金、股份支付计入所有者权益的余额、其他，如图 5.9 所示。

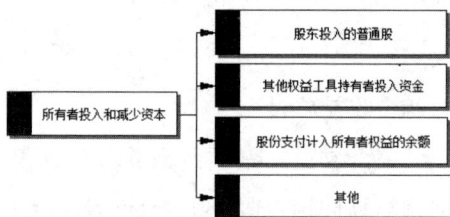

所有者投入和减少资本项目反映的是当年投资者资本的增加和减少的金额，也许有新的股东投入，也许有老股东退股，也许有老股东增资或减资的变动情况，如图 5.10 所示。

●图 5.9　所有者投入和减少资本

在这里可以看到所有者投入和减少资本的本期增减变动金额都为 0，这表明既没有新的股东投入，也没有老股东退股，也没有老股东增资或减资的变动情况。

●图 5.10　所有者投入和减少资本数据信息

3. 利润分配

利润分配包括 4 项，分别是提取盈余公积、提取一般风险准备、对所有者（或股东）的分配、其他，如图 5.11 所示。

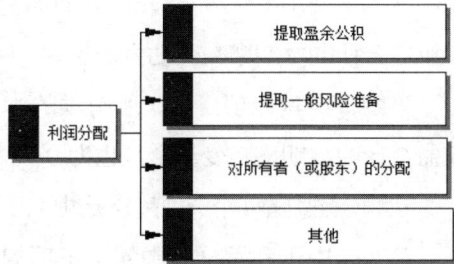

● 图 5.11　利润分配

利润分配，是将企业实现的净利润，按照国家财务制度规定的分配形式和分配顺序，在企业和投资者之间进行的分配。利润分配的过程与结果，是关系到所有者的合法权益能否得到保护，企业能否长期、稳定发展的重要问题，为此，企业必须加强利润分配的管理和核算。企业利润分配的主体是投资者和企业，利润分配的对象是企业实现的净利润；利润分配的时间即确认利润分配的时间是利润分配义务发生的时间和企业作出决定向内向外分配利润的时间，如图 5.12 所示。

● 图 5.12　利润分配

下面来看一下利润分配 4 个子项的表内公式计算。

第一，在提取盈余公积项目中，盈余公积的本期增减变动金额为 90932913.79 元，未分配利润的本期增减变动金额为 −90932913.79 元，其他项的本期增减变动金额都为 0。下面来计算在提取盈余公积项目中，所有者权益合计的本期增减变动金额 =90932913.79+（−90932913.79）=0 元。

第二，在提取一般风险准备项目中，所有项的本期增减变动金额都为 0，所以所有者权益合计的本期增减变动金额也为 0 元。

第三，在对所有者（或股东）的分配项目中，未分配利润的本期增减变动金额为 –833119774.40 元，其他项的本期增减变动金额都为 0，所以所有者权益合计的本期增减变动金额也为 –833119774.40 元。

第四，在其他项目中，所有项的本期增减变动金额都为 0，所以所有者权益合计的本期增减变动金额也为 0 元。

利润分配中的 4 个子项都分析过后，下面再来分析利润分配的表内公式计算。

第一，由于利润分配中 4 个子项的股本的本期增减变动金额都为 0，所以利润分配的股本的本期增减变动金额为 0 元。

同理，利润分配的其他权益工具、资本公积、库存股、其他综合收益、专项储备、一般风险准备、少数股东权益的本期增减变动金额为 0 元。

第二，利润分配的盈余公积的本期增减变动金额，为其 4 个子项的盈余公积的本期增减变动金额的和，所以利润分配的盈余公积的本期增减变动金额为 90932913.79 元，如图 5.13 所示。

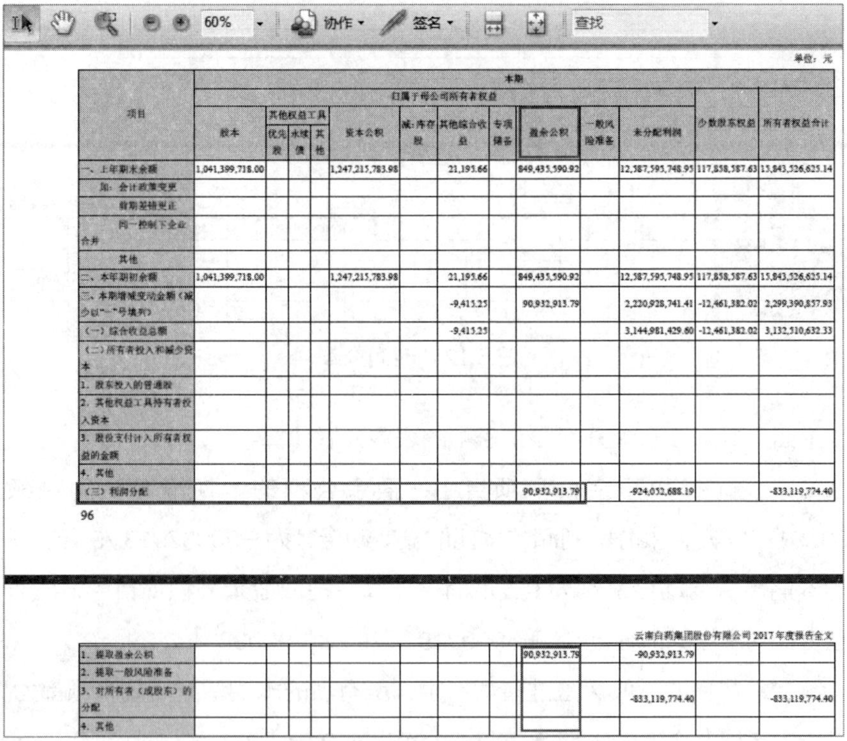

●图 5.13　利润分配的盈余公积的本期增减变动金额为 90932913.79 元

第三，利润分配的未分配利润的本期增减变动金额，为其 4 个子项的盈余公积的本期增减变动金额的和，所以利润分配的未分配利润的本期增减变动金额 = −90932913.79+（−833119774.40）=−924052688.19 元，如图 5.14 所示。

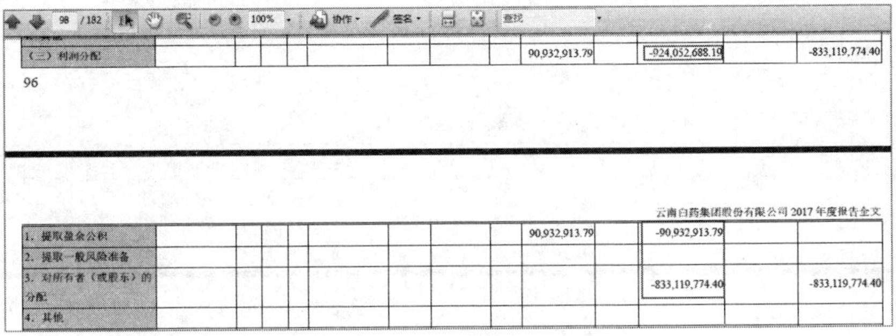

（三）利润分配									90,932,913.79		-924,052,688.19		-833,119,774.40

96

云南白药集团股份有限公司 2017 年度报告全文

1．提取盈余公积									90,932,913.79		-90,932,913.79		
2．提取一般风险准备													
3．对所有者（或股东）的分配											-833,119,774.40		-833,119,774.40
4．其他													

• 图 5.14　利润分配的未分配利润的本期增减变动金额

第四，利润分配的所有者权益合计的本期增减变动金额，有两种计算方式，具体如下。

利润分配的所有者权益合计的本期增减变动金额 = 利润分配的股本的本期增减变动金额 + 利润分配的其他权益工具的本期增减变动金额 + 利润分配的资本公积的本期增减变动金额 + 利润分配的库存股的本期增减变动金额 + 利润分配的其他综合收益的本期增减变动金额 + 利润分配的专项储备的本期增减变动金额 + 利润分配的盈余公积的本期增减变动金额 + 利润分配的一般风险准备的本期增减变动金额 + 利润分配的未分配利润的本期增减变动金额 + 利润分配的少数股东权益的本期增减变动金额 = 90932913.79+（−924052688.19）=−833119774.40 元，如图 5.15 所示。

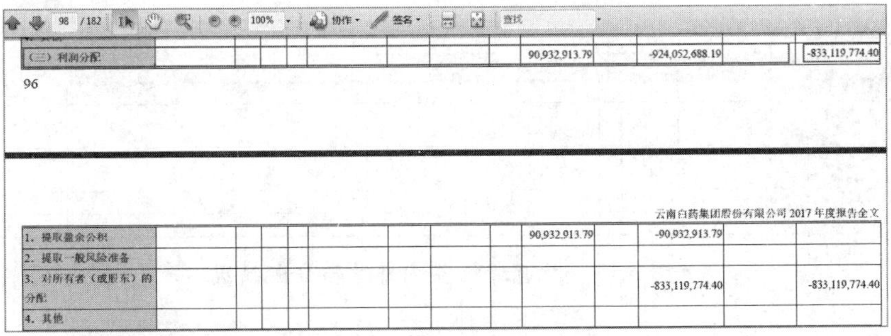

（三）利润分配									90,932,913.79		-924,052,688.19		-833,119,774.40

96

云南白药集团股份有限公司 2017 年度报告全文

1．提取盈余公积									90,932,913.79		-90,932,913.79		
2．提取一般风险准备													
3．对所有者（或股东）的分配											-833,119,774.40		-833,119,774.40
4．其他													

• 图 5.15　所有者权益合计的本期增减变动金额

财报入门与实战技巧

利润分配的所有者权益合计的本期增减变动金额 = 提取盈余公积的所有者权益合计的本期增减变动金额 + 提取一般风险准备的所有者权益合计的本期增减变动金额 + 对所有者（或股东）的分配的所有者权益合计的本期增减变动金额 + 其他的所有者权益合计的本期增减变动金额 = −833119774.40 元，如图 5.16 所示。

• 图 5.16　计算所有者权益合计的本期增减变动金额的第二种方法

4. 所有者权益内部结转

所有者权益内部结转包括 4 项，分别是资本公积转增（或股本）、盈余公积转增（或股本）、盈余公积弥补亏损、其他，如图 5.17 所示。

所有者权益内部结转项目反映当年利润需要转增资本的金额内部结转分配情况，如图 5.18 所示。

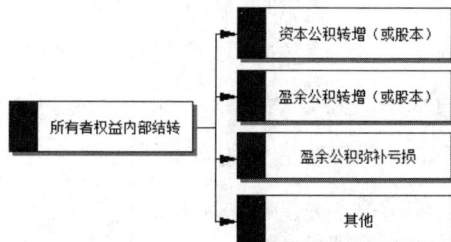

• 图 5.17　所有者权益内部结转

• 图 5.18　所有者权益内部结转分配情况

5. 专项储备

专项储备用于核算高危行业企业按照规定提取的安全生产费以及维持简单再生产费用等具有类似性质的费用。如企业使用提取的安全生产费时，属于费用性支出的，直接冲减专项储备，即借记“专项储备”科目，贷记“银行存款”科目，如图 5.19 所示。

（五）专项储备													
1. 本期提取													
2. 本期使用													

● 图 5.19　专项储备

6. 本期增减变动金额的表内公式计算

股本的本期增减变动金额 = 综合收益总额的股本的本期增减变动金额 + 所有者投入和减少资本的股本的本期增减变动金额 + 利润分配的股本的本期增减变动金额 + 所有者权益内部结转的股本的本期增减变动金额 + 专项储备的股本的本期增减变动金额 + 其他的股本的本期增减变动金额 =0 元。

同理，其他权益工具、资本公积、库存股、专项储备、一般风险准备的本期增减变动金额都为 0 元。

其他综合收益的本期增减变动金额 = 综合收益总额的其他综合收益的本期增减变动金额 + 所有者投入和减少资本的其他综合收益的本期增减变动金额 + 利润分配的其他综合收益的本期增减变动金额 + 所有者权益内部结转的其他综合收益的本期增减变动金额 + 专项储备的其他综合收益的本期增减变动金额 + 其他的其他综合收益的本期增减变动金额 = −9415.25 元，如图 5.20 所示。

盈余公积的本期增减变动金额 = 综合收益总额的盈余公积的本期增减变动金额 + 所有者投入和减少资本的盈余公积的本期增减变动金额 + 利润分配的盈余公积的本期增减变动金额 + 所有者权益内部结转的盈余公积的本期增减变动金额 + 专项储备的盈余公积的本期增减变动金额 + 其他的盈余公积的本期增减变动金额 = 90932913.79 元，如图 5.21 所示。

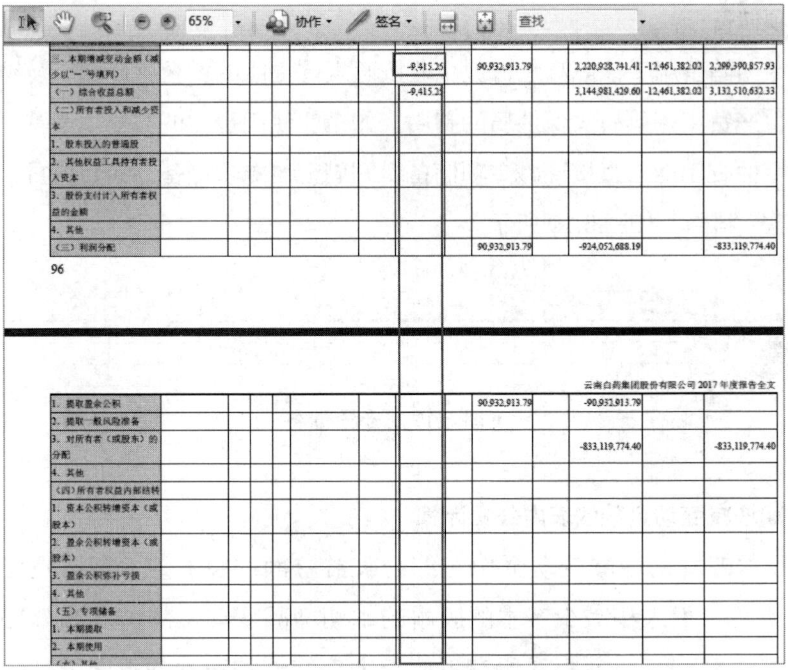

• 图 5.20　其他综合收益的本期增减变动金额

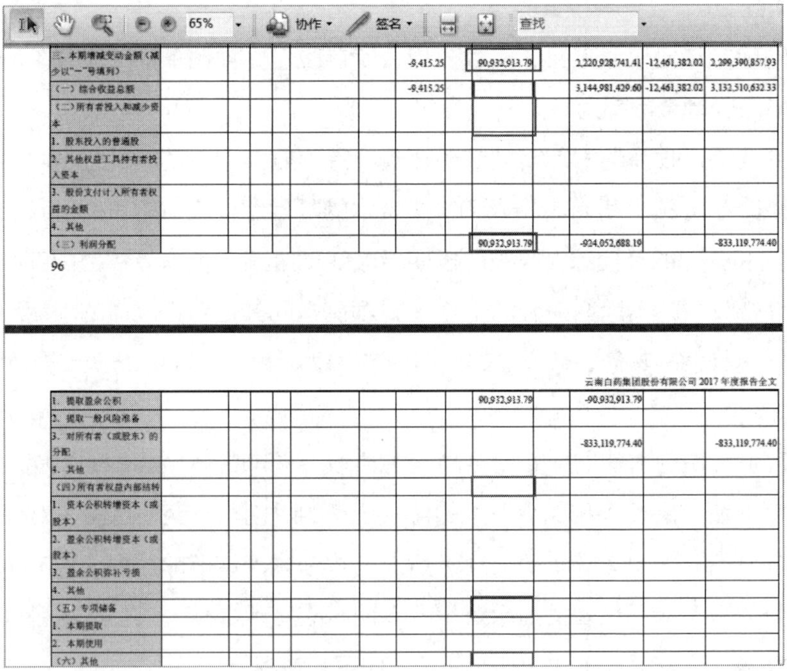

• 图 5.21　盈余公积的本期增减变动金额

未分配利润的本期增减变动金额 = 综合收益总额的未分配利润的本期增减变动金额 + 所有者投入和减少资本的未分配利润的本期增减变动金额 + 利润分配的未分配利润的本期增减变动金额 + 所有者权益内部结转的未分配利润的本期增减变动金额 + 专项储备的未分配利润的本期增减变动金额 + 其他的未分配利润的本期增减变动金额 = 3144981429.60+（−924052688.19）= 2220928741.41 元，如图 5.22 所示。

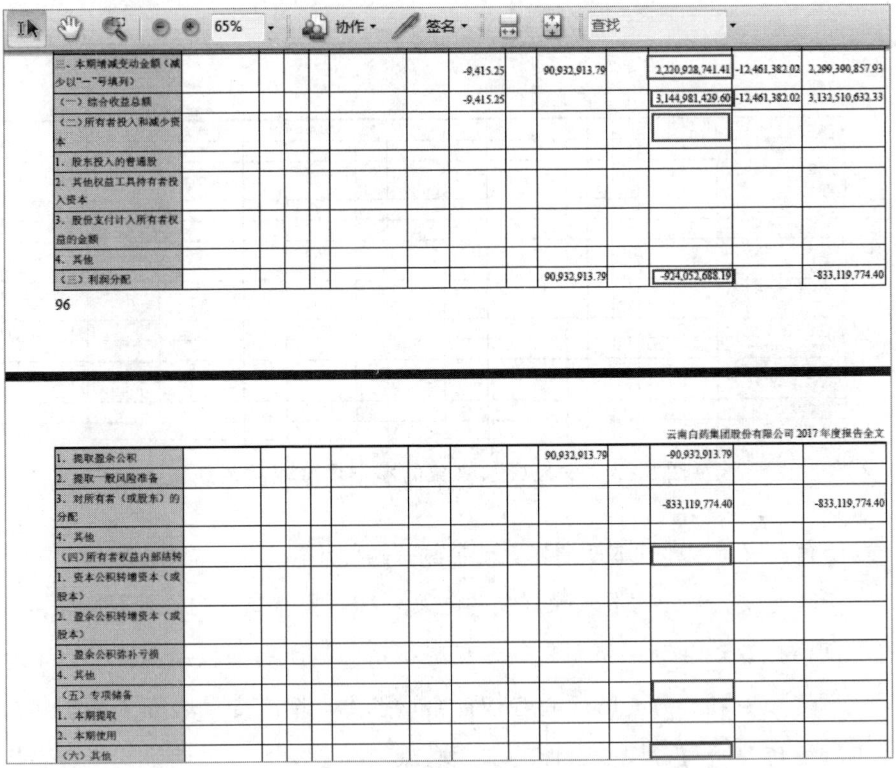

• 图 5.22   未分配利润的本期增减变动金额

少数股东权益的本期增减变动金额 = 综合收益总额的少数股东权益的本期增减变动金额 + 所有者投入和减少资本的少数股东权益的本期增减变动金额 + 利润分配的少数股东权益的本期增减变动金额 + 所有者权益内部结转的少数股东权益的本期增减变动金额 + 专项储备的少数股东权益的本期增减变动金额 + 其他的少数股东权益的本期增减变动金额 = −12461382.02 元，如图 5.23 所示。

二、本期增减变动金额（减少以"-"号填列）					-9,415.25	90,932,913.79	2,220,928,741.41	-12,461,382.02	2,299,390,857.93
（一）综合收益总额					-9,415.25		3,144,981,429.60	-12,461,382.02	3,132,510,632.33
（二）所有者投入和减少资本									
1. 股东投入的普通股									
2. 其他权益工具持有者投入资本									
3. 股份支付计入所有者权益的金额									
4. 其他									
（三）利润分配						90,932,913.79	-924,052,688.19		-833,119,774.40

96

云南白药集团股份有限公司 2017 年度报告全文

1. 提取盈余公积						90,932,913.79	-90,932,913.79	
2. 提取一般风险准备								
3. 对所有者（或股东）的分配							-833,119,774.40	-833,119,774.40
4. 其他								
（四）所有者权益内部结转								
1. 资本公积转增资本（或股本）								
2. 盈余公积转增资本（或股本）								
3. 盈余公积弥补亏损								
4. 其他								
（五）专项储备								
1. 本期提取								
2. 本期使用								
（六）其他								

●图 5.23　少数股东权益的本期增减变动金额

所有者权益合计的本期增减变动金额有两种计算方法，具体如下。

所有者权益合计的本期增减变动金额 = 综合收益总额的所有者权益合计的本期增减变动金额 + 所有者投入和减少资本的所有者权益合计的本期增减变动金额 + 利润分配的所有者权益合计的本期增减变动金额 + 所有者权益内部结转的所有者权益合计的本期增减变动金额 + 专项储备的所有者权益合计的本期增减变动金额 + 其他的所有者权益合计的本期增减变动金额 =3132510632.33+（−833119774.40）=2299390857.93 元，如图 5.24 所示。

所有者权益合计的本期增减变动金额 = 股本的本期增减变动金额 + 其他权益工具的本期增减变动金额 + 资本公积的本期增减变动金额 + 库存股的本期增减变动金额 + 其他综合收益的本期增减变动金额 + 专项储备的本期增减变动金额 + 盈余公积的本期增减变动金额 + 一般风险准备的本期增减变动金额 + 未分配利润的本期增减变动金额 + 少数股东权益的本期增减变动金额 =−9415.25+

90932913.79+2220928741.41+（−12461382.02）=2299390857.93 元，如图 5.25 所示。

						-9,415.25	90,932,913.79	2,220,928,741.41	-12,461,382.02	2,299,390,857.93
三、本期增减变动金额（减少以"一"号填列）						-9,415.25	90,932,913.79	2,220,928,741.41	-12,461,382.02	2,299,390,857.93
（一）综合收益总额						-9,415.25		3,144,981,429.60	-12,461,382.02	3,133,510,632.33
（二）所有者投入和减少资本										
1. 股东投入的普通股										
2. 其他权益工具持有者投入资本										
3. 股份支付计入所有者权益的金额										
4. 其他										
（三）利润分配							90,932,913.79	-924,052,688.19		-833,119,774.40

96

云南白药集团股份有限公司 2017 年度报告全文

							90,932,913.79	-90,932,913.79		
1. 提取盈余公积							90,932,913.79	-90,932,913.79		
2. 提取一般风险准备										
3. 对所有者（或股东）的分配								-833,119,774.40		-833,119,774.40
4. 其他										
（四）所有者权益内部结转										
1. 资本公积转增资本（或股本）										
2. 盈余公积转增资本（或股本）										
3. 盈余公积弥补亏损										
4. 其他										
（五）专项储备										
1. 本期提取										
2. 本期使用										
（六）其他										

● 图 5.24　所有者权益合计的本期增减变动金额

三、本期增减变动金额（减少以"一"号填列）						-9,415.25	90,932,913.79	2,220,928,741.41	-12,461,382.02	2,299,390,857.93

● 图 5.25　所有者权益合计的本期增减变动金额第二计算方法

5.2.4　实战剖析本期期末余额

本期期末余额是指本期发生的这些所有者权益情况在变化之后的金额，也是填写下期上年金额的数据来源。本期期末余额的计算公式如下：

本期期末余额 = 本期期初余额 + 本期增减变动金额

云南白药（000538）的本期期初余额与本期增减变动金额，如图 5.26 所示。

下面来计算云南白药（000538）的本期期末余额，具体如下。

项目	本期												
	归属于母公司所有者权益											少数股东权益	所有者权益合计
	股本	其他权益工具			资本公积	减:库存股	其他综合收益	专项储备	盈余公积	一般风险准备	未分配利润		
		优先股	永续债	其他									
一、上年期末余额	1,041,399,718.00				1,247,215,783.98		21,195.66		849,435,590.92		12,587,595,748.95	117,858,587.63	15,843,526,625.14
加:会计政策变更													
前期差错更正													
同一控制下企业合并													
其他													
二、本年期初余额	1,041,399,718.00				1,247,215,783.98		21,195.66		849,435,590.92		12,587,595,748.95	117,858,587.63	15,843,526,625.14
三、本期增减变动金额(减少以"一"号填列)							-9,415.25		90,932,913.79		2,220,928,741.41	-12,461,382.02	2,299,390,857.93

● 图 5.26　云南白药(000538)的本期期初余额与本期增减变动金额

股本的本期期末余额 = 股本的本期期初余额 + 股本的本期增减变动金额 =1041399718.00+0=1041399718.00 元。

其他权益工具的本期期末余额 = 其他权益工具的本期期初余额 + 其他权益工具的本期增减变动金额 =0+0=0 元。

资本公积的本期期末余额 = 资本公积的本期期初余额 + 资本公积的本期增减变动金额 =1247215783.98+0=1247215783.98 元。

库存股的本期期末余额 = 库存股的本期期初余额 + 库存股的本期增减变动金额 =0+0=0 元。

其他综合收益的本期期末余额 = 其他综合收益的本期期初余额 + 其他综合收益的本期增减变动金额 =21195.66+(－9415.25)=11780.41 元。

专项储备的本期期末余额 = 专项储备的本期期初余额 + 专项储备的本期增减变动金额 =0+0=0 元。

盈余公积的本期期末余额 = 盈余公积的本期期初余额 + 盈余公积的本期增减变动金额 =849435590.92+90932913.79=940368504.71 元。

一般风险准备的本期期末余额 = 一般风险准备的本期期初余额 + 一般风险准备的本期增减变动金额 =0+0=0 元。

未分配利润的本期期末余额 = 未分配利润的本期期初余额 + 未分配利润的本期增减变动金额 =12587595748.95+2220928741.41=14808524490.36 元。

少数股东权益的本期期末余额 = 少数股东权益的本期期初余额 + 少数股东权益的本期增减变动金额 =117858587.63+(－12461382.02)=105397205.61 元。

所有者权益合计的本期期末余额 = 所有者权益合计的本期期初余额 +

所有者权益合计的本期增减变动金额 =15843526625.14+2299390857.93=
18142917483.07 元。

云南白药（000538）的本期期末余额，如图 5.27 所示。

	98 /182					100%		协作▾	签名▾			查找			
（六）其他															
四、本期期末余额	1,041,399,718.00			1,247,215,783.98	11,780.41	940,368,504.71		14,808,524,490.36	105,397,205.61	18,142,917,483.07

• 图 5.27　云南白药（000538）的本期期末余额

5.3　所有者权益变动表与资产负债表的勾稽关系

所有者权益变动表与资产负债表之间存在一定的关系。在资产负债表中，
云南白药（000538）2017 年的所有者权益合计年初金额为 15843526625.14
元，年末金额为 18142917483.07 元，如图 5.28 所示。

89 /182			100%		协作▾	签名▾			查找	
云南白药集团股份有限公司 2017 年度报告全文							
未分配利润		14,808,524,490.36	12,587,595,748.95
归属于母公司所有者权益合计		18,037,520,277.46	15,725,668,037.51
少数股东权益		105,397,205.61	117,858,587.63
所有者权益合计		18,142,917,483.07	15,843,526,625.14
负债和所有者权益总计		27,702,530,540.34	24,586,646,034.03

• 图 5.28　资产负债表中的所有者权益合计

在所有者权益变动表中，云南白药（000538）2017 年的所有者权益合计
年初为 15843526625.14 元，年末金额为 18142917483.07 元。

在资产负债表中，云南白药（000538）2017 年的股本年初金额为
1041399718.00 元，年末金额为 1041399718.00 元，如图 5.29 所示。

88 /182			100%		协作▾	签名▾			查找	
所有者权益：			
股本		1,041,399,718.00	1,041,399,718.00

• 图 5.29　资产负债表中的股本

在所有者权益变动表中，云南白药（000538）2017 年的股本年初金额为

1041399718.00 元, 年末金额为 1041399718.00 元。

在资产负债表中, 云南白药 (000538) 2017 年的其他权益工具年初金额为 0 元, 年末金额为了 0 元。在所有者权益变动表中, 云南白药 (000538) 2017 年的其他权益工具年初金额为 0 元, 年末金额为 0 元。

在资产负债表中, 云南白药 (000538) 2017 年的资本公积年初金额为 1247215783.98 元, 年末金额为 1247215783.98 元, 如图 5.30 所示。

| 88 / 182 | 100% | 动作 ▾ | 签名 ▾ | | 查找 | |

其他权益工具		
其中: 优先股		
永续债		
资本公积	1,247,215,783.98	1,247,215,783.98

●图 5.30 资产负债表中的资本公积

在所有者权益变动表中, 云南白药 (000538) 2017 年的资本公积年初金额为 1247215783.98 元, 年末金额为 1247215783.98 元。

同理, 库存股 (减)、其他综合收益、专项储备、盈余公积、一般风险准备、未分配利润、少数股东权益在资产负债表中的年初金额与年末金额, 与所有者权益变动表中的各项数据一致。

5.4 股利决策对所有者权益变动影响的分析技巧

股利决策对所有者权益变动影响主要表现在 3 个方面, 分别是派现与送股对所有者权益变动的影响、股票分割对所有者权益变动的影响、库存股对所有者权益变动的影响, 如图 5.31 所示。

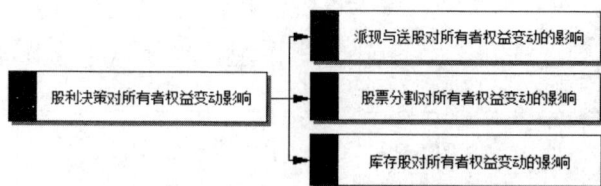

●图 5.31 股利决策对所有者权益变动影响

5.4.1 派现与送股对所有者权益变动的影响

下面介绍派现与送股对所有者权益变动的影响。

1. 派现对所有者权益变动的影响

派现，又称现金股利或现金分红，是指上市公司以现金分红方式将盈余公积和当期应付利润的部分或全部发放给股东，股东为此应支付所得税。

通过现金分红的方式，可以不扩大股本，对未来的经营不造成压力。如果是送股则对以后年度的每股收益的影响是比较大的。一般情况下，在牛市中比较喜欢送红股，在弱市中反过来比较注重红利的分配。

上市公司派现一般有送股和送现金两种方式。比如 10 股派现 0.5 元转赠 10 股，每十股派现金 5 角，再用公积金转成十股股票送给所有股东。

派现会导致上市公司现金流出，减少上市公司的资产和所有者权益规模，降低公司内部筹资金的总量，即影响所有者权益内部结构，也影响整体资金结构。

2. 送股对所有者权益变动的影响

送股，又称股票股利，是指股份公司对原有股东采取无偿派发股票的行为。送股时，将上市公司的留存收益转入股本账户，留存收益包括盈余公积和未分配利润，现在的上市公司一般只将未分配利润部分送股。

送股实质上是留存利润的凝固化和资本化，表面上看，送股后，股东持有的股份数量因此而增长，其实股东在公司里占有的权益份额和价值均无变化。

下面来看一下送股与配股的区别。

在正常条件下，配股相当于购进原始股，即获得权利以约 A 元的价格购进约 B 元的股票（A〈B），再以每股实际账面价值配股。配股前卖出是损失，配股前买进是收益，所以一般配股前股价会上涨。

送股仅仅是稀释股本，降低股价，可以看作是单纯降低股价便于买卖，没有其他实质意义。当然，结合公司当前的股本总额和未来盈利的前景，送股可以向股东传递公司管理当局预期盈利将继续增长的信息，并活跃股份交易。

下面再来看一下送股与转增股的区别。

转增是从公积金里取出钱分给大家，送股是从未分配利润里取出钱分给大家。咱们拿到手里是一样的。

送股和转增都是无偿获得上市公司的股票，只是上市公司在财务核算的账务处理不一样。

总之，送股是一种比较特殊的股利形式，它不直接增加股东的财富，不会导致企业资产的流出或负债的增加，不影响公司的资产、负债及所有者权益总额的变化。所影响的只是所有者权益内部有关各项目及其结构的变化，即将未分配利润转为股本（面值）或资本公积（超面值溢价）。

5.4.2 股票分割对所有者权益变动的影响

股票分割是指将一张较大面值的股票拆成几张较小面值的股票。股票分割的作用有 6 点，具体如下。

第一，股票分割会在短时间内使公司股票每股市价降低，买卖该股票所必需的资金量减少，易于增加该股票在投资者之间的换手，并且可以使更多的资金实力有限的潜在股东变成持股的股东。因此，股票分割可以促进股票的流通和交易。

第二，股票分割可以向投资者传递公司发展前景良好的信息，有助于提高投资者对公司的信心。

第三，股票分割可以为公司发行新股做准备。公司股票价格太高，会使许多潜在的投资者力不从心而不敢轻易对公司的股票进行投资。在新股发行之前，利用股票分割降低股票价格，可以促进新股的发行。

第四，股票分割有助于公司并购政策的实施，增加对被并购方的吸引力。

第五，股票分割带来的股票流通性的提高和股东数量的增加，会在一定程度上加大对公司股票恶意收购的难度。

第六，股票分割在短期内不会给投资者带来太大的收益或亏损，即给投资者带来的不是现实的利益，而是给投资者带来了今后可多分股息和更高收益的希望，是利好消息，因此对除权日后股价上涨有刺激作用。

股票分割不属于股利分配，但与股票股利效果上有一些相似之处，即股票分割也不直接增加股东的财富，不影响公司的资产、负债及所有者权益的金额变化。与送股不同之处在于股票股利影响所有者权益的有关各项目的结构变化，而股票分割则不会改变公司的所有者权益结构。

5.4.3 库存股对所有者权益变动的影响

库存股是用来核算企业收购的尚未转让或注销的该公司股份金额。它的特性和未发行的股票类似，没有投票权或是分配股利的权利，而公司解散时也不能变现。

库存股具有 4 个特点，分别是库存股是本公司的股票、库存股是已发行的股票、库存股是收回后尚未注销的股票、库存股是可以再次出售的股票，如图 5.32 所示。

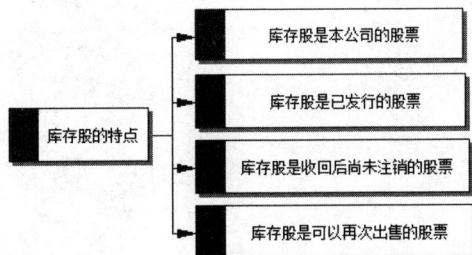

• 图 5.32　库存股的特点

库存股对所有者权益变动的影响主要有三点，具体如下。

第一，库存股不是公司的一项资产，而是所有者权益的减项。

第二，库存股的变动不影响损益，只影响权益。

第三，库存股的权力受限。

第6章

全面掌握财务报表附表和附注

----------◦─────────────────────────◦----------

　　财务报表附表和附注是财务报表的重要组成部分，是对财务报表本身无法或难以充分表达的内容和项目所作的补充说明和详细解释。财务报表附表是以表格的形式提供辅助信息，而财务报表附注是以文字形式提供补充资料。

本章主要内容包括：

➤ 财务报表附表的查看与解析

➤ 财务报表附表的类型

➤ 财务报表附表的作用

➤ 编制财务报表附注的原因

➤ 财务报表附注的内容

➤ 财务报表附注的重要性

➤ 财务报表附注的必要性

➤ 财务报表附注的其他特性

➤ 财务报表附注的注意事项

6.1 财务报表附表

财务报表附表主要提供三大主要财务报表（资产负债表、利润表、资金流量表）以外的明细信息，可以更好地帮助投资者深入了解企业的财务状况，所以说三大主要财务报表是主干，财务报表的附表就是枝叶。

6.1.1 财务报表附表的查看与解析

打开同花顺软件，输入"云南白药"的代码 000538，然后按回车键，就可以查看云南白药（000538）的日 K 线图。接着按下键盘上的 F10 键，就可以看到云南白药（000538）的基本面资料信息。

在基本面资料信息中，单击"财务概况"，再单击"财务报表"，就可以查看云南白药（000538）的财务报表，如图 6.1 所示。

云南白药 000538

| 同花顺F10 全面解读 全新体验 | 最新价：95.50 | 涨跌幅：-2.41% | 上一个股 下一个股 | 输入股票名称或代码 | 换肤 |

| 云南白药 000538 | 最新动态 新闻公告 | 公司资料 概念题材 | 股东研究 主力持仓 | 经营分析 财务概况 | 股本结构 分红融资 | 资本运作 公司大事 | 盈利预测 行业对比 |

财务诊断　财务指标　指标变动说明　资产负债构成　财务报告　杜邦分析

财务报表查看

年份	一季度报告	中报	三季度报告	年报
2018	📄	--	--	--
2017	📄	📄	📄	📄
2016	📄	📄	📄	

云南白药：2017年年

● 图 6.1　云南白药（000538）的财务报表查看

单击 2017 年报对应的 ▇ 按钮，就可以打开网页，显示云南白药集团股份有限企业 2017 年年度报告。向下拖动垂直滚动条，就可以看到云南白药（000538）的财务报表附表，如图 6.2 所示。

项目	房屋、建筑物	机器设备	运输工具	电子设备	其他	合计
一、账面原值:						
1.期初余额	1,550,491,395.20	828,889,209.90	48,232,964.38	64,063,904.66	3,042,795.32	2,494,720,269.46
2.本期增加金额	21,474,502.14	71,150,490.54	58,416.25	9,138,879.34		101,822,288.27
（1）购置	1,714,600.65	61,483,667.29	58,416.25	8,917,557.46		72,174,241.65
（2）在建工程转入		9,666,823.25		221,321.88		9,888,145.13
（3）企业合并增加						
（4）其他	19,759,901.49					19,759,901.49
3.本期减少金额	2,008,910.00	21,486,591.97	451,783.92	2,709,728.71		26,657,014.60
（1）处置或报废	2,008,910.00	21,486,591.97	451,783.92	2,709,728.71		26,657,014.60
(2) 转出						
（3）其他						
4.期末余额	1,569,956,987.34	878,553,108.47	47,839,596.71	70,493,055.29	3,042,795.32	2,569,885,543.13

• 图 6.2　云南白药（000538）的财务报表附表

1. 固定资产的账面原值

这是一张对资产负债表中的固定资产进一步说明的附表，即固定资产情况表。在这里可以看到固定资产的账面原值的期初余额合计为2494720269.46 元，其中房屋和建筑物为 1550491395.20 元、机器设备为828889209.90 元、运输工具为 48232964.38 元、电子设备为64063904.66 元，其他为 3042795.32 元。

> 提醒：固定资产的期初余额合计 = 房屋和建筑物 + 机器设备 + 运输工具 + 电子设备 + 其他。

固定资产的本期增加金额为 101822288.27 元，其中购置增加了72174241.65 元，在建工程转入增加了 9888145.13 元，企业合并增加为 0 元，其他增加了 19759901.49 元。

> 提醒：固定资产的本期增加金额 = 购置合计 + 在建工程转入合计 + 企业合并增加合计 + 其他合计。

固定资产的本期减少金额为 26657014.60 元，其中处置或报废为26657014.60 元，转出为 0 元，其他也为 0 元。

> 提醒：固定资产的本期减少金额 = 处置或报废合计 + 转出合计 + 其他合计。

这样就可以算出固定资产的期末余额，即固定资产的期末余额＝固定资产的期初余额合计＋固定资产的本期增加金额－固定资产的本期减少金额=2494720269.46+101822288.27-26657014.60=2569885543.13 元。

细心的投资者会发现固定资产情况表中的固定资产的期初余额2494720269.46 元和固定资产的期末余额 2569885543.13 元，与资产负债表中的固定资产不一致，是不是错了，如图 6.3 所示。

87 /182	100%	协作 ·	签名 ·	查找	
其他流动资产			876,920,701.21	4,343,657,186.51	
流动资产合计			25,103,556,999.93	22,067,687,182.74	
非流动资产：					
发放贷款及垫款					
可供出售金融资产			124,634,700.00	124,634,700.00	
持有至到期投资					
长期应收款					
长期股权投资			768,043.48		
投资性房地产			282,422.48	6,742,491.28	
固定资产			1,745,371,710.46	1,782,319,408.22	
在建工程			144,807,299.79	137,380,770.47	

• 图 6.3 资产负债表中的固定资产

在这里需要说明，前面的是固定资产的账面原值，即固定资产的账面原值的期初余额 2494720269.46 元和固定资产的账面原值的期末余额2569885543.13 元。

2. 固定资产的累计折旧

固定资产都有扣旧，其中折旧方法如图 6.4 所示。

| 116 /182 | | 100% | 协作 · | 签名 · | 查找 |

（2）折旧方法

类别	折旧方法	折旧年限	残值率	年折旧率
生产用房屋建筑物	年限平均法	39	5%	2.44%
生产用机器设备	年限平均法	10	5%	9.5%
运输设备	年限平均法	10	5%	9.5%
电子设备	年限平均法	5	5%	19%
非生产用机器设备	年限平均法	16	5%	5.94%
非生产用房屋建筑物	年限平均法	45	5%	2.11%
其他	年限平均法	5	5%	19%

• 图 6.4 折旧方法

下面再来看一下云南白药（000538）固定资产的累计折旧，如图 6.5 所示。

132 /182			100%	协作 ·	签名 ·			查找	
(2) 转出									
(3) 其他									
4.期末余额	1,569,956,987.34	878,553,108.47	47,839,596.71	70,493,055.29	3,042,795.32	2,569,885,543.13			
二、累计折旧									
1.期初余额	240,951,782.94	352,635,405.74	26,191,586.62	39,631,987.89	2,357,089.00	661,767,852.19			
2.本期增加金额	40,855,411.63	71,260,431.39	1,663,179.71	7,133,837.04	319,240.51	121,232,100.28			
(1) 计提	36,554,674.57	71,260,431.39	1,663,179.71	7,133,837.04	319,240.51	116,931,363.22			
(2) 转入									
							131		
云南白药集团股份有限公司 2017 年度报告全文									
(3) 其他	4,300,737.06					4,300,737.06			
3.本期减少金额	1,325,121.46	18,883,538.73	372,191.19	2,342,816.17		22,923,667.55			
(1) 处置或报废	1,325,121.46	18,883,538.73	372,191.19	2,342,816.17		22,923,667.55			
4.期末余额	280,482,073.11	405,012,298.40	27,482,575.14	44,423,008.76	2,676,329.51	760,076,284.92			

● 图 6.5 云南白药（000538）固定资产的累计折旧

固定资产的累计折旧的期初余额合计为 661767852.19 元，其中房屋和建筑物的累计折旧为 240951782.94 元、机器设备的累计折旧为 352635405.74 元、运输工具的累计折旧为 26191586.62 元、电子设备的累计折旧为 39631987.89 元，其他的累计折旧为 2357089.00 元。

> 提醒：固定资产的累计折旧的期初余额合计 = 房屋和建筑物的累计折旧 + 机器设备的累计折旧 + 运输工具的累计折旧 + 电子设备的累计折旧 + 其他的累计折旧。

固定资产的累计折旧的本期增加金额为 121232100.28 元，其中计提的累计折旧为 116931363.22 元，转入的累计折旧为 0 元，其他的累计折旧为 4300737.06 元。

固定资产的累计折旧的本期减少金额为 22923667.55 元。

> 提醒：固定资产的累计折旧的本期增加金额 = 计提的累计折旧 + 转入的累计折旧 + 其他的累计折旧。

这样，固定资产的累计折旧的期末余额合计 = 固定资产的累计折旧的期初

余额合计 + 固定资产的累计折旧的本期增加金额 − 固定资产的累计折旧的本期减少金额 =661767852.19+121232100.28−22923667.55= 760076284.92 元。

3. 固定资产的减值准备

固定资产减值准备从"资产是预期的未来经济利益"的角度出发，对可收回金额与账面价值进行定期比较。当可收回金额低于账面价值时，确认固定资产发生了减值，要计提固定资产减值准备，从而调整固定资产的账面价值，以使账面价值能够真实、客观地反映该资产在当前市场上的实际价值。云南白药（000538）固定资产的减值准备，如图 6.6 所示。

三、减值准备				
1.期初余额	47,503,509.54	3,119,262.52	10,236.99	50,633,009.05
2.本期增加金额	15,459,164.43			15,459,164.43
（1）计提				
（2）合并增加				
（3）其他	15,459,164.43			15,459,164.43
3.本期减少金额		1,654,625.73		1,654,625.73
（1）处置或报废		1,654,625.73		1,654,625.73
4.期末余额	62,962,673.97	1,464,636.79	10,236.99	64,437,547.75

• 图 6.6　固定资产的减值准备

固定资产的减值准备的期初余额合计为 50633009.05 元，其中房屋和建筑物的减值准备为 47503509.54 元、机器设备的减值准备为 3119262.52 元、运输工具的减值准备为 0 元、电子设备的减值准备为 10236.99 元，其他的减值准备为 0 元。

> 提醒：固定资产的减值准备的期初余额合计 = 房屋和建筑物的减值准备 + 机器设备的减值准备 + 运输工具的减值准备 + 电子设备的减值准备 + 其他的减值准备。

固定资产的减值准备的本期增加金额为 15459164.43 元；固定资产的减值准备的本期减少金额为 1654625.73 元。

这样，固定资产的减值准备的期末余额合计 = 固定资产的减值准备的期初余额合计 + 固定资产的减值准备的本期增加金额 − 固定资产的减值准备的本期减少金额 =50633009.05+15459164.43−1654625.73=64437547.75 元。

4. 固定资产减值准备与累计折旧的关系

下面先介绍固定资产减值准备与累计折旧的联系。

第一，两者都核算固定资产价值的降低：一个是固定资产净值的减损，一个是固定资产价值的转移。

第二，两者计提的原因有相同之处：技术进步和遭受破坏使得固定资产价值降低是两者计提的共同原因。

第三，两者之间相互关联。固定资产减值准备是累计折旧的补充，它对累计折旧中的估计偏差进行矫正。固定资产的折旧要以减值后的固定资产净值为基础进行调整。

下面介绍固定资产减值准备与累计折旧的区别。

第一，两者所针对的对象不同。累计折旧是固定资产原值的减项，固定资产减值准备则是固定资产净值的减项。

第二，两者处理问题的及时性不同。固定资产预计使用年限和预计净残值、折旧方法等，一经确定不得随意变更。当折旧估计发生偏差、固定资产价值发生减损时，固定资产减值准备可以在期末及时地予以调整。

第三，两者发生的频率和规律性不同。折旧一般是按月计提，所以折旧计提是经常发生的，计提的金额是有规律的，它与当期的收益相配比。而固定资产减值则不同，它是一项非经营性支出，固定资产减值产生的原因也不是经常发生的。

第四，两者所处的时点不同。在取得固定资产后，企业就要预计折旧年限、净残值和选择合理的折旧方法，这是在购置时点的一种估计，所以累计折旧金额是主观性较强的估计值。而固定资产减值准备是期末根据账面价值与可收回金额之差来确定金额的，它是对购置固定资产后某期期末的一种估计，相对比较客观。

第五，两者有部分核算内容相互独立。除了技术进步和遭受破坏使得固定资产价值降低外，累计折旧更关注固定资产由于正常使用而发生的价值转移。而固定资产减值准备还核算长期闲置固定资产的减值。

5. 固定资产的账面价值

固定资产的账面价值 = 固定资产的账面原值 - 固定资产的累计折旧 - 固

定资产的减值准备。

固定资产的期初账面价值合计＝固定资产的账面原值的期初余额合计－固定资产的累计折旧的期初余额合计－固定资产的减值准备的期初余额合计=2494720269.46−661767852.19−50633009.05=1782319408.22元。

固定资产的期末账面价值合计＝固定资产的账面原值的期末余额合计－固定资产的累计折旧的期末余额合计－固定资产的减值准备的期末余额合计=2569885543.13−760076284.92−64437547.75=1745371710.46元。

> 提醒：资产负债表中的固定资产的期初余额和期末余额，与附表中的固定资产的期初账面价值合计和固定资产的期末账面价值合计一致。

同理，还可以计算房屋和建筑物、机器设备、运输工具、电子设备、其他的期初账面价值和期末账面价值。

6.1.2　财务报表附表的类型

根据不同的财务报表项目来分类，附表可以分为三类，分别是基于资产负债表的财务报表附表、基于利润表的财务报表附表、基于现金流量表的财务报表附表。

1. 基于资产负债表的财务报表附表

基于资产负债表的财务报表附表有很多，分别是货币资金表、预付款项表、存货表、其他流动资产表、长期股权投资表、固定资产情况表、在建工程情况表、无形资产情况表等。

2. 基于利润表的财务报表附表

基于利润表的财务报表附表有很多，分别是管理费用明细表、销售费用明细表、财务费用明细表、收入明细表等。

3. 基于现金流量表的财务报表附表

基于现金流量表的财务报表附表有很多，分别是销售商品和提供劳务收到的现金明细表、收到的税费返还明细表、付给职工以及为职工支付的现金明细表、支付的各项税费明细表等。

6.1.3 财务报表附表的作用

财务报表附表所起的作用虽然千差万别，但归纳起来主要有两种，分别是详细说明作用和分析性作用。

1. 详细说明作用

这类财务报表附表，主要为针对财务报表某个报表项目展开的清单类财务报表附表。例如存货清单，包括存货的构成、目前库存里面有什么类型的存货、存货的名称是什么、数量有多少、购进存货的成本是多少、平均单价是多少。

此外，明细类的财务报表附表也起到详细说明的作用。如管理费用明细表针对企业管理费用的发生类别进行分类。

2. 分析性作用

这类财务报表附表主要含分析性项目，给投资者提供管理方面的信息。这些信息不可以直接从财务账上抄列下来，而是需要通过财务账目的分析整理才能提取出来。

一般企业经常用到的有应收账款账龄分析表，因为应收账款的周转速度越快、平均收账期短、坏账损失少、资产流动性快、偿债能力强，所以一般企业的经营者都很重视应收账款的周转速度。

6.2 财务报表附注

前面讲解了财务报表附表，下面来讲解财务报表附注。

6.2.1 编制财务报表附注的原因

之所以要编制财务报表附注，具体原因如下。

首先，是因为财务报表附注拓展了企业财务信息的内容，打破了三张主要报表内容必须符合会计要素的定义，又必须同时满足相关性和可靠性的限制。

其次，财务报表附注突破了揭示项目必须用货币加以计量的局限性。

再次，财务报表附注充分满足了企业财务报告是为其使用者提供有助于经济决策的信息的要求，增进了会计信息的可理解性。

最后，财务报表附注还能提高会计信息的可比性。例如，通过揭示会计政策的变更原因及事后的影响，可以使不同行业或同一行业不同企业的会计信息的差异更具可比性，从而便于进行对比分析。

6.2.2　财务报表附注的内容

财务报表附注的内容主要包括 7 项，分别是企业概况，企业财务报表的编制基础，企业的会计政策、会计估计，企业的税项，企业财务报表重要项目的说明，企业资产负债表日后事项，关联方关系及其交易，如图 6.7 所示。

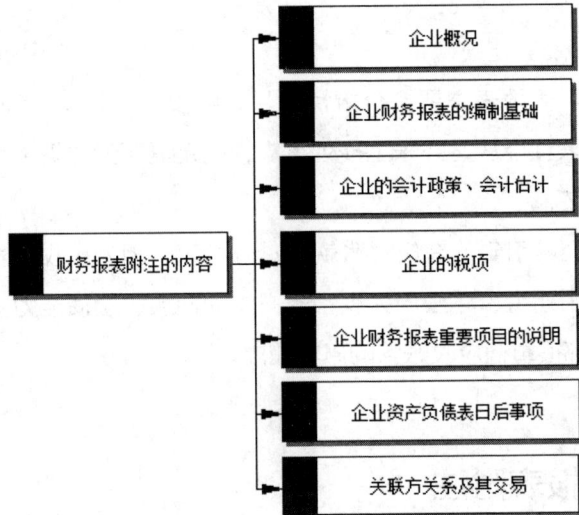

●图 6.7　财务报表附注的内容

1. 企业概况

云南白药集团股份有限公司（以下简称公司或本公司）注册地址为云南省昆明市呈贡区云南白药街 3686 号。组织形式为股份有限公司，总部位于云南省昆明市呈贡区云南白药街 3686 号。

公司前身为成立于 1971 年 6 月的云南白药厂。1993 年 5 月 3 日经云南省经济体制改革委员会云体（1993）48 号文批准，云南白药厂进行现代企业制度改革，成立云南白药实业股份有限公司。经中国证监会证监发审字（1993）55 号文批准，公司于 1993 年 11 月首次向社会公众发行股票 2000 万股（含 20 万内部职工股），定向发行 400 万股，发行后总股本 8000 万股。经中国证券监督管理委员会批准，1993 年 12 月 15 日公司社会公众股（A 股）在深圳证券交易所上市交易，内部职工股于 1994 年 7 月 11 日上市交易。1996 年 10 月经临时股东大会会议讨论，公司更名为云南白药集团股份有限公司。

根据 2008 年 8 月 11 日公司第五届董事会 2008 年第三次临时会议及 2008 年 8 月 27 日公司 2008 年第一次临时股东大会审议通过并经中国证券监督管理委员会证监许可〔2008〕1411 号文"关于核准云南白药集团股份有限公司非公开发行股票的批复"核准，公司以非公开方式向中国平安人寿保险股份有限公司发行 5000.00 万股新股，募集资金 1393500000.00 元（含发行费用），均为现金认购。实施上述非公开发行后，公司股本由 484051138 股增至 534051138 股。

依据 2010 年 5 月本公司股东大会审议通过的 2009 年度权益分派方案，以资本公积金向全体股东每 10 股转增 3 股，转增前本公司股本为 534051138 股，转增后总股本增至 694266479 股。

2014 年 5 月 8 日召开 2013 年度股东大会，根据会议决议和修改后的章程规定：公司股东对公司增加注册资本人民币 347133239.00 元。新增注册资本的方式为以公司现有总股本 694266479 股为基数，向全体股东每 10 股送红股 5 股。变更后，公司股本由 694266479 股增至 1041399718 股。

公司所处行业、经营范围、主要产品或提供的劳务主要包括：化学原料药、化学药制剂、中成药、中药材、生物制品、医疗器械、保健食品、食品、饮料、特种劳保防护用品、非家用纺织成品、日化用品、化妆品、户外用品的研制、生产及销售；橡胶膏剂、贴膏剂、消毒产品、电子和数码产品的销售；信息技术、科技及经济技术咨询服务；货物进出口；物业经营管理（凭资质证开展经营活动）。

本公司的母公司为云南白药控股有限公司，持有公司股份占公司总股本的 41.52%，为公司第一大股东。

2. 企业财务报表的编制基础

本公司以持续经营为前提，根据实际发生的交易和事项，按照企业会计准则的规定进行确认和计量，并在此基础上编制财务报表。

公司自本报告期末至少 12 个月内具备持续经营能力，无影响持续经营能力的重大事项。

3. 企业的会计政策、会计估计

（1）遵循企业会计准则的声明

本财务报表符合企业会计准则的要求，真实、完整地反映了本公司的财务状况、经营成果和现金流量等有关信息。

（2）会计期间

本公司会计年度采用公历年度，即每年自 1 月 1 日起至 12 月 31 日止。

（3）营业周期

正常营业周期，是指企业从购买用于加工的资产起至实现现金或现金等价物的期间。本公司正常营业周期短于一年。正常营业周期短于一年的，自资产负债表日起一年内变现的资产或自资产负债表日起一年内到期应予以清偿的负债归类为流动资产或流动负债。

（4）记账本位币

本公司以人民币为记账本位币。

（5）同一控制下和非同一控制下企业合并的会计处理方法

企业合并是指将两个或两个以上单独的企业合并形成一个报告主体的交易或事项。本集团在合并日或购买日确认因企业合并取得的资产、负债，合并日或购买日为实际取得被合并方或被购买方控制权的日期。

对于同一控制下的企业合并，作为合并方在企业合并中取得的资产和负债，按照合并日在最终控制方合并报表中的账面价值计量，取得的净资产账面价值与支付的合并对价账面价值的差额，调整资本公积；资本公积不足冲减的，调整留存收益。在非同一控制下企业合并中取得的被购买方可辨认资产、负债及或有负债在收购日以公允价值计量。合并成本为本集团在购买日为取得对被购买方的控制权而支付的现金或非现金资产、发行或承担的负债、发行的权益性证券等的公允价值以及在企业合并中发生的各项直接相关费用之和（通过多次交易分步实现的企业合并，其合并成本为每一单项交易的成本之和）。合并成本大于合并中取得的被购买方可辨认净资产公允价值份额的差额，确认为商誉；合并成本小于合并中取得的被购买方可辨认净资产公允价值份额的，首先对合并中取得的各项可辨认资产、负债及或有负债的公允价值以及合并对价的非现金资产或发行的权益性证券等的公允价值进行复核，经复核后，合并成本仍小于合并中取得的被购买方可辨认净资产公允价值份额的，将其差额计入合并当期营业外收入。

（6）合营安排分类及共同经营会计处理方法

合营安排包括共同经营和合营企业。对于共同经营项目，本集团作为共同经营中的合营方确认单独持有的资产和承担的负债，以及按份额确认持有的资产和承担的负债，根据相关约定单独或按份额确认相关的收入和费用。与共同经营发生购买、销售不构成业务的资产交易的，仅确认因该交易产生的损益中归属于共同经营其他参与方的部分。

（7）现金及现金等价物的确定标准

现金流量表之现金指库存现金及可随时用于支付的存款，现金等价物指持有期限不超过 3 个月、流动性强、易于转换为已知金额现金且价值变动风险很小的投资。

（8）外币业务和外币报表折算

外币交易按交易发生日的即期汇率将外币金额折算为人民币金额。于资产负债表日，外币货币性项目采用资产负债表日的即期汇率折算为人民币，所产生的折算差额除了为购建或生产符合资本化条件的资产而借入的外币专门借款产生的汇兑差额按资本化的原则处理外，直接计入当期损益。以公允价值计量的外币非货币性项目，采用公允价值确定日的即期汇率折算为人民币，所产生的折算差额，作为公允价值变动直接计入当期损益。以历史成本计量的外币非货币性项目，仍采用交易发生日的即期汇率折算，不改变其人民币金额。

外币资产负债表中资产、负债类项目采用资产负债表日的即期汇率折算；所有者权益类项目除"未分配利润"外，均按业务发生时的即期汇率折算；利润表中的收入与费用项目，采用交易发生日的即期汇率折算。上述折算产生的外币报表折算差额，在所有者权益项目下单独列示。外币现金流量采用现金流量发生日的即期汇率折算。汇率变动对现金的影响额，在现金流量表中单独列示。

（9）金融工具

金融工具包括金融资产、金融负债。金融资产又分4种，分别是以公允价值计量且其变动计入当期损益的金融资产、持有至到期投资、应收款项、可供出售金融资产。

金融负债又分两种，分别是以公允价值计量且其变动计入当期损益的金融负债和其他金融负债。

下面来看一下金融资产和金融负债的公允价值确定方法。

资产负债表日以主要市场的价格计量金融资产和金融负债的公允价值，不存在主要市场的，以最有利市场的价格计量金融资产和金融负债的公允价值，并且采用当时适用并且有足够可利用数据和其他信息支持的估值技术。公允价值计量所使用的输入值分为三个层次，即第一层次输入值是计量日能够取得的相同资产或负债在活跃市场上未经调整的报价；第二层次输入值是除第一层次输入值外相关资产或负债直接或间接可观察的输入值；第三层次输入值是相关资产或负债的不可观察输入值。本集团优先使用第一层次输入值，最后再使用第三层次输入值。公允价值计量结果所属的层次，由对公允价值计量整体而言具有重大意义的输入值所属的最低层次决定。

（10）存货

存货包括原材料、包装物、低值易耗品、在产品、库存商品等。

存货实行永续盘存制，存货在取得时按实际成本计价；领用或发出存货，采用加权平均法确定其实际成本。低值易耗品和包装物采用一次转销法进行摊销。期末存货按成本与可变现净值孰低原则计价，对于存货因遭受毁损、全部或部分陈旧过时或销售价格低于成本等原因，预计其成本不可收回的部分，提取存货跌价准备。库存商品及大宗原材料的存货跌价准备按单个存货项目的成本高于其可变现净值的差额提取；其他数量繁多、单价较低的原辅材料按类别提取存货跌价准备。

库存商品、在产品和用于出售的材料等直接用于出售的商品存货，其可变现净值按该存货的估计售价减去估计的销售费用和相关税费后的金额确定；用于生产而持有的材料存货，其可变现净值按所生产的产成品的估计售价减去至完工时估计将要发生的成本、估计的销售费用和相关税费后的金额确定。

（11）长期股权投资

长期股权投资主要是对子公司、联营企业和对合营企业的投资。

（12）投资性房地产

投资性房地产包括已出租的土地使用权、持有并准备增值后转让的土地使用权和已出租的房屋建筑物。投资性房地产按其成本作为入账价值，外购投资性房地产的成本包括购买价款、相关税费和可直接归属于该资产的其他支出；自行建造投资性房地产的成本，由建造该项资产达到预定可使用状态前所发生的必要支出构成。

（13）固定资产

固定资产是指同时具有以下特征，即为生产商品、提供劳务、出租或经营管理而持有的，使用年限超过一年，单位价值超过 2000 元的有形资产。

固定资产包括房屋建筑物、机器设备（生产用）、电子设备、运输工具和其他设备，按其取得时的成本作为入账的价值，其中，外购的固定资产成本包括买价和进口关税等相关税费，以及为使固定资产达到预定可使用状态前所发生的可直接归属于该资产的其他支出；自行建造固定资产的成本，由建造该项资产达到预定可使用状态前所发生的必要支出构成；投资者投入的固定资产，按投资合同或协议约定的价值作为入账价值，但合同或协议约定价值不公允的按公允价值入账；融资租赁租入的固定资产，按租赁开始日租赁资产公允价值与最低租赁付款额现值两者中较低者作为入账价值。

（14）在建工程

在建工程在达到预定可使用状态之日起，根据工程预算、造价或工程实际成本等，按估计的价值结转固定资产，次月起开始计提折旧，待办理了竣工决算手续后再对固定资产原值差异进行调整。

（15）长期待摊费用

长期待摊费用是指已经支出，但应由当期及以后各期承担的摊销期限在
1年以上（不含1年）的各项费用，在受益期内平均摊销。如长期待摊费用
项目不能使以后会计期间受益，则将尚未摊销的该项目的摊余价值全部转入
当期损益。

（16）短期薪酬

短期薪酬具体包括：职工工资、奖金、津贴和补贴，职工福利费，医疗
保险费、工伤保险费和生育保险费等社会保险费，住房公积金，工会经费和
职工教育经费，短期带薪缺勤，短期利润分享计划，非货币性福利以及其他
短期薪酬。

（17）预计负债

当与对外担保、商业承兑汇票贴现、未决诉讼或仲裁、产品质量保证等
或有事项相关的业务同时符合以下条件时，本集团将其确认为负债：该义务
是本集团承担的现时义务；该义务的履行很可能导致经济利益流出企业；该
义务的金额能够可靠地计量。

预计负债按照履行相关现时义务所需支出的最佳估计数进行初始计量，
并综合考虑与或有事项有关的风险、不确定性和货币时间价值等因素。货币
时间价值影响重大的，通过对相关未来现金流出进行折现后确定最佳估计数。
每个资产负债表日对预计负债的账面价值进行复核，如有改变则对账面价值
进行调整以反映当前最佳估计数。

（18）收入

收入包括三种，分别是销售商品收入、提供劳务收入、让渡资产使用权
收入。

销售商品收入：本集团在已将商品所有权上的主要风险和报酬转移给购
货方、既没有保留通常与所有权相联系的继续管理权也没有对已售出的商
品实施有效控制、收入的金额能够可靠地计量、相关的经济利益很可能流
入、相关的已发生或将发生的成本能够可靠地计量时，确认销售商品收入的
实现。

提供劳务收入：公司在劳务总收入和总成本能够可靠地计量、与劳务相

关的经济利益很可能流入公司、劳务的完成进度能够可靠地确定时，确认劳务收入的实现。在资产负债表日，提供劳务交易的结果能够可靠估计的，按完工百分比法确认相关的劳务收入，完工百分比按已经发生的成本占估计总成本的比例确认；提供劳务交易结果不能够可靠估计、已经发生的劳务成本预计能够得到补偿的，按已经发生的能够得到补偿的劳务成本金额确认提供劳务收入，并结转已经发生的劳务成本；提供劳务交易结果不能够可靠估计、已经发生的劳务成本预计全部不能得到补偿的，将已经发生的劳务成本计入当期损益，不确认劳务收入。

让渡资产使用权收入：与交易相关的经济利益很可能流入公司、收入的金额能够可靠地计量时，确认让渡资产使用权收入的实现。

4. 企业的税项

企业的主要税种及税率情况如图 6.8 所示。

1、主要税种及税率

税种	计税依据	税率
增值税	销售商品或提供劳务的增值额	17%、13%、11%、6%、5%、3%
消费税	应税营业收入	从价 20%，从量 0.5 元/500ml
城市维护建设税	应纳流转税额	7%、5%、1%
企业所得税	应税所得额	25%
教育费附加	应纳流转税额	3%
地方教育费附加	应纳流转税额	2%

存在不同企业所得税税率纳税主体，披露情况说明

纳税主体名称	所得税税率
云南白药集团股份有限公司	15%
云南省医药有限公司	15%
云南白药集团健康产品有限公司	15%
云南白药集团医药电子商务有限公司	15%
云南白药集团无锡药业有限公司	15%
云南白药集团大理药业有限责任公司	15%
云南白药清逸堂实业有限公司	15%
云南白药集团丽江药业有限公司	15%
云南白药大药房有限公司	15%
云南白药集团文山七花有限责任公司	15%
丽江云全生物开发有限公司	种植业免征、25%
云南白药集团太安生物科技产业有限公司	种植业免征、25%
云南白药集团中药材优质种源繁育有限责任公司	免征

● 图 6.8　企业的主要税种及税率情况

5. 企业财务报表重要项目的说明

企业对财务报表重要项目的说明，应当按照资产负债表、利润表、现金

流量表、所有者权益变动表及其项目列示的顺序，采用文字和数字描述相结合的方式进行披露。财务报表重要项目的明细金额合计应当与报表项目金额相衔接。

6. 企业资产负债表日后事项

企业资产负债表日后事项是指自年度资产负债表日至财务报告批准报告日之间发生的需要调整或说明的事项。它包括资产负债表日后调整事项和资产负债表日后非调整事项。

对企业资产负债表日后事项，企业应当披露下列信息。

第一，每项重要的资产负债表日后非调整事项的性质、内容及其对财务状况和经营成果的影响，无法做出估计的，应当说明原因。

第二，资产负债表日后，企业利润分配方案中拟分配的以及经审议批准宣告发放的股利和利润。

7. 关联方关系及其交易

在企业财务和经营决策中，如果一方有能力直接或间接控制、共同控制另一方或对另一方施加重大影响，则它们之间存在关联方关系；如果两方或多方同受一方控制，则它们之间也存在关联方关系。

企业无论是否发生关联方交易，均应当在附注中披露与母公司和子公司有关的下列信息。

第一，母公司和子公司的名称。

第二，母公司和子公司的业务性质、注册地、注册资金（或实收资本、股本）及其变化。

第三，母公司对该企业或者该企业对子公司的持股比例及表决权比例。

企业与关联方发生交易的，应当在附注中披露该关联方关系的性质、交易类型及交易要素。

6.2.3 财务报表附注的重要性

财务报表附注的重要性主要体现在 3 个方面，分别是提高报表信息的相关性和可靠性、增强不同行业和行业内部不同企业之间信息的可比性、与财务报表主表的不可分割性，如图 6.9 所示。

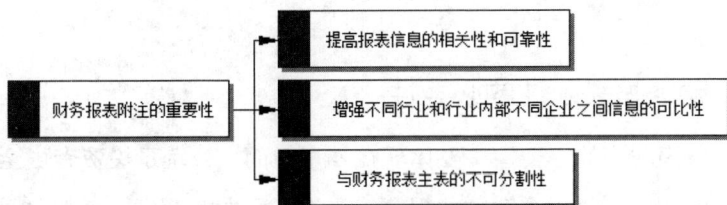

•图 6.9　财务报表附注的重要性

1. 提高报表信息的相关性和可靠性

报表信息既要相关又要可靠，相关性和可靠性是财务报表信息的两个基本质量特征。由于财务会计本身的局限，相关性和可靠性的选择犹如鱼与熊掌的选择，很多时候都是不可兼得的。

但是，财务报表附注披露可以在不降低会计信息可靠性的前提下提高信息的相关性，例如或有事项的处理。或有事项由于发生的不确定性而不能直接在主表中进行确认，但等到完全可靠或基本能够预期的时候，又可能因为及时性的丧失而损伤了信息的相关性。为此，可以通过在财务报表附注中进行披露，揭示或有事项的类型和影响，以此来提高信息的相关性。

2. 增强不同行业和行业内部不同企业之间信息的可比性

报表信息是由多种因素综合促成的，经济环境的不确定性，不同行业的不同特点，以及各个企业前后各期情况的变化，都会降低不同企业之间会计信息的可比性，以及企业前后各期会计信息的一贯性。

财务报表附注可以通过披露企业的会计政策和会计估计的变更等情况，向投资者传递相关信息，使投资者能够"看透"会计方法的实质，而不被会计方法所误导。

3. 与财务报表主表的不可分割性

财务报表主表与财务报表附注的关系可概括为：主表是根，附注是补充。没有主表的存在，附注就失去了依靠；而没有附注恰当的补充，财务报表主表的功能就难以有效地实现。

6.2.4　财务报表附注的必要性

财务报表附注的必要性主要体现在 4 个方面，分别是投资者更全面了解企业状况的要求、基于缓解财务报表信息披露压力的考虑、增强财务报告体系的灵活性、保持原有报告模式的需要，如图 6.10 所示。

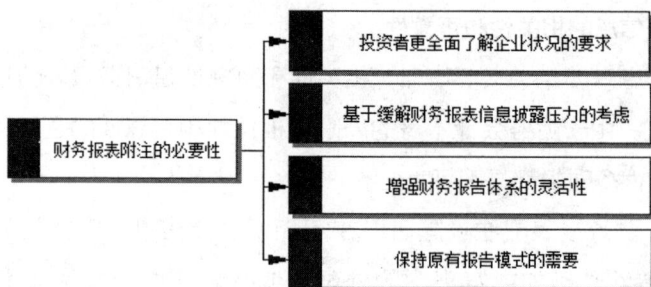

• 图 6.10　财务报表附注的必要性

1. 投资者更全面了解企业状况的要求

报表信息应全面充分地反映企业的财务状况、经营成果及现金流量，不得有意忽略或隐瞒重要的财务数据，以免使用者发生误解，这就是所谓的充分披露原则。

作为报表信息的使用者，由于外部与企业的信息不对称，想要对企业有所了解，就必须依赖于其所提供的各项资料。因此就对披露的充分性提出了较高的要求：从横向来看，只要是反映企业生产经营全貌的信息，不论有利或不利的都应该予以披露；从纵向来看，不应只停留在披露对象的表面，而要进行深层次的揭示。由于成本等多种因素的限制，这些要求财务报表可能无法实现，而对于附注信息的披露就显得尤为重要。

2. 基于缓解财务报表信息披露压力的考虑

信息需求方总是希望企业提供尽可能多的信息，以便他们据以作出各项正确决策，这无形当中增加了财务报表披露信息的压力。但信息的披露应当是有一定限度的，过多的披露可能会适得其反。这主要基于以下两点考虑。

第一，成本效益原则的考虑。只有披露的效益大于成本，企业才有披露信息的动力，过多的披露信息一方面势必增加企业的披露成本，另一方面会有损企业的商业秘密，在竞争中处于劣势，不利于企业的经营运作。

第二，重要性原则的考虑。重要性是指当一项会计信息不加以说明，即可能使财务报表使用者发生误解，从而足以影响或改变其决策。因此从披露目的出发，只有重要性的信息对于需求者来说才是有用的。信息需求者依赖重要性的信息了解企业的财务状况、经营成果等情况，从而为其所用作出合理判断。而过多地披露信息不仅不会起到决策有用的目的，反而会影响使用者的理解、判断和掌握，使其无所适从，甚至产生误导作用，造成使用者的利益受损。

报表附注将那些不符合成本效益原则和重要性原则的信息收纳其中，缓解了财务报表信息披露的压力，解决了企业和使用者对于信息提供和需求之间的矛盾和冲突。

3. 增强财务报告体系的灵活性

财务报表由于其固有的格式、项目和填列方法，使得表内信息并不能完整地反映一个企业的综合素质。而报表附注相对来说比较灵活，可以弥补表内信息的局限性，使表内信息更容易理解，更加相关。

具体说来，由于财务会计在确认计量上有严格的标准，使得一些与决策相关的信息不能进入财务报表，忽视它们的存在，势必影响使用者作出正确的决策。而对报表附注尚无统一的规范，其可以借助于多种计量手段、计量属性及不同的格式，将那些无法进入表内的信息加以适当的披露，这有利于完整反映企业生产经营的全貌，提高了财务报告体系的总体水平和层次。

4. 保持原有报告模式的需要

经济环境的日新月异，使得会计标准的制定往往落后于会计实务的发展，原有的财务报表模式也不免过时。为满足人们对决策有用信息的需求，就需要不断对财务报表的内容和体系进行相应的变革。这可以依靠新会计制度和会计准则的出台予以重新规范和指导，但这一过程往往费时费力，而且不利于保证财务信息的一贯性和可靠性。因此，借助财务报表附注和其他报告形式，增加表外信息披露，可以在保持原有报告模式的基础上对其进行完善和改进，已成为人们普遍愿意接受的一种改革方式。

6.2.5　财务报表附注的其他特性

前面讲解了财务报表附注的重要性和必要性，下面来看一下财务报表附注的其他特性。财务报表附注的其他特性包括 4 种，分别是附属性、解释性、补充性和建设性，如图 6.11 所示。

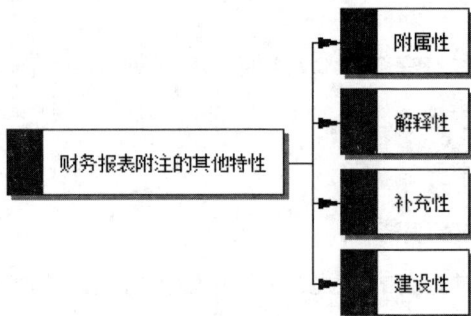

• 图 6.11　财务报表附注的其他特性

1. 附属性

财务报表与附注之间存在一个主次关系：财务报表是根，附注处于从属地位。没有财务报表的存在，附注就失去了依靠，其功能也就无处发挥；而没有附注恰当的延伸、说明，财务报表的功能就难以有效地实现。两者相辅相成，形成一个完善的有机整体。

2. 解释性

财务报表项目是被高度浓缩的会计信息，且由于经济业务的复杂性和企业在编制财务报表时可能选择了不同的会计政策，企业需要通过财务报表附注对财务报表的编制基础、编制依据、编制原则和方法及主要事项等进行解释，以此增进会计信息的可理解性，同时使不同企业的会计信息的差异更具可比性，便于进行对比分析。

3. 补充性

财务报表附注拓展了企业会计信息的内容。打破了三张主要报表内容必须符合会计要素的定义，又必须同时满足相关性和可比性的限制，突破了揭示项目必须用货币加以计量的局限性。

通过报表附注的文字说明，辅以某些统计资料或定性信息，可弥补财务信息的不足，全面反映企业面临的机会与风险，将企业价值充分体现出来，保证了信息的完整性，从而有助于信息使用者作出最佳的决策。

4. 建设性

财务报表附注除了解释和补充说明财务报表内容外，还要对其加以分析、评价，并有针对性地提出一些改进工作的建议、措施。例如，通过市场占有率、投入产出等信息，管理者可以了解本企业在同行中的地位，发现自己的优势与不足，从而采取措施改进企业经营管理，提高生产效率和产品质量，扩大产品的市场占有率。

此外，在附注中通过自愿披露企业在安排就业、员工培训、社区服务、环境治理等方面信息，有助于树立企业良好形象，促进企业健康发展。

6.2.6 财务报表附注的注意事项

财务报表附注是财务报表的补充，主要是对财务报表不能包括的内容或者披露不详尽的内容作进一步的解释说明，包括对基本会计假设发生变化；财务报表各项目的增减变动（报表主要项目的进一步注释），以及或有某项或资产负债表日后事项中的不可调整事项的说明，关联方关系及交易的说明等。

但有些企业却采用"暗渡陈仓"的手法，在会计核算中已改变了某些会计政策，但在报表附注中不作说明；或虽不影响报表金额，但对该企业的一些经营活动及前途有极大影响的事项不做说明，欺骗报表使用者。

例如，在检查某企业时，该企业年初和年中的发出存货计价方法完全不同，按照国家财务会计制度的规定，此变更须在报表附注中披露，但该企业并未做出披露，用以掩盖其调低成本、虚增利润的不法企图。

再例如，某上市公司报表日后发生重大经济损失，该公司担心影响公司业绩，没有将此变化在附注中披露，而欺骗报表使用人。

第 7 章

财务报表的实战分析技巧

财务报表上的数据可以说明企业的财务状况，例如通过阅读资产负债表可以知道总资产是多少、总负债是多少、投资者投入了多少资本等。但财务报表上的数据还不能直接或全面说明企业的财务状况，需要使用财务报表分析的手段将财务报表有关的数据进行整理。按照分析的需要获取报表的数据，计算出不同的财务指标，提供投资者分析所需要的信息。通过财务报表分析，认识企业活动的特点，评价其业绩，发现其问题。

本章主要内容包括：

➤ 财务报表分析的基本内容

➤ 财务报表分析的主要特征

➤ 财务报表分析的作用

➤ 财务报表分析的类型

➤ 比率分析法的形式、类型和注意事项

➤ 比较分析法的形式、类型和注意事项

➤ 趋势分析法的形式和注意事项

➤ 财务报表分析的步骤

➤ 财务报表分析的局限性

7.1 财务报表分析概述

财务报表分析又称财务分析，是指通过一系列专门的分析技术与方法，对财务报表中的数据进行客观分析，从而对企业的经营成果进行进一步的认识和评价，可以对企业未来的财务变动进行趋势分析。

7.1.1 财务报表分析的基本内容

财务报表分析是由不同的投资者进行的，他们各自有不同的分析重点，也有共同的要求。从企业总体来看，财务报表分析的基本内容主要包括以下三个方面。

第一，分析企业的偿债能力，分析企业权益的结构，估量对债务资金的利用程度。企业的偿债能力常用指标有流动比率、速动比率、保守速动比率、产权比率。云南白药（000538）最近几年的偿债能力常用指标值，如图 7.1 所示。

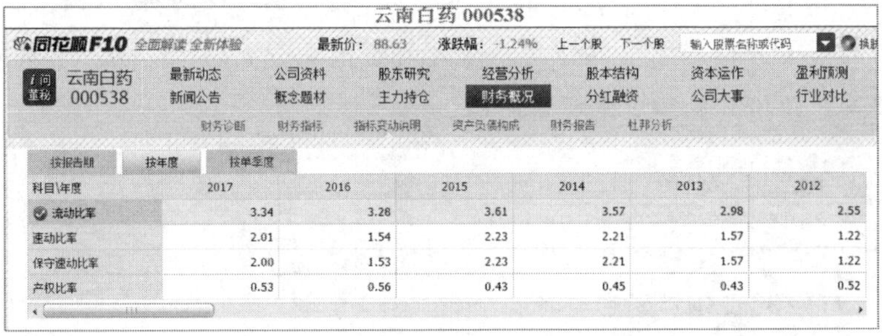
云南白药 000538

科目\年度	2017	2016	2015	2014	2013	2012
流动比率	3.34	3.28	3.61	3.57	2.98	2.55
速动比率	2.01	1.54	2.23	2.21	1.57	1.22
保守速动比率	2.00	1.53	2.23	2.21	1.57	1.22
产权比率	0.53	0.56	0.43	0.45	0.43	0.52

• 图 7.1　云南白药（000538）最近几年的偿债能力常用指标值

第二，评价企业资产的营运能力，分析企业资产的分布情况和周转使用情况。企业资产的营运能力常用指标有营业周期、存货周转天数、应收账款周转天数、存货周转率。云南白药（000538）最近几年的营运能力常用指标值，如图 7.2 所示。

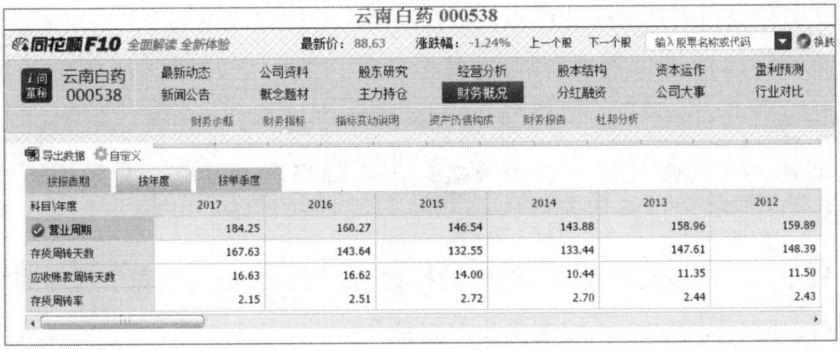

科目\年度	2017	2016	2015	2014	2013	2012
营业周期	184.25	160.27	146.54	143.88	158.96	159.89
存货周转天数	167.63	143.64	132.55	133.44	147.61	148.39
应收账款周转天数	16.63	16.62	14.00	10.44	11.35	11.50
存货周转率	2.15	2.51	2.72	2.70	2.44	2.43

• 图 7.2　云南白药（000538）最近几年的营运能力常用指标值

第三，评价企业的盈利能力，分析企业利润目标的完成情况和不同年度盈利水平的变动情况。反映企业盈利能力的指标主要有销售利润率、成本费用利润率、资产总额利润率、资本金利润率、股东权益利润率。

以上三个方面的分析内容互相联系，互相补充，可以综合描述出企业生产经营的财务状况、经营成果和现金流量情况，以满足不同投资者对报表信息的基本需要。

其中偿债能力是企业财务目标实现的稳健保证，而营运能力是企业财务目标实现的物质基础，盈利能力则是前两者共同作用的结果，同时也对前两者的增强起推动作用。

7.1.2　财务报表分析的主要特征

财务报表分析的主要特征有 4 项，具体如下。

第一，财务报表分析的对象是企业的基本经济活动。

第二，财务报表是财务报表分析的信息来源。

第三，财务报表分析的主要方法是综合分析和财务分析。

第四，财务报表分析以了解过去、评价现在和预测未来为目的，帮助投资者改善投资决策。

7.1.3　财务报表分析的作用

财务报表分析从它的产生、发展及与其他学科的关系到财务报表分析的目的，都说明财务报表分析是相当重要的。从不同的分析角度看，其作用也不同。财务报表对评价企业过去、现在及未来的作用具体如下。

第一，可以帮助有关部门监督企业的行为，更好地执行相应的经济法规。

第二，可以通过财务报表分析，合理调整资金结构，有效配置企业资源。

第三，可以通过财务报表的分析和对比，了解企业与其竞争对手的情况和位置，提高管理水平，挖掘企业内部潜力等。

财务报表分析并不能为企业直接带来经济效益，其价值在于通过分析，可以更好地推动企业管理过程的自检和反省，及时掌握经营状况，不断总结经验教训，对管理环节进行实时完善，对经营策略进行有效修正，最终得到更高的经济效益。

7.2 财务报表分析的类型

财务报表分析按不同的标准可以分为不同的类型，下面来详细讲解。

7.2.1 按分析目标的不同来分类

财务报表分析按照分析目标的不同可以分 4 种，分别是信用分析目标、投资分析目标、经营决策分析目标、税务分析目标，如图 7.3 所示。

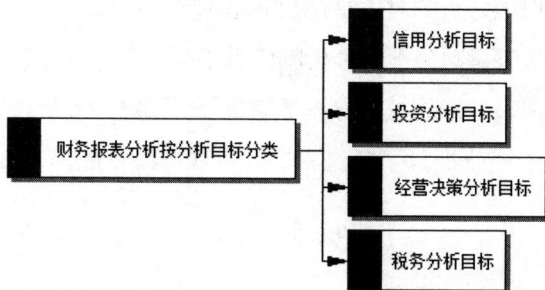

● 图 7.3 财务报表分析按分析目标分类

1. 信用分析目标

能否按时偿还债务或者按时支付货款，最能说明一个企业的信用状况，所以信用分析目标主要是指企业的偿还能力和支付能力。而偿还债务和及时支付货款是靠流动资金来支撑的，所以分析企业的偿还能力和支付能力的指标主要有流动比率、速动比率、负债比率等财务指标。

2. 投资分析目标

投资分析目标主要是分析投资的安全性和盈利性。投资的安全性和盈利性是指投入企业的资本有多少利润回报，所以可以分析资产的报酬率、净资产回报率和毛利率等财务指标。

3. 经营决策分析目标

经营决策分析目标主要是为企业产品、生产结构和发展战略方面的重大调整，例如重大的经营事项。在财务报表附注中，重大会计政策、会计估计变更和重大会计差错更正、承诺事项的披露等进行企业财务状况的综合分析。

4. 税务分析目标

税务分析目标主要分析企业的收入和支出情况。例如，企业的收入与支出是否配比，是否每月都均衡，是否存在利润的调节来规避所得税，通过收入和支出类的财务报表附注进行财务报表分析。

7.2.2 按分析形式的不同来分类

财务报表分析按照分析形式的不同可以分 4 种，分别是日常经营分析、总结分析、预测分析、检查分析，如图 7.4 所示。

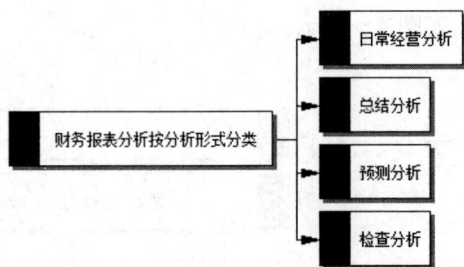

● 图 7.4 财务报表分析按分析形式分类

1. 日常经营分析

日常经营分析主要分析企业实际生产规模、生产能力情况。例如有多少台机器、多少员工、生产场地的规模有多大、仓库的储存能力等实际情况，进行财务报表的合理性分析，分析实际情况是否与财务报表反映的财务状况一致。

例如，一个工厂依照企业目前的生产规模，30 台机器、不足 90 个员工，月生产值达到 2700 万元，平均每个员工的产值达到 30 万元。如果该企业只属于一般的加工制造企业，不属于高附加值的高新技术企业，其人均产值远远高出同行业水平，那么就需要加大日常经营分析的力度，即通过日常经营管理的观察来配合财务报表的分析。

2. 总结分析

总结分析主要对企业当期的生产经营及财务状况进行全面分析，针对当期分析的情况进行总结，然后得出企业的财务状况。

3. 预测分析

预测分析是指根据目前所掌握的资料进行财务报表分析，分析影响企业未来的事项，从而判断企业的发展前景。

4. 检查分析

检查分析是指针对不同的报表项目，有针对性地进行分析。例如某企业的存货占总资产的比重过大，就要针对此项目进行专题分析研究。

7.2.3　按收集资料的不同来分类

在进行财务报表分析之前，需要先收集财务资料。按照需要收集资料进行的财务报表分析可以分两类，分别是收集企业内部的报表资料和收集企业相关的非报表资料，如图 7.5 所示。

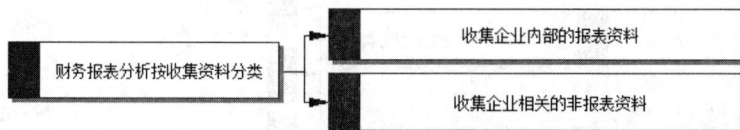

● 图 7.5　财务报表分析按收集资料分类

1. 收集企业内部的报表资料

在看财务报表过程中，如果对某个方面的报表数据存在疑问时，可以针对此报表项目进行深入的分析。下面通过收集企业内部的报表资料来分析资产负债表中的"存货"。

第一，收集云南白药（000538）资产负债表中的"存货"信息。在这里可以看到存货的期末余额为 8663278462.90 元，存货的期初余额为 6918030390.07 元，如图 7.6 所示。

| 87 /182 | | | 100% | 协作 ▾ | 签名 ▾ | | | 查找 | ▾ |

云南白药集团股份有限公司 2017 年度报告全文

应收票据	4,293,350,836.42	3,943,361,793.13
应收账款	1,233,810,339.12	1,012,036,371.97
预付款项	417,960,307.14	466,141,193.41
应收保费		
应收分保账款		
应收分保合同准备金		
应收利息	63,579,815.59	31,467,520.34
应收股利		
其他应收款	138,948,546.84	58,083,933.78
买入返售金融资产		
存货	8,663,278,462.90	6,918,030,390.07
持有待售的资产		
一年内到期的非流动资产		
其他流动资产	876,920,701.21	4,343,657,186.51
流动资产合计	25,103,556,999.93	22,067,687,182.74

● 图 7.6　云南白药（000538）资产负债表中的存货信息

第二，收集对应财务报表项目的财务报表附表附注，即收集有关财务报表项目存货的财务报表附表附注，在这里可以看到存货（账面价值）的期末余额和存货（账面价值）的期初余额，可以看到数据是一致的，表明数据没有问题，如图 7.7 所示。

2. 收集企业相关的非报表资料

除了以上的财务报表数据外，还可以收集未在财务报表中体现的财务信息来分析企业的财务状况。例如，可以通过财务报表附表附注，得知企业的存货包括哪几类，存货的成本核算方法是采用实际成本核算等关于存货这个报表项目的重要说明。

129 /182 100% 协作▾ 签名▾ 查找

10、存货

公司是否需要遵守房地产行业的披露要求：否

（1）存货分类

单位：元

项目	期末余额			期初余额		
	账面余额	跌价准备	账面价值	账面余额	跌价准备	账面价值
原材料	2,068,704,240.90	14,069,687.49	2,054,634,553.41	1,929,926,362.87	13,429,087.50	1,916,497,275.37
在产品	55,314,710.95		55,314,710.95	96,183,671.03		96,183,671.03
库存商品	6,546,990,979.87	56,290,561.96	6,490,700,417.91	4,884,078,447.17	33,644,106.64	4,850,434,340.53
消耗性生物资产	39,338,609.02		39,338,609.02	33,251,593.16		33,251,593.16
包装物及低值易耗品	23,240,094.60		23,240,094.60	21,231,481.39		21,231,481.39
委托加工物资	50,077.01		50,077.01	432,028.59		432,028.59
合计	8,733,638,712.35	70,360,249.45	8,663,278,462.90	6,965,103,584.21	47,073,194.14	6,918,030,390.07

● 图 7.7　财务报表项目存货的财务报表附表附注信息

7.3　财务报表分析的基本方法

财务报表分析的基本方法有 3 种，分别是比率分析法、比较分析法、趋势分析法，如图 7.8 所示。

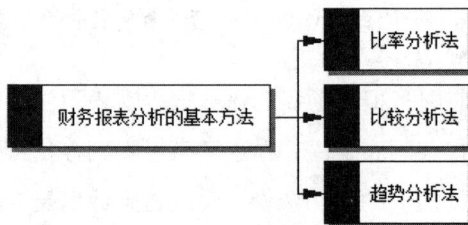

● 图 7.8　财务报表分析的基本方法

7.3.1　比率分析法

比率分析法是以同一期财务报表上若干重要项目的相关数据相互比较，求出比率，用以分析和评价公司的经营活动以及公司目前和历史状况的一种方法，是财务分析最基本的工具。

1. 比率分析法的形式

比率分析法有 3 种形式，分别是构成比率、效率比率和相关比率，如图 7.9 所示。

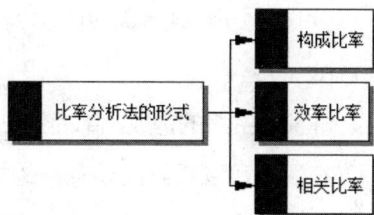

（1）构成比率

构成比率又称结构比率，是某个经济指标的各个组成部分与总体的比率，反映部分与总体的关系，其计算公式具体如下：

• 图 7.9　比率分析法的形式

$$构成比率 = 某个组成部分数额 \div 总体数额 \times 100\%$$

利用构成比率，可以考察总体中某个部分的形式和安排是否合理，以便协调各项财务活动，下面举例说明。

图 7.10 显示的是云南白药（000538）的资产负债表数据信息。下面以资产总额作为总体指标，计算一下流动资产和非流动资产的构成比率。

87 / 182		100%	协作 ▾	签名 ▾	查找	
一年内到期的非流动资产						
其他流动资产	876,920,701.21		4,343,657,186.51			
流动资产合计	25,103,556,999.93		22,067,687,182.74			
非流动资产：						
发放贷款及垫款						
可供出售金融资产	124,634,700.00		124,634,700.00			
持有至到期投资						
长期应收款						
长期股权投资	768,043.48					
投资性房地产	282,422.48		6,742,491.28			
固定资产	1,745,371,710.46		1,782,319,408.22			
在建工程	144,807,299.79		137,380,770.47			
工程物资						
固定资产清理						
生产性生物资产						
油气资产						
无形资产	319,374,177.29		230,958,182.24			
开发支出						
商誉	13,565,432.01		13,565,432.01			
长期待摊费用	7,288,594.00		9,506,289.06			
递延所得税资产	227,356,556.90		197,618,168.01			
其他非流动资产	15,524,604.00		16,233,410.00			
非流动资产合计	2,598,973,540.41		2,518,958,851.29			
资产总计	27,702,530,540.34		24,586,646,034.03			

• 图 7.10　云南白药（000538）的资产负债表数据信息

在这里可以看到，2017 年资产总计的期末余额为 27702530540.34 元，流动资产的期末余额为 25103556999.93 元，非流动资产的期末余额为 2598973540.41 元。

这样流动资产的构成比率为 25103556999.93 ÷ 27702530540.34 × 100% = 90.62%

非流动资产的构成比率为 2598973540.41 ÷ 27702530540.34 × 100% = 9.38%

在这里可以看到流动资产的构成比率明显
高于非流动资产的构成比率，这表明企业偿还
短期债务的能力很强。

> 提醒：流动资产越多，流动债务越少，企业的短期偿债能力越强。

（2）效率比率

效率比率是某项经济活动中所费与所得的比率，反映投入与产出的关系。一般而言，涉及利润的有关比率指标基本上均为效率比率，如营业利润率、成本费用利润率等。因此要明确这里的效率不是衡量速度的快慢的，而是评价投入与产出之间的关系。

例如，派出两个人去买东西，一个人步行，一个人打车。最后，这两个人都把东西买回来了（效果是一样的）。但是打车的人却比步行的人花费了更多费用，那么他的效率就是低的。

图 7.11 显示的是云南白药（000538）的利润表数据信息，下面来计算一下成本费用利润率。

其中：营业成本	16,731,575,209.69	15,717,961,203.91
利息支出		
手续费及佣金支出		
退保金		
赔付支出净额		
提取保险合同准备金净额		
保单红利支出		
分保费用		
税金及附加	169,652,929.63	153,831,164.69
销售费用	3,683,512,377.95	2,840,488,664.16
管理费用	386,763,241.47	483,543,639.69
财务费用	72,543,501.12	89,682,813.93
资产减值损失	64,834,956.45	-823,632.70
加：公允价值变动收益（损失以"－"号填列）		
投资收益（损失以"－"号填列）	276,911,622.85	193,859,113.34
其中：对联营企业和合营企业的投资收益	-8,418.40	326,299.79
汇兑收益（损失以"-"号填列）		
资产处置收益（损失以"-"号填列）	59,711,047.23	6,071,280.53
其他收益	78,366,034.40	
二、营业利润（亏损以"－"号填列）	3,620,723,532.36	3,325,900,944.50
加：营业外收入	7,039,621.04	83,177,090.03
减：营业外支出	5,915,625.68	11,572,585.00
四、利润总额（亏损总额以"－"号填列）	3,621,847,527.72	3,397,505,449.53

- 图 7.11　云南白药（000538）的利润表数据信息

在这里可以看到 2017 年利润总额的期末余额为 3621847527.72 元，营业成本的期末余额为 16731575209.69 元，税金及附加为 169652929.65 元。

成本费用利润率 = 利润总额 ÷ 成本费用总额 ×100% = 利润总额 ÷（营业成本 + 税金及附加）×100%=3621847527.72÷（16731575209.69+ 169652929.65）× 100%=21.43%

成本费用利润率指标表明每付出一元成本费用可获得多少利润，体现了经营耗费所带来的经营成果。该项指标越高，反映企业的经济效益越好。

（3）相关比率

相关比率是指企业营销活动中性质不同但相互联系的两个指标的比率。例如许多指标可与销售额形成相关比率，广告费用与销售额的比率为广告费用率，仓储费用与销售额的比率为仓储费用率，退货数额与销售额的比率为退货率等。运用相关比率可以了解企业营销中存在的某些问题。

2. 比率分析法的类型

由于进行财务分析的目的不同，因而各种分析者，如企业管理者、债权人等所采取的侧重点是不同的。作为股市投资者来说，需要掌握并灵活运用以下 4 种比率进行财务报表分析。

第一，反映企业偿债能力的比率，有短期偿债能力的比率（如资产构成比率）与长期偿债能力的比率（如负债比率、举债经营比率、股东权益对负债比率等）。

第二，反映企业获利能力的比率，主要有每股盈利率、销售利润率、销售毛利率、股东权益报酬率、资产报酬率等。

第三，反映企业经营效率的比率，主要有存货周转率、固定资产周转率、资本周转率、总资产周转率等。

第四，反映企业扩展能力的比率，主要是通过再投资率来反映企业的内部扩展经营能力，通过举债经营比率、固定资产对长期负债比率来反映企业外部扩展经营能力。

这么多比率可以按分析的具体要求进行选择。计算出所要求的比率后，可以通过与通用的正确值进行比较来判断企业的经营状况，也可以将比率与经验值或行业平均值进行比较，也可以考察比率在各个时期上的变化等。

3. 比率分析法的注意事项

在财务报表分析中，比率分析法用途最广，但也有局限性，突出表现在：比率分析属于静态分析，对于预测未来并非绝对合理可靠。比率分析所使用的数据为账面价值，难以反映物价水准的影响。所示，在运用比率分析时，要注意以下几点。

第一，要注意将各种比率有机联系起来进行全面分析，不可单独地看某种或各种比率，否则便难以准确地判断公司的整体情况。

第二，要注意审查公司的性质和实际情况，而不光是着眼于财务报表。

第三，要注意结合差额分析，这样才能对公司的历史、现状和将来有一个详尽的分析、了解，达到财务报表分析的目的。

7.3.2 比较分析法

比较分析法也叫对比分析法，它是指通过同质财务报表指标在不同时期或不同情况的数量上的比较，来揭示财务报表指标的数量关系和数量差异的一种方法。

1. 比较分析法的形式

比较分析法有两种分类形式，第一种是按比较对象不同来分；第二种是按比较标准不同来分。

按比较对象不同来分

按比较对象不同来分，比较分析法可分 3 种形式，分别是绝对数比较分析、相对数增减变动分析、百分比增减变动分析，如图 7.12 所示。

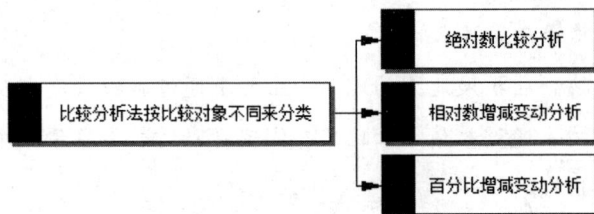

• 图 7.12　比较分析法按比较对象不同来分类

绝对数比较分析是指通过编制比较财务报表，将比较各期的报表项目的数额予以并列，直接观察每一项目的增减变化情况。

相对增减变动分析是指在比较财务报表绝对数的基础上增加绝对数"增减金额"一栏，计算比较对象各项目之间的增减变动差额。

百分比增减变动分析是指在计算增减变动额的同时计算变动百分比，并列示于比较财务报表中，以消除项目绝对规模因素的影响，使投资者一目了然。

按比较标准不同来分，比较分析法也可分 3 种形式，分别是实际指数与计划指标比较、本期指数与上期指数比较、该企业指标与国内外先进企业指标比较，如图 7.13 所示。

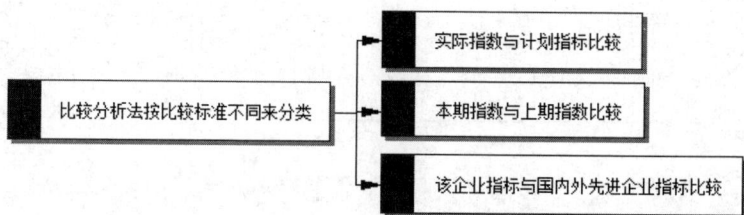

● 图 7.13　比较分析法按比较标准不同来分类

实际指数与计划指标比较，可以解释计划与实际之间的差异，了解该项目指标的计划或定额的完成情况。

本期指数与上期指数比较，可以确定前后不同时期有关指标的变动情况，了解企业生产经营活动的发展趋势和管理工作的改进情况。

该企业指标与国内外先进企业指标比较，可以找出与先进企业之间的差距。

2. 比较分析法的类型

比较分析法可以分为 3 种，分别是横向比较、纵向比较和标准比较，如图 7.14 所示。

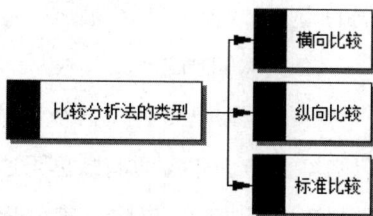

（1）横向比较

横向比较是根据一个企业连续数期的财务报表，就其中的同一项目或同一比率

● 图 7.14　比较分析法的类型

进行数值比较，以判断企业未来经营状况的发展变化趋势。这种比较既可以是同一项目绝对值的比较，也可以是增长率的比较。

下面来看一下云南白药（000538）最近几年主要财务报表数据的横向比较。

打开同花顺软件，输入“云南白药”的代码 000538，然后按回车键，就可以查看云南白药（000538）的日 K 线图。接着按下键盘上的 F10 键，就可以看到云南白药（000538）的基本面资料信息。

在基本面资料信息中，单击“最新动态”，再向下拖动垂直滚动条，就可以看到 2017 年 3 月 31 日至 2018 年 3 月 31 日主要财务指标的横向对比信息，如图 7.15 所示。

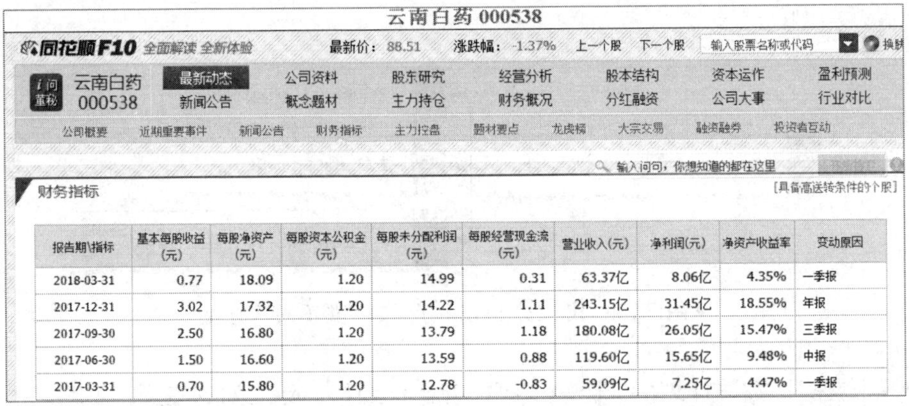

报告期\指标	基本每股收益(元)	每股净资产(元)	每股资本公积金(元)	每股未分配利润(元)	每股经营现金流(元)	营业收入(元)	净利润(元)	净资产收益率	变动原因
2018-03-31	0.77	18.09	1.20	14.99	0.31	63.37亿	8.06亿	4.35%	一季报
2017-12-31	3.02	17.32	1.20	14.22	1.11	243.15亿	31.45亿	18.55%	年报
2017-09-30	2.50	16.80	1.20	13.79	1.18	180.08亿	26.05亿	15.47%	三季报
2017-06-30	1.50	16.60	1.20	13.59	0.88	119.60亿	15.65亿	9.48%	中报
2017-03-31	0.70	15.80	1.20	12.78	-0.83	59.09亿	7.25亿	4.47%	一季报

● 图 7.15　2017 年 3 月 31 日至 2018 年 3 月 31 日主要财务指标的横向对比信息

（2）纵向比较

纵向比较是指将财务报表中各个具体项目数据与一个基本项目数据进行比较，算出百分比，并就不同时期或时点的数值进行对比，以判断某一具体项目与基本项目的关系、某一具体项目在表中的地位以及这种地位增强或减弱的趋势。

（3）标准比较

标准比较是将公司各个会计项目数据与一个设定的标准数据进行比较，以考察上市企业各项指标是否达到或超过社会平均经营水平。标准比较的关键是确定反映社会平均经营水平的标准数据。

下面来看一下云南白药（000538）与同一行业的上市公司的财务报表数据的对比信息。

打开同花顺软件，输入“云南白药”的代码 000538，然后按回车键，就可以查看云南白药（000538）的日 K 线图。接着按下键盘上的 F10 键，就可以看到云南白药（000538）的基本面资料信息。

在基本面资料信息中，单击"行业对比"，就可以看到 2018 年 3 月 31 日云南白药（000538）各财务报表数据在 71 家上市企业中的排名。默认状态下显示的是每股收益名次，云南白药（000538）排第 2 名，如图 7.16 所示。

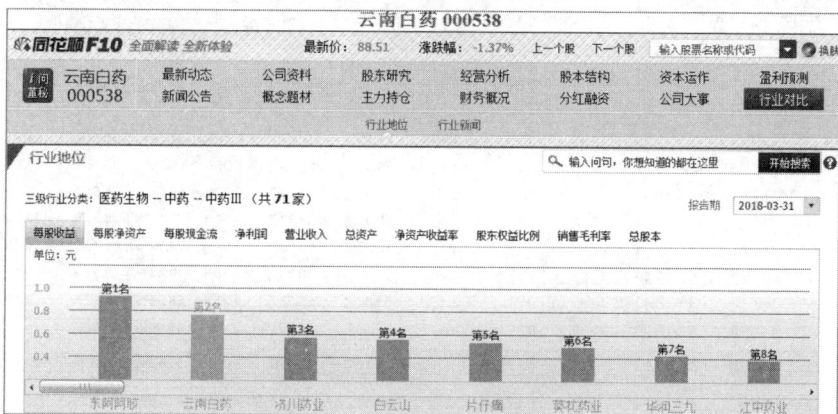

• 图 7.16　云南白药（000538）每股收益排第 2 名

单击"净利润"，可以看到云南白药（000538）排第 3 名，如图 7.17 所示。

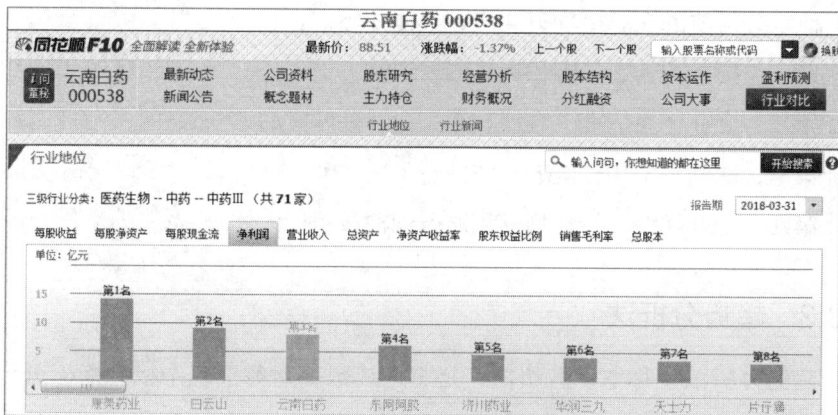

• 图 7.17　云南白药（000538）净利润第 3 名

还可以查看云南白药（000538）的每股净资产、每股现金流、营业收入、总资产、净资产收益率、股东权益比例、销售毛利率、总股本的排名。

向下拖动垂直滚动条，可以看到 10 家制药上市公司的财务报表数据的对比信息，如图 7.18 所示。

股票代码	股票简称	排名	每股收益(元) ▼	每股净资产(元) ▼	每股现金流(元) ▼	净利润(元)	营业收入(元) ▼	总资产(元) ▼	净资产收益率 ▼	股东权益比率 ▼	销售毛利率 ▼	总股本(股) ▼
000423	东阿阿胶	1	0.93	16.01	-0.59	6.09亿	16.96亿	127.63亿	6.00%	82.24%	67.11%	6.54亿
000538	云南白药	2	0.77	18.09	0.31	8.06亿	63.37亿	286.06亿	4.35%	66.26%	30.46%	10.41亿
600566	济川药业	3	0.58	5.85	0.68	4.67亿	21.28亿	74.14亿	10.07%	66.85%	84.67%	8.14亿
600332	白云山	4	0.56	12.16	0.49	9.05亿	69.09亿	288.37亿	4.68%	70.01%	38.55%	16.26亿
600436	片仔癀	5	0.54	7.36	0.40	3.26亿	12.22亿	60.82亿	7.61%	77.79%	46.49%	6.03亿
002737	葵花药业	6	0.50	10.81	0.55	1.46亿	10.91亿	46.35亿	4.78%	70.88%	59.81%	2.92亿
000999	华润三九	7	0.43	10.48	0.24	4.23亿	33.80亿	165.73亿	4.21%	63.84%	67.12%	9.79亿
600750	江中药业	8	0.39	10.10	0.35	1.16亿	4.60亿	34.45亿	3.90%	88.00%	67.90%	4.20亿
600211	西藏药业	9	0.38	11.48	0.32	6900.00万	2.13亿	23.16亿	3.35%	89.13%	79.23%	1.80亿
600535	天士力	10	0.34	8.35	0.14	3.72亿	39.52亿	227.67亿	4.20%	41.46%	34.33%	15.13亿

• 图 7.18　10 家制药上市公司的财务报表数据的对比信息

3. 比较分析法的注意事项

比较分析法的注意事项有 4 点，具体如下。

第一，指标内容、范围和计法的一致性。

第二，会计计量标准、会计政策和会计处理方法的一致性。

第三，时间单位和长度的一致性。

第四，企业类型、经营规模和财务规模及目标大体一致。

7.3.3　趋势分析法

趋势分析法也称水平分析法，是将连续数期财务报表中相同指标进行对比，确定其增减变动的方向、数额和幅度，以说明企业财务状况和经营成果变动趋势的一种方法。

1. 趋势分析法的形式

趋势分析法的形式有 3 种，分别是重要财务指标的比较、会计报表的比较、会计报表项目构成的比较，如图 7.19 所示。

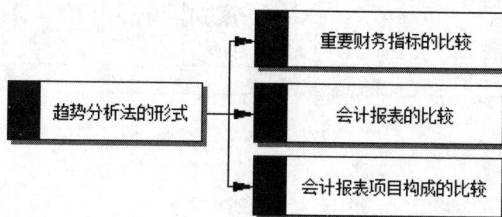

• 图 7.19　趋势分析法的形式

（1）重要财务指标的比较

重要财务指标的比较是指将不同时期财务报表中的相同指标或比率进行比较，直接观察其增减变化情况及变动幅度，考察其发展趋势，预测其发展前景。对不同时期财务指标的比较有两种方法，分别是定基动态比率和环比动态比率，如图 7.20 所示。

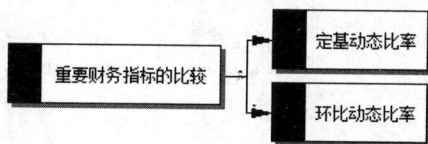

• 图 7.20　重要财务指标的比较

定基动态比率是以某一时期的数额为固定的基期数额而计算出来的动态比率，其计算公式具体如下：

$$定基动态比率 = 分析期数额 ÷ 固定基期数额 × 100\%$$

图 7.21 显示的是云南白药（000538）的利润表数据信息，在这里可以看到 2012 ～ 2017 年的利润总额数据信息。其中 2012 年利润总额为 18.30 亿元，2013 年利润总额为 27.01 亿元，2014 年利润总额为 29.10 亿元，2015 年利润总额为 32.12 亿元，2016 年利润总额为 33.98 亿元，2017 年利润总额为 36.22 亿元。下面以 2012 年为固定基期来计算 2013、2014、2015、2016、2017 年的利润增长比率。

2013 年的定基动态比率 =27.01÷18.30×100%=147.60%

2014 年的定基动态比率 =29.10÷18.30×100%=159.02%

2015 年的定基动态比率 =32.12÷18.30×100%=175.52%

2016 年的定基动态比率 =33.98÷18.30×100%=185.68%

2017 年的定基动态比率 =36.22÷18.30×100%=197.92%

财报入门与实战技巧

云南白药 000538

同花顺F10 全面解读 全新体验		最新价：88.51	涨跌幅：-1.37%	上一个股 下一个股	输入股票名称或代码

| 问重税 | 云南白药 000538 | 最新动态 新闻公告 | 公司资料 概念题材 | 股东研究 主力持仓 | 经营分析 财务概况 | 股本结构 分红融资 | 资本运作 公司大事 | 盈利预测 行业对比 |

财务诊断　财务指标　指标变动说明　资产负债构成　财务报告　杜邦分析

	2017	2016	2015	2014	2013	2012
业的投资收益(元)						
资产减值损失(元)	6483.50万	-82.36万	1861.71万	-1.38亿	1.84亿	1573.04万
管理费用(元)	3.87亿	4.84亿	4.93亿	5.52亿	4.62亿	3.79亿
销售费用(元)	36.84亿	28.40亿	27.10亿	24.30亿	20.13亿	19.61亿
财务费用(元)	7254.35万	8968.28万	1311.21万	1517.72万	786.24万	106.82万
营业外收入(元)	703.96万	8317.71万	7496.65万	9016.99万	6878.21万	4005.85万
营业外支出(元)	591.56万	1157.26万	2787.26万	985.03万	640.17万	511.43万
营业税金及附加(元)	1.70亿	1.54亿	1.04亿	9214.54万	7634.11万	7160.25万
利润总额(元)	36.22亿	33.98亿	32.15亿	29.10亿	27.01亿	18.30亿
所得税(元)	4.89亿	4.67亿	4.60亿	4.13亿	3.80亿	2.47亿
其他综合收益(元)	-2.35万	--	--	-174.67万	202.73万	-19.46万
综合收益总额(元)	31.33亿	29.31亿	27.56亿	24.96亿	23.23亿	15.83亿
归属于母公司股东的综合收益总额(元)	31.45亿	29.20亿	27.71亿	25.04亿	23.23亿	15.83亿
归属于少数股东的综合收益总额(元)	-1246.14万	1101.28万	-1526.03万	-874.98万	--	--

•图 7.21　云南白药（000538）的利润表数据信息

环比动态比率是以每一分析期的前期数额为基期数据而计算出来的动态比率，其计算公式具体如下：

环比动态比率＝分析期数额 ÷ 前期数额 ×100%

下面来计算一下云南白药（000538）的利润总额的环比动态比率。

2013 年的环比动态比率 =27.01÷18.30×100%=147.60%

2014 年的环比动态比率 =29.10÷27.01×100%=107.78%

2015 年的环比动态比率 =32.12÷29.10×100%=110.38%

2016 年的环比动态比率 =33.98÷32.12×100%=105.79%

2017 年的环比动态比率 =36.22÷33.98×100%=106.59%

（2）会计报表的比较

会计报表的比较是将连续数期的会计报表的金额并列起来，比较其相同指标的增减变动金额和幅度，据以判断企业财务状况和经营成果发展变化的一种方法。

图 7.22 显示的是云南白药（000538）的利润表数据信息，在这里可以看到 2015 ～ 2017 年的净利润的数据信息。2015 年净利润为 27.71 亿元，2016 年净利润为 29.20 亿元，2017 年利润总额为 31.45 亿元。

先来通过绝对值来分析：2016 年比 2015 年的净利润增长了 29.20−27.71=1.49（亿元），2017 比 2016 年的净利润增长了 31.45−29.20=2.25（亿元），说明 2016 年效益比 2015 年的效益要好，2017 年效益比 2016 年的效益还好。

通过相对值分析：2016 年比 2015 年的净利润增长了（29.20−27.71）÷27.71=5.38%，2017 比 2016 年的净利润增长了（31.45−29.20）÷29.20=7.71%。在这里可以看到 2016 年净利润增长为 5.38%，而 2017 年净利润增长为 7.71%，说明企业的效率越来越好了。

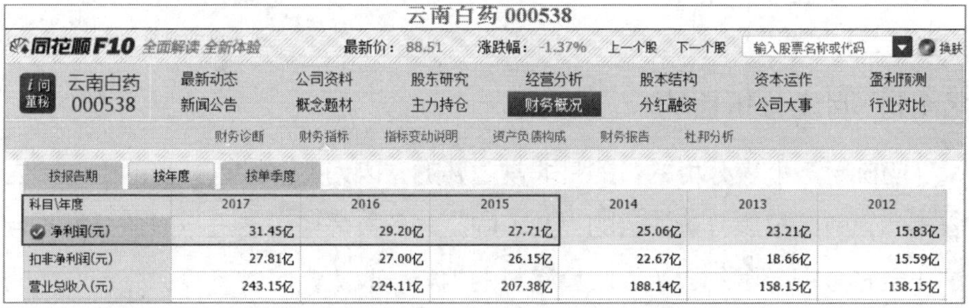

科目\年度	2017	2016	2015	2014	2013	2012
净利润(元)	31.45亿	29.20亿	27.71亿	25.06亿	23.21亿	15.83亿
扣非净利润(元)	27.81亿	27.00亿	26.15亿	22.67亿	18.66亿	15.59亿
营业总收入(元)	243.15亿	224.11亿	207.38亿	188.14亿	158.15亿	138.15亿

● 图 7.22　云南白药（000538）的净利润数据信息

2. 趋势分析法的注意事项

趋势分析法的注意事项有 3 点，具体如下。

第一，在进行对比的各个时期的指标时，计算口径必须一致。

第二，剔除偶发性项目的影响，使作为分析对象的数据能反映正常的经营状况。

第三，应用例外原则，应对某项有显著变动的指标作重点分析，研究其产生的原因，以便采取对策，趋利避害。

7.4　财务报表分析的步骤

财务报表分析一般有 5 步，分别是明确分析目的、确定分析方案、收集数据信息、整理审核数据信息、得出分析结论，如图 7.23 所示。

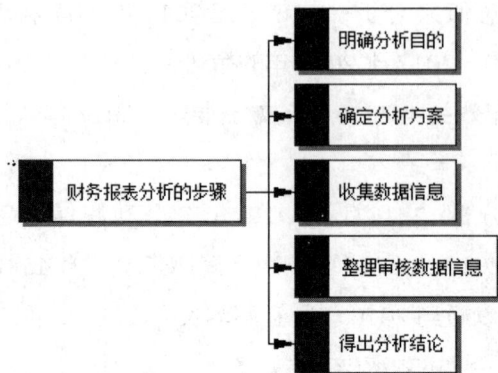

● 图 7.23　财务报表分析的步骤

7.4.1　明确分析目的

明确财务报表分析的目的是非常重要的，因为财务报表分析的主体和内容不同，财务报表分析的目的也会不同。财务报表使用者进行财务分析的目的决定着分析范围的大小、收集资料的内容、收集资料的多少，分析方法的选择等整个财务分析过程。

例如，如果你是企业管理者，那么你希望从财务报表中了解到企业的财务状况，以便进行经营决策，那么他的目标就是经营决策分析目标，是为企业产品、生产结构和发展战略方面的决策服务的，所以要重点分析企业的盈利能力、偿还能力和支付能力等。

7.4.2　确定分析方案

分析目标确定后，要根据分析问题的难易程度和可以收集到所需要分析资料的工作量大小来制定分析方案。

财务分析方案，就是要确定财务分析范围。在实际生活中，不是每一项财务分析都要全面展开，大多数财务只对某一方面展开，或者从某一侧重点进行分析，其他方面的分析只起着参考作用。

7.4.3　收集数据信息

收集数据信息要注意以下 3 点。

第一，应根据分析目的、分析范围来确定所要收集的分析资料。

第二，财务分析最基本的资料是财务报表，包括资产负债表、利润表、现金流量表等会计报表，以及会计报表附注及其财务状况和经营成果的说明。

第三，必须收集企业内部和外部及与分析目的相关的资料，如行业情况信息，债务人的信誉状况等。

7.4.4   整理审核数据信息

财务数据信息收集完成后，还需要对这些数据信息进行核实，看是否存在逻辑矛盾等情况，如发现资料数据不真实、不全面，则可以进一步查对，寻找真实原因，核实后，再对具体资料进行整理。

在整理数据信息时，可以使用各种分析方法，如比率分析法、比较分析法、趋势分析法等。这些方法各有特点，在进行财务分析时，应根据财务分析的目的来决定，财务分析的目的不同，所选择的分析方法也不同。

7.4.5   得出分析结论

财务分析的最终目的是为财务决策提供依据。运用一定的分析方法对企业财务状况和经营成果进行分析后，可总结财务管理中的一些经验和教训，发现企业财务管理中存在的问题，寻找问题存在的原因，根据管理层制定的解决问题的办法，不断改进企业的财务状况，实现企业的最终目标。

7.5   财务报表分析的局限性

财务报表分析对于了解企业的财务状况和经营业绩，评价企业的偿债能力和盈利能力，制定经济决策，都有着显着的作用。但由于种种因素的影响，财务报表分析及其分析方法也存在着一定的局限性。在分析中，应注意这些局限性的影响，以保证分析结果的正确性。

1. 会计处理方法及分析方法对报表可比性的影响

会计核算上不同的处理方法产生的数据会有差别。例如，固定资产采用直线折旧法或采用加速折旧法，折旧费也不同。企业长期投资采用成本法与采用权益法所确认的投资收益也不一样。因此，如果企业前后期会计处理方法改变，对前后期财务报表对比分析就会有影响。

同样，一个企业与另一个企业比较，如果两个企业对同一事项的会计处理采用的方法不一样，数据的可比性也会降低。所以在分析报表时，一定要注意看附注，看看企业使用的是什么方法以及方法有无变更等。

从财务报表分析方法来看，某些指标计算方法不同也会给不同企业之间的比较带来不同程度的影响。例如应收账款周转率、存货周转率等，其平均余额的计算，报表使用者由于数据的限制，往往用年初数与年末数进行平均，这样平均计算应收账款余额与存货余额，在经营业务一年内各月各季较均衡的企业尚可，但在季节性经营的企业或各月变动情况较大的情况下，如期初与期末正好是经营旺季，其平均余额就会过大，如是淡季，则又会过小，从而影响到指标的准确性。

此外，财务报表分析、指标评价要与其他企业以及行业平均指标比较才有意义。但各企业不同的情况，如环境影响、企业规模、会计核算方法的差别，会对可比性产生影响。而行业平均指标，往往是各种各样情况的综合或折衷，如果行业平均指标是采用抽样调查得到的，在抽到极端样本时，还会歪曲整个行业情况。因此，在对比分析时，应慎重使用行业平均指标，对不同企业进行比较时应注意调整一些不可比因素的影响。

2. 通货膨胀的影响

由于中国的财务报表是按照历史成本原则编制的，在通货膨胀时期，有关数据会受到物价变动的影响，使其不能真实地反映企业的财务状况和经营成果，引起报表使用者的误解。

例如，以历史成本为基础的资产价值必然小于资产当前的价值，以前以500万元购买的固定资产，重置成本可能为800万元，但账上及报表上仍反映为500万元固定资产原价。如不知道该资产是哪一年买的，仅仅靠这个数据，不能正确理解一个企业的生产规模。

进一步说，折旧费是按固定资产原价提取的，利润是扣减这种折旧费计算出来的，由于折旧费定低了，企业将无力重置价格已上涨的资产；同时由于折旧费定低了，利润算多了，可能会导致企业多交所得税，多付利润，最终可能使企业的简单再生产也难以维持。

3. 信息的时效性问题

财务报表中的数据，均是企业过去经济活动的结果。用这些数据来预测企业未来的动态，只有参考价值，并非绝对合理可靠。而且等报表使用者取得各种报表时，可能离报表编制日已过去多日。

4. 报表数据信息量的限制

由于报表本身的原因，其提供的数据是有限的。对报表使用者来说，可能不少需要使用的信息，在报表或附注中找不到。

5. 报表数据的可靠性问题

有时，企业为了使报表显示出企业良好的财务状况及经营成果，会在会计核算方法上采用其他手段来粉饰财务报表，这时财务报表分析就容易误入歧途。

以上关于财务报表分析及其分析方法局限性的种种说明并不能否定财务报表分析的积极作用，了解这些局限性，分析报表时注意它们的影响，可以提高财务报表分析的质量。

此外，报表使用者在阅读和分析企业财务报表时，一定不要忽略报表附注。仔细阅读有关附注，能使人们正确理解报表上所反映的信息，不致于产生错误的判断和结论。

第 8 章

资产负债表的实战分析技巧

资产负债表的基础知识及简单阅读在第 2 章已详细讲解过，本章讲解的是如何更进一步的从财务分析的角度来透视该表，从而大体掌握该上市公司的财务状况，为投资决策提供可靠的数据依据。

本章主要内容包括：

➤ 资产的结构分析实战技巧

➤ 负债的结构分析实战技巧

➤ 流动资产营运能力的分析实战技巧

➤ 非流动资产营运能力的分析实战技巧

➤ 短期偿债能力的分析实战技巧

➤ 长期偿债能力的分析实战技巧

➤ 总资产营运能力的分析实战技巧

8.1 资产负债表的结构分析实战技巧

资产负债表的结构分析包括两项，分别是资产的结构分析和负债的结构分析。对资产结构和负债结构的分析，使人们从两个不同的角度审视了一家企业是如何来开展其经营活动的。资产结构的分析可以让人们大略掌握该企业的资产分布状况以及企业的经营特点、行业特点、转型容易度和技术开发换代能力；而负债结构的分析则让人们了解了企业发展所需资金的来源情况，以及企业资金利用潜力和企业的安全性、独立性及稳定性。

8.1.1 资产的结构分析实战技巧

资产的结构分析，主要是研究流动资产与总资产之间的比例关系，反映这一关系的一个重要指标是流动资产率，其公式如下：

$$流动资产率 = 流动资产 \div 总资产 \times 100\%$$

打开同花顺软件，输入"云南白药"的代码 000538，然后按回车键，就可以查看云南白药（000538）的日 K 线图。接着按下键盘上的 F10 键，就可以看到云南白药（000538）的基本面资料信息。

在基本面资料信息中，单击"财务概况"，就可以看到云南白药（000538）最近几年的流动资产和总资产的数据信息，如图 8.1 所示。

2012 年的流动资产率 = 流动资产 ÷ 总资产 = 88.88 ÷ 108.04 × 100% = 82.27%

2013 年的流动资产率 = 流动资产 ÷ 总资产 = 108.94 ÷ 128.81 × 100% = 84.57%

2014 年的流动资产率 = 流动资产 ÷ 总资产 = 140.64 ÷ 163.41 × 100% = 86.07%

云南白药 000538

其他流动资产(元)	2017	2016	2015	2014	2013	2012
流动资产合计(元)	251.04亿	220.68亿	169.04亿	140.64亿	108.94亿	88.88亿
可供出售金融资产(元)	1.25亿	1.25亿	1.24亿	5880.00万	5880.00万	--
长期股权投资(元)	76.80万	--	523.54万	385.26万	162.36万	3000.00万
投资性房地产(元)	28.24万	674.25万	699.31万	724.38万	751.02万	717.39万
固定资产(元)	17.45亿	17.82亿	16.40亿	16.52亿	12.70亿	13.14亿
在建工程(元)	1.45亿	1.37亿	2.16亿	1.50亿	2.63亿	2.22亿
工程物资(元)	--	--	--	--	--	--
固定资产清理(元)	--	--	--	--	--	--
无形资产(元)	3.19亿	2.31亿	2.39亿	2.49亿	2.23亿	2.32亿
商誉(元)	1356.54万	1356.54万	1284.37万	1284.37万	1284.37万	1284.37万
长期待摊费用(元)	728.86万	950.63万	589.78万	1329.98万	1052.87万	1067.06万
递延所得税资产(元)	2.27亿	1.98亿	1.27亿	1.20亿	1.30亿	7876.30万
非流动资产合计(元)	25.99亿	25.19亿	23.87亿	22.77亿	19.87亿	19.17亿
资产总计(元)	277.03亿	245.87亿	192.91亿	163.41亿	128.81亿	108.04亿

● 图 8.1 云南白药（000538）最近几年的流动资产和总资产的数据信息

2015 年的流动资产率 = 流动资产 ÷ 总资产 = 169.04÷192.91×100%=87.63%

2016 年的流动资产率 = 流动资产 ÷ 总资产 = 220.68÷245.87×100%=89.75%

2017 年的流动资产率 = 流动资产 ÷ 总资产 = 251.04÷277.03×100%=90.62%

在这里可以看到，云南白药（000538）最近几年的流动资产率都很高，都在 80% 以上，并且每年都在增加。

流动资产率越高，说明企业生产经营活动越重要，其发展势头越旺盛；也说明企业当期投入生产经营活动的现金要比其他时期、其他企业投入的多；此时，企业的经营管理就显得格外重要。

对流动资产率这一指标的分析，一般要同行业横向对比看，同企业纵向对比看。不同的行业，该指标有不同的合理区间，纺织、中药材、化工、冶金、航空、啤酒、建材、重型机械等行业，该指标一般在 30% ～ 60% 之间，而商业批发、房地产则有可能高达 90% 以上。由于对同行业进行对比研究相对要复杂，工作量要大得多，因此，人们一般多重视同企业的历年间（至少是连续两年，即期初、期末）的纵向对比分析。

反过来说，如果一家企业的流动资产率低于合理区间，并逐年不断减少，一般来说，其业务处于萎缩之中，生产经营亮起了红灯，需及时找出原因并谋求相当对策，以求尽快脱离险境。

除了对流动资产进行分析研判外，资产结构的分析还包括对无形资产增减的分析。无形资产不断增加的企业，其开发创新能力强。图 8.2 显示的是云南白药（000538）最近几年的无形资产的数据信息。

云南白药 000538						
固定资产(元)	2017	2016	2015	2014	2013	2012
在建工程(元)	1.45亿	1.37亿	2.16亿	1.50亿	2.63亿	2.22亿
工程物资(元)	--	--	--	--	--	--
固定资产清理(元)	--	--	--	--	--	--
无形资产(元)	3.19亿	2.31亿	2.39亿	2.49亿	2.23亿	2.32亿
商誉(元)	1356.54万	1356.54万	1284.37万	1284.37万	1284.37万	1284.37万
长期待摊费用(元)	728.86万	950.63万	589.78万	1329.98万	1052.87万	1067.06万

●图 8.2 云南白药（000538）最近几年的无形资产的数据信息

在这里可以看到，2012 ~ 2016 年，云南白药（000538）的无形资产变化都不大。但从 2016 年底到 2017 年底，云南白药（000538）的无形资产从 2.31 亿元增加到 3.19 亿元，增加了 8800 万元，增加了 38%。

8.1.2　负债的结构分析实战技巧

负债的结构分析，主要是研究负债总额（流动负债＋长期负债）与所有者权益、长期负债与所有者权益之间的比例关系，前者反映了上市公司自有资金负债率，后者则反映了企业的负债经营状况。相应地，有两个衡量指标，即：自有资金负债率＝负债总额 ÷ 所有者权益，负债经营率＝长期负债 ÷ 所有者权益。

1. 自有资金负债率

自有资金负债率，也称为企业投资安全系数，用来衡量投资者对负债偿还的保障程度，其公式如下：

自有资金负债率 ＝ 负债总额 ÷ 所有者权益

图 8.3 显示的是云南白药（000538）最近几年的负债总额和所有者权益的数据信息。

云南白药 000538						

同花顺F10 全面解读 全新体验 　最新价：81.11　涨跌幅：1.39%　上一个股　下一个股　输入股票名称或代码 ▾ 换肤

i问董秘 　云南白药 000538　最新动态 新闻公告　公司资料 概念题材　股东研究 主力持仓　经营分析 财务概况　股本结构 分红融资　资本运作 公司大事　盈利预测 行业对比

财务诊断　财务指标　指标变动说明　资产负债构成　财务报告　杜邦分析

	2017	2016	2015	2014	2013	2012
递延所得税负债(元)						
其他非流动负债(元)	--	--	--	--	--	2.01亿
非流动负债合计(元)	20.35亿	20.08亿	10.87亿	11.06亿	1.94亿	2.13亿
负债合计(元)	95.60亿	87.43亿	57.63亿	50.46亿	38.52亿	36.86亿
股本(股)	10.41亿	10.41亿	10.41亿	10.41亿	6.94亿	6.94亿
资本公积金(元)	12.47亿	12.47亿	12.50亿	12.47亿	12.48亿	13.40亿
盈余公积金(元)	9.40亿	8.49亿	7.70亿	6.76亿	5.72亿	4.25亿
未分配利润(元)	148.09亿	125.88亿	103.71亿	82.21亿	65.14亿	46.51亿
外币报表折算差额(元)	--	--	--	--	--	-25.94万
归属于母公司股东权益合计(元)	180.38亿	157.26亿	134.33亿	111.85亿	90.29亿	71.10亿
少数股东权益(元)	1.05亿	1.18亿	9479.52万	1.10亿		819.48万
股东权益合计(元)	181.43亿	158.44亿	135.28亿	112.95亿	90.29亿	71.18亿

● 图 8.3　云南白药（000538）最近几年的负债总额和所有者权益的数据信息

2015 年的自有资金负债率 ＝ 负债总额 ÷ 所有者权益 ＝57.63÷135.28×100％＝42.6％

2016 年的自有资金负债率 ＝ 负债总额 ÷ 所有者权益 ＝87.43÷158.44× 100％＝55.18％

> 提醒：所有者权益就是股东权益合计，负债总额就是负债合计。

2017 年的自有资金负债率 ＝ 负债总额 ÷ 所有者权益 ＝95.60÷181.43× 100％＝52.69％

在这里可以看到云南白药（000538）最近三年的自有资金负债率很小。自有资金负债率越小，债权人得到的保障就越大，股东及企业外的第三方对公司的信心就越足，并愿意甚至主动要求借款给企业。当然，凡事需有个度，如果自有资金负债率过小，说明企业过于保守，没有充分利用好自有资金，挖掘潜力还很大。自有资金负债率的最佳值为 100％，即负债总额 ＝ 所有者权益。

自有资金负债率越大，债权人得到的保障就越小，银行及原料供应商就会持谨慎态度，甚至中止信贷或停止原料供应，并加紧催促企业还款，这样一来，已经负债累累的企业，将可能陷入资金困境而举步艰难。

此外，对这一指标的分析，也要同行业间横向比，同企业不同报告期末纵向比，另外，还要结合公司其他情况来综合分析。

2. 负债经营率

负债经营率，一般用来衡量企业的独立性和稳定性，其公式如下：

$$负债经营率 = 长期负债 \div 所有者权益$$

图 8.4 显示的是云南白药（000538）最近几年的长期负债和所有者权益的数据信息。

云南白药 000538

	2017	2016	2015	2014	2013	2012
长期应付款(元)						
专项应付款(元)	--	--	--	--	--	--
递延所得税负债(元)	57.06万	57.06万				
其他非流动负债(元)	--	--	--	--	--	2.01亿
非流动负债合计(元)	20.35亿	20.08亿	10.87亿	11.06亿	1.94亿	2.13亿
负债合计(元)	95.60亿	87.43亿	57.63亿	50.46亿	38.52亿	36.86亿
股本(股)	10.41亿	10.41亿	10.41亿	10.41亿	6.94亿	6.94亿
资本公积金(元)	12.47亿	12.47亿	12.50亿	12.47亿	12.48亿	13.40亿
盈余公积金(元)	9.40亿	8.49亿	7.70亿	6.76亿	5.72亿	4.25亿
未分配利润(元)	148.09亿	125.88亿	103.71亿	82.21亿	65.14亿	46.51亿
外币报表折算差额(元)	--	--	--	--	--	-25.94万
归属于母公司股东权益合计(元)	180.38亿	157.26亿	134.33亿	111.85亿	90.29亿	71.10亿
少数股东权益(元)	1.05亿	1.18亿	9479.52万	1.10亿	--	819.48万
股东权益合计(元)	181.43亿	158.44亿	135.28亿	112.95亿	90.29亿	71.18亿
负债和股东权益总计(元)	277.03亿	245.87亿	192.91亿	163.41亿	128.81亿	108.04亿

• 图 8.4 云南白药（000538）最近几年的长期负债和所有者权益的数据信息

2015 年的负债经营率 = 长期负债 ÷ 所有者权益 =10.87÷135.28×100%=8.04%

> 提醒：所有者权益就是股东权益合计，长期负债就是非流动负债合计。

2016 年的负债经营率 = 长期负债 ÷ 所有者权益 =20.08÷158.44×100%=12.67%

2017 年的负债经营率 = 长期负债 ÷ 所有者权益 =20.35÷181.43×100%=11.22%

从理论上说，负债经营率一般在 0.25~0.33 之间较为合适。比率过高，说明企业的独立性差；比率低，说明企业的资金来源较稳定，经营独立性强。在这里可以看到云南白药（000538）最近三年资金来源较稳定，经营独立性强。

企业在发展的过程中，通过长期负债，如银行贷款、发行债券、借款等来筹集固定资产和长期投资所需的资金，是一条较好的途径。但是，如果长期负债过大，利息支出很高，一旦企业陷入经营困境，如货款收不回、流动资金不足等情况，长期负债就会变成企业的包袱。为了避免投资这样的企业，在分析时需关注企业的利润，甚至是生产经营活动的现金流量净额，当其不足以支付当期利息，甚或已经相当紧张时，我们就需格外留神了。

8.2 流动资产营运能力的分析实战技巧

分析企业的流动资产营运能力，就是对企业短期资产营运能力的分析，是对企业资金周转状况的分析。一般来说，资金周转越快，资金利用效率越高，那么企业的管理水平越高。

分析流动资产营运能力时，一般采用的财务指标有 4 种，分别是营运资金周转率、存货周转率、应收账款周转率和流动资产周转率。

8.2.1 营运资金周转率的分析实战技巧

营运资金周转率是指年销货净额与营运资金之比，反映营运资金在一年内的周转次数。它是按照建立现代企业制度的要求，为了全面反映企业经济效益状况而设立的一个重要指标。

营运资金周转率的计算公式如下：

营运资金周转率 = 销售收入净额 ÷（平均流动资产 − 平均流动负债）

或营运资金周转率 = 销售收入净额 ÷ 平均营运资金

其中，"平均"指报表期初数与报表期末数之平均值。

下面以云南白药（000538）的财务数据为例简单说明分析。云南白药（000538）的财务数据如表 8.1 所示。

表 8.1　云南白药（000538）的财务数据　　　金额单位：亿元

项目	2018 年 6 月 30 日	2018 年 3 月 31 日
销售收入	129.74	63.37
流动资产	268.37	259.88
流动负债	77.76	76.23

提醒：上述财务数据可以在云南白药（000538）的“财务概况”中找到，如云南白药（000538）的流动负债如图 8.5 所示。

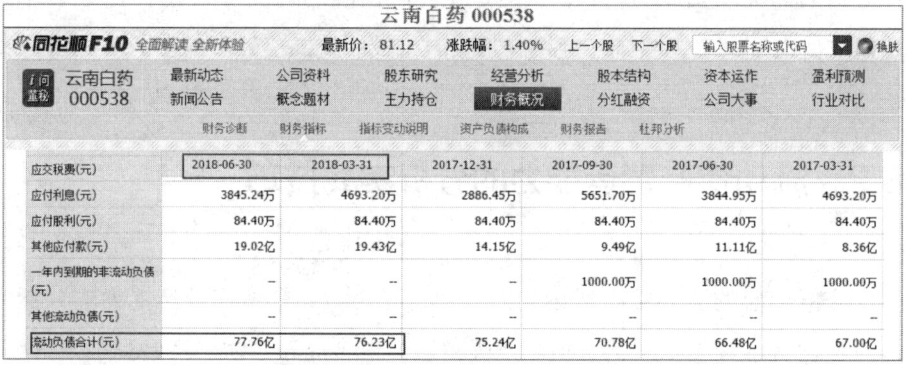
云南白药 000538

同花顺F10 全面解读 全新体验　最新价：81.12　涨跌幅：1.40%　上一个股　下一个股　输入股票名称或代码　换肤

云南白药 000538　最新动态　公司资料　股东研究　经营分析　股本结构　资本运作　盈利预测　新闻公告　概念题材　主力持仓　财务概况　分红融资　公司大事　行业对比

财务诊断　财务指标　指标变动说明　资产负债构成　财务报告　杜邦分析

应交税费(元)	2018-06-30	2018-03-31	2017-12-31	2017-09-30	2017-06-30	2017-03-31
应付利息(元)	3845.24万	4693.20万	2886.45万	5651.70万	3844.95万	4693.20万
应付股利(元)	84.40万	84.40万	84.40万	84.40万	84.40万	84.40万
其他应付款(元)	19.02亿	19.43亿	14.15亿	9.49亿	11.11亿	8.36亿
一年内到期的非流动负债(元)	--	--	--	1000.00万	1000.00万	1000.00万
其他流动负债(元)	--	--	--	--	--	--
流动负债合计(元)	77.76亿	76.23亿	75.24亿	70.78亿	66.48亿	67.00亿

• 图 8.5　云南白药（000538）的流动负债

利用表 8.1 中的财务数据来计算营运资金周转率，下面先计算营运资金。

2018 年 3 月 31 的营运资金：259.88−76.23 = 183.65 亿元。

2018 年 6 月 30 的营运资金：268.37−77.76 =190.61 亿元。

下面来计算营运资金周转率。

2018 年 3 月 31 的营运资金周转率：63.37÷183.65=0.3451。

2018 年 6 月 30 的营运资金周转率：129.74÷190.61=0.6807。

通过计算可知，云南白药（000538）的资金营运能力在上升，即企业的营运资金周转速度变快，说明企业的短期偿债能力有所增强。

不存在衡量营运资金周转率的通用标准，只有将这一指标与企业历史水平，其他企业或同行业平均水平相比才有意义。但是可以说，如果营运资金周转率过低，表明营运资金使用率太低，即相对营运资金来讲，销售不足，有潜力可挖；如果营运资金周转率过高，则表明资金不足，业务清偿债务处于危机之中。

下面讲解营运资金周转率指标在认识上的偏误。

在用营运资金周转率对企业经济效益进行评价时，一般情况下，此项比率升高，就被说成是好的，相反，则认为不好。但影响该指标升降的原因有两个：一是销售收入，另一是营运资金。在销售收入不变的情况下，营运资金增加，其周转次数减少；营运资金减少，其周转次数增加，它们呈反比关系。然而营运资金的增减并不总是意味着在完成等量的经营业务，取得等量收入前提下，资金的节约或浪费；或者以较少的资金，加快其周转，从而完成更多的经营业务。这是由营运资金的变化特点决定的，营运资金为流动资产与流动负债之差，因此营运资金周转率的变动有三种可能情况，如图 8.6所示。

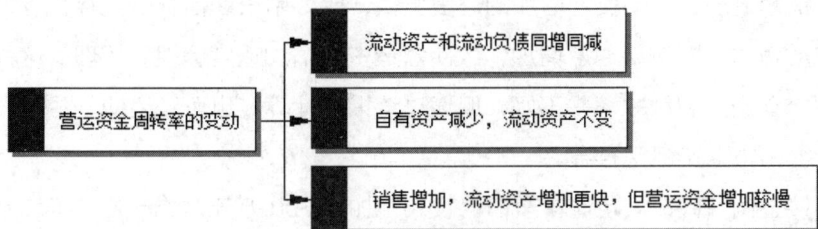

• 图 8.6 营运资金周转率的变动

1. 流动资产和流动负债同增同减

假设某企业 2017 年净销售收入为 500 万元，流动资产平均余额为 800 万元，流动负债平均余额为 550 万元，则：

营运资金周转率 =500÷（800−550）=2（次）

假设该企业年平均流动负债增加 50 万元，用于购买存货，使企业流动资金增加，但通过该指标却不能反映出这些变动情况，因为：

营运资金周转率 =500÷（850−600）=2（次）

显然，流动资金增加 50 万元，销售收入并未增加的情况下，其周转速度应减缓，但该指标计算结果周转次数仍为 2 次，这就起到了粉饰企业财务状况，掩盖企业流动资金结构中负债大量增加、利用效率降低的问题。

2. 自有资产减少，流动资产不变

自有资产减少、负债增加，即可加速营运资金的周转。还以上例为例来讲解，假设该企业年初借入流动负债 50 万元，偿还期 12 个月，由于某种原因到期未归还并延期 3 个月，并由于用银行存款购买了固定资产使流动资产总额减少了 50 万元，这样流动资产总额未变，然而流动负债却增至 600 万元。按理，企业资产流动性变差，企业处于不利的境地，但是营运资金周转率指标却反而提高，即：

$$营运资金周转率 =500÷（800-600）=2.5（次）$$

这样可能会使一些投资者得出与事实相反的结论。

3. 销售增加，流动资产增加更快，但营运资金增加较慢

销售增加，流动资产增加的速度更快，比如用长期借款购买存货等，但因流动负债同时较快速度增加，致使营运资金增加速度缓慢。按理，这种情况下流动资产利用效率并不好，但通过该指标计算，也可能会使一些信息使用者得出与事实相反的结论。

接上例，假设该企业年净销售收入增加为 600 万元，流动资产平均余额增加为 920 万元，流动负债平均余额增加为 650 万元，则：

$$营运资金周转率 =600÷（920-650）=2.222（次）$$

从上述计算也可以看出，流动资金结构的变化会影响指标的计算结果。因此，简单、片面地凭借这一指标来评价资金利用效率高低，并进而断定一家企业是营运资金不足还是销售不足，是不恰当的。在使用该指标时，应根据具体情况作适当分析。

8.2.2 存货周转率的分析实战技巧

存货周转率是企业营运能力分析的重要指标之一，在企业管理决策中被广泛地使用。存货周转率不仅可以用来衡量企业生产经营各环节中存货运营效率，而且还被用来评价企业的经营业绩，反映企业的绩效。

存货周转率是企业一定时期主营业务成本与平均存货余额的比率，是衡量和评价企业购入存货、投入生产、销售收回等各环节管理状况的综合性指标，其计算公式如下：

存货周转率（次）＝销售（营业）成本 ÷ 平均存货

其中：

平均存货＝（年初存货 + 年末存货）÷ 2

存货周转率（天）= 360 ÷ 存货周转率（次）

例如，云南白药（000538）2017 的主营业务成本为 211.09 亿元，2017 年初存货为 69.18 亿元，年末存货为 86.63 亿元。

> 提醒：上述财务数据可以在云南白药（000538）的"财务概况"中找到，如云南白药（000538）的存货如图 8.7 所示。

云南白药 000538

每股预报(元)	2017	2016	2015	2014	2013	2012
应收利息(元)	6337.98万	3140.75万	111.00万	339.98万	134.30万	125.86万
应收股利(元)	--	--	--			
其他应收款(元)	1.39亿	5808.39万	6803.76万	20.31亿	4.62亿	6803.79万
存货(元)	86.63亿	69.18亿	56.25亿	49.83亿	47.57亿	43.78亿

• 图 8.7 云南白药（000538）的存货

下面利用公式来计算存货周转率。

平均存货＝（69.18+86.63）÷ 2 = 77.91（亿元）

存货周转率（次）= 211.09 ÷ 77.91 = 2.709（次）

存货周转率（天）= 360 ÷ 2.709 ≈ 133（天）

一般情况下，该指标（周转次数）越高，表示企业资产由于销售顺畅而具有较高的流动性，存货转换为现金或应收账款的速度快，存货占用水平低。

再例如，A 公司当年营业成本为 360 万元，当年年初存货余额为 90 万元，年末存货余额为 110 万元，则其存货周转率（次数）及天数为：

存货周转率（次数）=360 ÷ [(90+110) ÷ 2]=3.6(次)

存货周转天数 =360 ÷ 3.6=100(天)

存货周转率（次数）越高，表明企业存货周转速度快，存货的占用水平越低，流动性越强；反之，存货周转速度越慢，存货储存过多，占用资金多，有积压现象。分析企业存货周转率的高低应结合同行业的存货平均水平和企业过去的存货周转情况进行判断。

下面再来看一下存货周转率指标使用时的注意事项，具体如下。

第一，存货周转率指标反映了企业存货管理水平，它不仅影响企业的短期偿债能力，也是整个企业管理的重要内容。

第二，分析存货周转率时还应对影响存货周转速度的重要项目进行分析，如分别计算原材料周转率、在产品周转率等。计算公式为：

$$原材料周转率 = 耗用原材料成本 \div 存货平均余额$$

$$在产品周转率 = 制造成本 \div 存货平均余额$$

第三，存货周转分析的目的是从不同的角度和环节找出存货管理中存在的问题，使存货管理在保证生产经营连续性的同时，尽可能少占用经营资金，提高资金的使用效率，增强企业短期偿债能力，促进企业管理水平的提高。

第四，存货周转率不但反映存货周转速度、存货占用水平，也在一定程度上反映了企业销售实现的快慢。一般情况下，存货周转速度越快，说明企业投入存货的资金从投入到完成销售的时间越短，存货转换为货币资金或应收账款等的速度越快，资金的回收速度越快。

8.2.3 应收账款周转率的分析实战技巧

企业的应收账款在流动资产中具有举足轻重的地位。公司的应收账款如能及时收回，公司的资金使用效率便能大幅提高。

应收账款周转率，又称收账比率，是指在一定时期内（通常为一年）应收账款转化为现金的平均次数，其计算公式如下：

$$应收账款周转率（次）= 赊销收入净额 \div 应收账款平均余额$$

其中，赊销收入净额 = 销售收入 - 现销收入 - 销售折扣与折让。

$$应收账款平均余额 =（期初应收账款余额 + 期末应收账款余额）\div 2$$

$$应收账款周转率（天）= 360 \div 应收账款周转率（次）$$

下面以云南白药（000538）的财务数据为例简单说明分析。云南白药（000538）的财务数据如表8.2所示。

表 8.2　云南白药（000538）的财务数据　　　金额单位：亿元

项目	2018 年 6 月 30 日	2018 年 3 月 31 日
赊销收入净额	5.24	5.69
应收账款期末余额	17.67	15.49
应收账款平均余额	16.58	13.915

> 提醒：上述财务数据可以在云南白药（000538）的“财务概况”中找到，如云南白药（000538）的应收账款如图 8.8 所示。

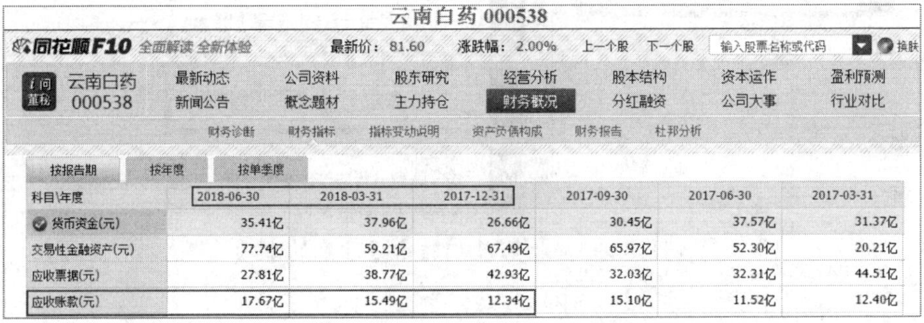

科目\年度	2018-06-30	2018-03-31	2017-12-31	2017-09-30	2017-06-30	2017-03-31
货币资金(元)	35.41亿	37.96亿	26.66亿	30.45亿	37.57亿	31.37亿
交易性金融资产(元)	77.74亿	59.21亿	67.49亿	65.97亿	52.30亿	20.21亿
应收票据(元)	27.81亿	38.77亿	42.93亿	32.03亿	32.31亿	44.51亿
应收账款(元)	17.67亿	15.49亿	12.34亿	15.10亿	11.52亿	12.40亿

• 图 8.8　云南白药（000538）的应收账款

下面先利用公式来计算 2018 年 6 月 30 日的应收账款周转率。

应收账款平均余额 =（17.67+15.49）÷2=16.58（亿元）

应收账款周转率（次）=5.24÷16.58=0.316（次）

应收账款周转率（天）=360÷0.316 ≈ 1139（天）

下面再来计算 2018 年 3 月 31 日的应收账款周转率。

应收账款平均余额 =（15.49+ 12.34）÷2=13.915（亿元）

注意这里用到了 2017 年 12 月 31 日的应收账款，在图 8.8 中可以看到。

应收账款周转率（次）=5.69÷13.915=0.4089（次）

应收账款周转率（天）=360÷0.4089 ≈ 880（天）

通过计算，可以得出企业的应收账款周转率从 2018 年 3 月到 2018 年 6 月有所上升，说明企业的营运资金在应收账款上的管理是良好的。

使用应收账款周转率要注意的事项有 6 项，分别是销售收入的赊销比例问题，应收账款年末余额的可靠性问题，应收账款的减值准备问题，应收票据是否计入应收账款周转率，应收账款周转天数是否越少越好，应收账款分析应与销售额分析、现金分析联系起来，如图 8.9 所示。

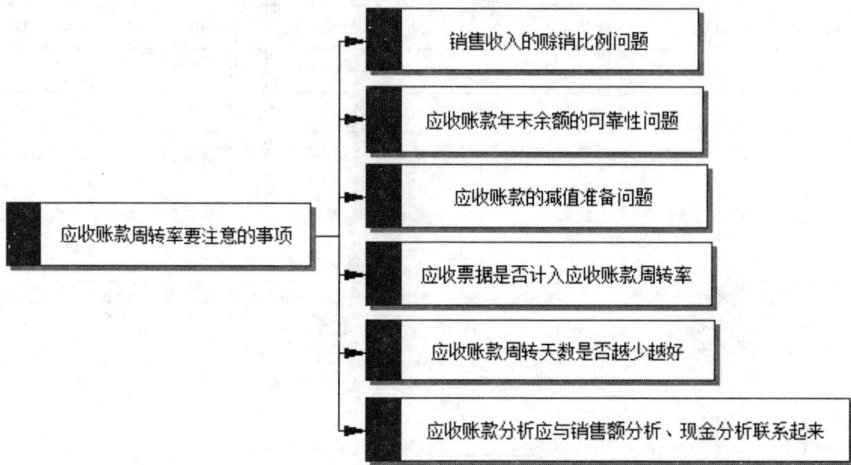

• 图 8.9　应收账款周转率要注意的事项

1. 销售收入的赊销比例问题

从理论上说应收账款是赊销引起的，计算时应使用赊销额取代销售收入。但是，外部分析人无法取得赊销的数据，只好直接使用销售收入计算。

2. 应收账款年末余额的可靠性问题

应收账款是特定时点的存量，容易受季节性、偶然性和人为因素影响。在应收账款周转率用于业绩评价时，最好使用多个时点的平均数，以减少这些因素的影响。

3. 应收账款的减值准备问题

统一财务报表上列示的应收账款是已经提取减值准备后的净额，而销售收入并没有相应减少。其结果是，提取的减值准备越多，应收账款周转天数越少。这种周转天数的减少不是好的业绩，反而说明应收账款管理欠佳。

如果减值准备的数额较大，就应进行调整，使用未提取坏账准备的应收账款计算周转天数。报表附注中应披露应收账款减值的信息，可作为调整的依据。

4. 应收票据是否计入应收账款周转率

大部分应收票据是销售形成的。只不过是应收账款的另一种形式，应将其纳入应收账款周转天数的计算，称为"应收账款及应收票据周转天数"。

5. 应收账款周转天数是否越少越好

应收账款是赊销引起的，如果赊销有可能比现金销售更有利，周转天数就不会越少越好。收现时间的长短与企业的信用政策有关。

例如，甲企业的应收账款周转天数是 18 天，信用期是 20 天；乙企业的应收账款周转天数是 15 天，信用期是 10 天。前者的收款业绩优于后者，尽管其周转天数较多。改变信用政策，通常会引起企业应收账款周转天数的变化。

6. 应收账款分析应与销售额分析、现金分析联系起来

应收账款的起点是销售，终点是现金。正常的情况是销售增加引起应收账款增加，现金的存量和经营现金流量也会随之增加。

8.2.4 流动资产周转率的分析实战技巧

流动资产周转率指企业一定时期内主营业务收入净额同平均流动资产总额的比率，流动资产周转率是评价企业资产利用率的一个重要指标。流动资产周转率的计算公式如下：

流动资产周转率（次数）＝主营业务收入净额 ÷ 平均流动资产总额

其中，主营业务收入净额是指企业当期销售产品、商品、提供劳务等主要经营活动取得的收入减去折扣与折让后的数额。

平均流动资产总额是指企业流动资产总额的年初数与年末数的平均值，即公式如下：

平均流动资产总额 ＝（流动资产年初数 ＋ 流动资产年末数）÷2

流动资产周转期（天数）＝ 计算期天数 ÷ 流动资产周转率 ＝ 计算期天数流动资产平均占用额 ÷ 销售收入净额

下面以云南白药（000538）的财务数据为例简单说明分析。云南白药（000538）的财务数据如表 8.3 所示。

表 8.3　云南白药（000538）　　　金额单位：亿元

项目	2017 年 12 月 31 日	2016 年 12 月 31 日
主营业务收入净额	243.15	224.11
流动资产期末余额	251.04	220.68
流动资产平均余额	235.86	194.86

> 提醒 上述财务数据可以在云南白药（000538）的“财务概况”中找到，如云南白药（000538）的流动资产如图 8.10 所示。

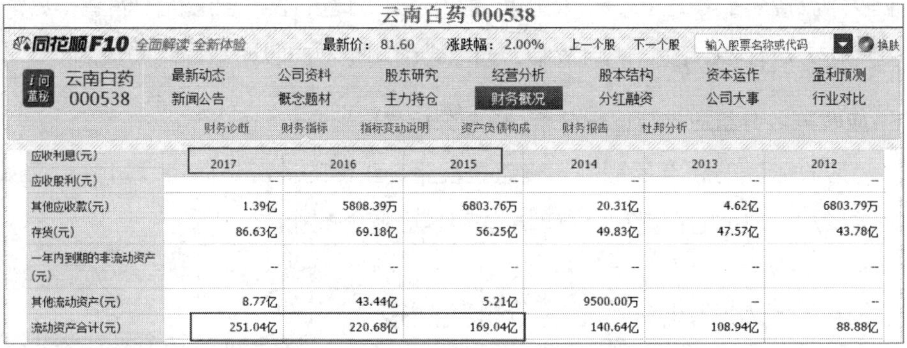

应收利息(元)	2017	2016	2015	2014	2013	2012
应收股利(元)	--	--	--	--	--	--
其他应收款(元)	1.39亿	5808.39万	6803.76万	20.31亿	4.62亿	6803.79万
存货(元)	86.63亿	69.18亿	56.25亿	49.83亿	47.57亿	43.78亿
一年内到期的非流动资产(元)	--	--	--	--	--	--
其他流动资产(元)	8.77亿	43.44亿	5.21亿	9500.00万	--	--
流动资产合计(元)	251.04亿	220.68亿	169.04亿	140.64亿	108.94亿	88.88亿

• 图 8.10　云南白药（000538）的流动资产

下面先利用公式来计算 2017 年 12 月 31 日的流动资产周转率。

2017 年主营业务收入净额 =243.15（亿元）

2017 年流动资产平均余额 =（251.04+220.68）÷ 2=235.86（亿元）

2017 年流动资产周转率（次数）=243.15 ÷ 235.86=1.031（次）

2017 年流动资产周转期（天数）=360 ÷ 1.031 ≈ 349（天）

下面再利用公式来计算 2016 年 12 月 31 日的流动资产周转率。

2016 年主营业务收入净额 =224.11（亿元）

2016 年流动资产平均余额 =（220.68+169.04）÷ 2=194.86（亿元）

注意这里用到了 2015 年 12 月 31 日的流动资产，在图 8.10 中可以看到。

2016 年流动资产周转率（次数）=224.11 ÷ 194.866=1.15（次）

2016 年流动资产周转期（天数）=360 ÷ 1.15 ≈ 313（天）

通过计算可以看出，该企业流动资产周转率从低变高，说明企业的流动资产应用能力有所上升。

下面介绍流动资产周转率的指标说明。

第一，流动资产周转率反映了企业流动资产的周转速度，是从企业全部资产中流动性最强的流动资产角度对资产的利用效率进行分析，以进一步揭示影响资产质量的主要因素。

第二，该指标将主营业务收入净额与资产中最具活力的流动资产相比较，既能反映一定时期流动资产的周转速度和使用效率，又能进一步体现每单位流动资产实现价值补偿的高与低，以及补偿速度的快与慢。

第三，要实现该指标的良性变动，应以主营业务收入增幅高于流动资产增幅作保证。在企业内部，通过对该指标的分析对比，一方面可以促进加强内部管理，充分有效地利用其流动资产，如降低成本、调动暂时闲置的货币资金创造收益等；另一方面也可以促进企业采取措施扩大生产或服务领域，提高流动资产的综合使用效率。

第四，一般情况下，该指标越高，表明企业流动资产周转速度越快，利用越好。在较快的周转速度下，流动资产会相对节约，其意义相当于流动资产投入的扩大，在某种程度上增强了企业的创收能力；而周转速度慢，则需补充流动资金参加周转，形成资金浪费，降低了企业创收能力。

8.3　非流动资产营运能力的分析实战技巧

非流动资产又称固定资产，具有占用资金多、周转速度慢、变现能力差等特点。分析非流动资产营运能力主要从两个方面入手，分别是非流动资产利用效率和非流动资产变动情况。

非流动资产利用效率的分析有两种方法，分别是固定资产周转率、固定资产产值率。

非流动资产变动情况的分析有 5 种方法，分别是固定资产增长率、固定资产更新率、固定资产退废率、固定资产损失率、固定资产净值率，如图 8.11 所示。

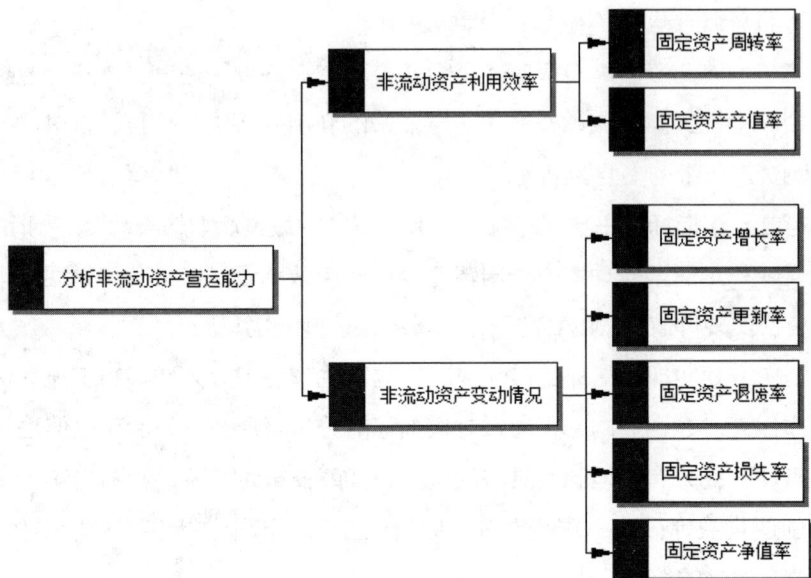

•图 8.11　分析非流动资产营运能力

8.3.1　固定资产周转率的分析实战技巧

固定资产周转率也称固定资产利用率，是企业年主营业务收入净额与固定资产净值的比率。它是反映企业固定资产周转情况，从而衡量固定资产利用效率的一项指标。固定资产周转率的计算公式具体如下：

固定资产周转率（次数）＝主营业务收入净额 ÷ 固定资产净值

其中固定资产净值 =（期初净值 + 期末净值）÷ 2

固定资产周转期（天数）＝计算期天数 ÷ 固定资产周转率（次数）

下面以云南白药（000538）的财务数据为例简单说明分析。云南白药（000538）的财务数据如表 8.4 所示。

表 8.4　云南白药（000538）　　　金额单位：亿元

项目	2017 年 12 月 31 日	2016 年 12 月 31 日
主营业务收入净额	243.15	224.11
固定资产期末余额	17.45	17.82
固定资产平均余额	17.635	60.92

> 提醒：上述财务数据可以在云南白药（000538）的"财务概况"中找到，如云南白药（000538）的固定资产如图8.12所示。

<table>
<tr><th colspan="7">云南白药 000538</th></tr>
</table>

同花顺F10 全面解读 全新体验			最新价：81.60	涨跌幅：2.00%	上一个股 下一个股	输入股票名称或代码 换肤

云南白药 000538	最新动态 新闻公告	公司资料 概念题材	股东研究 主力持仓	经营分析 财务概况	股本结构 分红融资	资本运作 公司大事	盈利预测 行业对比

	财势诊断	财务指标	指标变动说明	资产负债构成	财务报告	杜邦分析

一年内到期的非流动资产（元）	2017	2016	2015	2014	2013	2012
其他流动资产（元）	8.77亿	43.44亿	5.21亿	9500.00万	--	--
流动资产合计（元）	251.04亿	220.68亿	169.04亿	140.64亿	108.94亿	88.88亿
可供出售金融资产（元）	1.25亿	1.25亿	1.24亿	5880.00万	5880.00万	
长期股权投资（元）	76.80万	--	523.54万	385.26万	162.36万	3000.00万
投资性房地产（元）	28.24万	674.25万	699.31万	724.38万	751.02万	717.39万
固定资产（元）	17.45亿	17.82亿	16.40亿	16.52亿	12.70亿	13.14亿

• 图 8.12 云南白药（000538）的固定资产

下面先利用公式来计算 2017 年 12 月 31 日的固定资产周转率。

2017 年主营业务收入净额 =243.15（亿元）

2017 年流动资产平均余额 =（17.45+17.82）÷2=17.635（亿元）

2017 年流动资产周转率（次数）=243.15÷17.635=13.788（次）

2017 年流动资产周转期（天数）=360÷13.788 ≈ 26（天）

下面再利用公式来计算 2016 年 12 月 31 日的固定资产周转率。

2016 年主营业务收入净额 =224.11（亿元）

2016 年流动资产平均余额 =（17.82+16.4）÷2=17.11（亿元）

注意这里用到了 2015 年 12 月 31 日的固定资产，在图 8.12 中可以看到。

2016 年流动资产周转率（次数）=224.11÷17.11=13.098（次）

2016 年流动资产周转期（天数）=360÷13.098 ≈ 27（天）

通过计算可知，该企业 2017 年固定资产周转率比 2016 年略有提升，表明企业对固定资产的利用效率有所提高，反映出企业固定资产营运能力有所提升。

下面来看一下固定资产周转率的注意事项。

第一，固定资产周转率的分母采用平均固定资产净值，因此指标的比较将受到折旧方法和折旧年限的影响，应注意其可比性问题。

第二，同行业的主营业务收入没有变化，但由于企业每年对固定资产计提折扣，固定资产值逐年减少，因此固定资产周转率会逐年呈上升趋势。

第三，固定资产周转率不存在绝对合理的标准，不同的行业、不同的地区、不同的时期固定资产周转率都会有较大的差异。

第四，当企业固定资产净值率过低（如因资产陈旧或过度计提折旧），或者当企业属于劳动密集型企业时，这一比率就可能没有太大的意义。

8.3.2　固定资产产值率的分析实战技巧

固定资产产值率是指一定时期内总产值与固定资产平均总值之间的比率，或每百元固定资产提供的总产值。固定资产产值率的计算公式具体如下：

$$固定资产产值率 = 总产值 \div 固定资产平均总值$$

公式中的分母项目是采用固定资产原值还是采用固定资产净值，目前尚有两种观点。一种观点主张采用固定资产原值计算，理由是：固定资产生产能力并非随着其价值的逐步转移而相应降低，比如，一种设备在其全新时期和半新时期往往具有同样的生产能力；再则，用原值便于企业不同时间或不同企业进行比较，如果采用净值计算，则失去可比性。另一种观点主张采用固定资产净值计算，理由是：固定资产原值并非一直全部都被企业占用着，其价值小的磨损部分已逐步通过折旧收回，只有采用净值计算，才能真正反映一定时期内企业实际占用的固定资金；实际上，单纯地采用哪一种计价方法都会难免偏颇；为了既从生产能力又从资金占用两个方面来考核企业的固定资产利用水平，必须同时采用原值和净值两种计价标准，才能从不同角度全面地反映企业固定资产利用的经济效益。

固定资产产值率是一个综合性指标，受多种因素的影响，在众多的因素中固定资产本身的因素最为重要。全部固定资产原值平均余额中，生产用固定资产占多少，在生产用固定资产中，生产设备占多少，都会影响到固定资产的利用效果。将固定资产产值率进行如下分解：

$$固定资产产值率 = 总产值 \div 固定资产平均总值$$

=（总产值 ÷ 生产设备平均总值）×（生产设备平均总值 ÷ 生产用固定资产平均总值）×（生产用设备平均总值 ÷ 固定资产平均总值）

= 生产设备产值率 × 生产设备占生产用固定资产的构成率 × 生产用固定资产构成率

从分解后的公式中可以看出：生产设备产值率是反映生产设备能力和时间的利用效果，它的数值大小直接影响着生产用固定资产的利用效果，进而影响全部固定资产的产值率。生产设备占生产用固定资产比重和生产用固定资产占全部固定资产平均总值比重，反映了企业固定资产的结构状况和配置的合理程度，其比重越大，则全部固定资产产值率就越高。因此，在分析固定资产产值率时应从固定资产的配置和利用两个方面进行。特别是要提高生产设备的利用效果，不断提高其单位时间的产量，才能提高固定资产产值率。

固定资产产值率的分析是以实际数与计划数、上期实际数或历史最好水平进行比较，从中找出影响该指标的不利因素，由此对企业固定资产利用效果做出评价。

下面以云南白药（000538）的财务数据为例简单说明分析。云南白药（000538）的财务数据如表 8.5 所示。

表 8.5　步长制药（603858）的财务数据　　　金额单位：亿元

项目	计划	实际
工业总产值	8	7
工业设备平均总值	1.28	1.575
生产用固定资产平均总值	2.56	2.626
全部固定资产平均总值	3.2	3.5

先来计算该企业的计划固定资产产值率，具体计算如下：

（8÷1.28）×（1.28÷2.56）×（2.56÷3.2）=6.25×0.5×0.8=2

再来计算该企业的实际固定资产产值率，具体计算如下：

（7÷1.575）×（1.575÷2.626）×（2.626÷3.5）=4.44×0.6×0.75=2.5

这样实际固定资产产值率与计划固定资产产值率之间的差为 2-2.5=-0.5

必须说明，固定资产产值率是一个比较综合的指标，容易计算，在考核固定资金利用效果中具有一定的作用。但是，也应该看到这个指标的局限性，由于按工厂法计算的总产值在有些情况下，不能真实地反映企业的生产成果，这也就连锁影响了固定资产产值率指标的正确性。

8.3.3 固定资产增长率的分析实战技巧

固定资产增长率是指一定时期内增加的固定资产原值对原有固定资产数额的比率。固定资产增长率的计算公式具体如下：

固定资产增长率 = （期末固定资产总值 − 期初固定资产总值）÷

期初固定资产总值 × 100%

图 8.13 显示的是云南白药（000538）2017 年的固定资产原值的数据信息。

19、固定资产

（1）固定资产情况

单位：元

项目	房屋、建筑物	机器设备	运输工具	电子设备	其他	合计
一、账面原值：						
1.期初余额	1,550,491,395.20	828,889,209.90	48,232,964.38	64,063,904.66	3,042,795.32	2,494,720,269.46
2.本期增加金额	21,474,502.14	71,150,490.54	58,416.25	9,138,879.34		101,822,288.27
（1）购置	1,714,600.65	61,483,667.29	58,416.25	8,917,557.46		72,174,241.65
（2）在建工程转入		9,666,823.25		221,321.88		9,888,145.13
（3）企业合并增加						
（4）其他	19,759,901.49					19,759,901.49
3.本期减少金额	2,008,910.00	21,486,591.97	451,783.92	2,709,728.71		26,657,014.60
（1）处置或报废	2,008,910.00	21,486,591.97	451,783.92	2,709,728.71		26,657,014.60
(2) 转出						
（3）其他						
4.期末余额	1,569,956,987.34	878,553,108.47	47,839,596.71	70,493,055.29	3,042,795.32	2,569,885,543.13

● 图 8.13　云南白药（000538）2017 年的固定资产原值的数据信息

固定资产增长率 = （2569885543.13−2494720269.46）÷2494720269.46 × 100% = 3.013%

云南白药（000538）2017 的固定资产增长率为正，即企业产能在扩张，但扩张速度较慢。

在分析固定资产增长时，投资者需分析增长部分固定资产的构成，对于增长的固定资产大部分还处于在建工程状态，投资者需关注其预计竣工时间，待其竣工，必将对竣工当期利润产生重大影响；如果增长的固定资产在本年度较早月份已竣工，则其效应已基本反映在本期报表中，投资者希望其未来收益在此基础上再有大幅增长已不太现实。

需要注意的是，固定资产的增长应结合具体原因进行分析，看其增长是否合理。一般来说，企业增加生产设备，生产也应相应的增长，这样才能保证固定资产使用的经济效益。如果是非生产用固定资产，也应考虑企业的经济承受能力。

8.3.4　固定资产更新率的分析实战技巧

固定资产更新率是指一定时期内新增加的固定资产原值与期初全部固定资产原值的比率。固定资产更新率是考核固定资产动态状况的指标，反映固定资产在计算期内更新的规模和速度。

固定资产更新率的计算公式具体如下：

固定资产更新率＝本期新增的固定资产总额（原值）÷

期初固定资产总额（原值）×100%

下面来计算云南白药（000538）2017 年的固定资产更新率。

本期新增的固定资产总额＝101822288.27（元）

> 提醒：本期新增的固定资产总额≠期末固定资产总值—期初固定资产总值。本期新增的固定资产总额－本期减少的固定资产总额＝期末固定资产总值—期初固定资产总值。这些数据在图 8.13 中可以找到。

期初固定资产总额＝2494720269.46（元）

固定资产更新率＝101822288.27÷2494720269.46×100%＝4.082%

固定资产更新率，是反映企业现有固定资产中，经过更新的占多大比重，也反映了固定资产在一定时期内更新的规模和速度。在评价企业固定资产更新的规模和速度时，也应结合具体情况进行分析，企业为了保持一定的生产规模和生产能力，必须对设备进行更新是合理的，但如果更新设备只是为盲目扩大生产，就不合理了。

从固定资产更新率的公式可以看出，固定资产更新率受两个方面因素的影响，具体如下。

（1）受到期初固定资产总额的影响

期初固定资产体现着原有固定资产的规模，这一数值越大，在其他条件不变的情况下，其固定资产更新的速度越缓慢，即固定资产更新率越低。

（2）受到新增固定资产数额的影响

在一定的计算期内，其期初固定资产总额是计算固定资产更新率的前提条件和基础。

因此，在计算固定资产更新率的公式中期初的固定资产数额是已经确定的常量，它是实实在在的期初数额的真实反映，在这种条件下，固定资产的更新率直接受本期新增固定资产数额的影响，即本期新增的固定资产越多，其固定资产的更新率越高，固定资产更新的规模越大，速度越快。

8.3.5 固定资产退废率的分析实战技巧

固定资产退废率又称固定资产报废率，是指企业一定时期内报废清理的固定资产与期初固定资产原值的比率。企业固定资产的退废应与更新相适应，这样才能维持再生产。退废数额中不包括固定资产盘亏和损坏的数额。

固定资产退废率的计算公式如下：

$$固定资产退废率 = 本期退废固定资产总值（原值）÷$$

$$期初固定资产总值（原值）× 100\%$$

图 8.14 显示的是云南白药（000538）2017 年的报废固定资产原值的数据信息。

（1）固定资产情况

单位：元

项目	房屋、建筑物	机器设备	运输工具	电子设备	其他	合计
一、账面原值：						
1.期初余额	1,550,491,395.20	828,889,209.90	48,232,964.38	64,063,904.66	3,042,795.32	2,494,720,269.46
2.本期增加金额	21,474,502.14	71,150,490.54	58,416.25	9,138,879.34		101,822,288.27
（1）购置	1,714,600.65	61,483,667.29	58,416.25	8,917,557.46		72,174,241.65
（2）在建工程转入		9,666,823.25		221,321.88		9,888,145.13
（3）企业合并增加						
（4）其他	19,759,901.49					19,759,901.49
3.本期减少金额	2,008,910.00	21,486,591.97	451,783.92	2,709,728.71		26,657,014.60
（1）处置或报废	2,008,910.00	21,486,591.97	451,783.92	2,709,728.71		26,657,014.60
（2）转出						
（3）其他						

● 图 8.14　云南白药（000538）2017 年的报废固定资产原值的数据信息

下面来计算云南白药（000538）2017 年的固定资产退废率。

本期退废固定资产总值 = 26657014.60（元）

期初固定资产总额 = 2494720269.46（元）

固定资产退废率 = 26657014.60 ÷ 2494720269.46 × 100% = 1.085%

固定资产的报废分两种情况，一种是固定资产的使用寿命已到，其资产陈旧、磨损严重，无法继续使用而被报废。另一种是由于科学技术的发展进步，新型的、生产效率更高的固定资产的出现将技术落后的固定资产淘汰造成的旧固定资产的停止使用。专用固定资产所生产出的产品被新型产品所替代，而使其淘汰也存在专用固定资产报废的可能。

无论是哪一种固定资产的报废，其结果都是退出固定资产的使用过程。这一报废的发生对于某一项固定资产是在其使用过程中的某一个时点，而对整个企业的固定资产的规模来讲，其整体固定资产的报废程序是以一个阶段去考核的。因此，固定资产退废率是考核固定资产退废程序的动态指标。

下面来看一下固定资产退废率的分析注意事项。

固定资产退废率反映的是期初固定资产总额中报废和清理的固定资产的部分，这就意味着这一部分固定资产退出使用过程。其退废率越高，意味着退出使用的固定资产数额越多。在不考虑其他因素的情况下，这就意味着企业生产能力的萎缩，生产率的下降。但其固定资产退废率并非人为控制指标，其指标是固定资产有形磨损和无形磨损的客观反映，退废率的提高说明企业固定资产趋于陈旧，企业如果要维持固定资产的再生产，必须要有相应的固定资产予以更新。

因此，对于固定资产退废率的考核要与固定资产的更新率相比较，当同期固定资产的退废率低于固定资产的更新率，说明企业固定资产投资率规模的增加，这一增加如适度，有利于企业生产规模的扩大和生产率的提高。如果固定资产退废率高于同期固定资产更新率，一般来讲，反映的是企业生产能力的萎缩和生产率的降低。

宏观经济分析上，固定资产退废率在考虑固定资产的投资规模和项目的安排时，也具有积极的参考意义，其固定资产退废率较大的行业和部门即为未来固定资产项目贷款的新投向，只有这样才能保证社会生产的顺利进行。

8.3.6 固定资产损失率的分析实战技巧

固定资产损失率是指企业一定时期内因盘亏和毁损的固定资产等原因，而造成的固定资产损失数与期初固定资产原值的比率。固定资产损失率的计算公式如下：

$$固定资产损失率 = 本期盘亏、毁损固定资产价值 \div$$

$$期初固定资产原值 \times 100\%$$

图 8.15 显示的是云南白药（000538）2017 年的固定资产原值和累计折旧的数据信息。

（1）固定资产情况

单位：元

项目	房屋、建筑物	机器设备	运输工具	电子设备	其他	合计
一、账面原值：						
1.期初余额	1,550,491,395.20	828,889,209.90	48,232,964.38	64,063,904.66	3,042,795.32	2,494,720,269.46
2.本期增加金额	21,474,502.14	71,150,490.54	58,416.25	9,138,879.34		101,822,288.27
（1）购置	1,714,600.65	61,483,667.29	58,416.25	8,917,557.46		72,174,241.65
（2）在建工程转入		9,666,823.25		221,321.88		9,888,145.13
（3）企业合并增加						
（4）其他	19,759,901.49					19,759,901.49
3.本期减少金额	2,008,910.00	21,486,591.97	451,783.92	2,709,728.71		26,657,014.60
（1）处置或报废	2,008,910.00	21,486,591.97	451,783.92	2,709,728.71		26,657,014.60
(2) 转出						
（3）其他						
4.期末余额	1,569,956,987.34	878,553,108.47	47,839,596.71	70,493,055.29	3,042,795.32	2,569,885,543.13
二、累计折旧						
1.期初余额	240,951,782.94	352,635,405.74	26,191,586.62	39,631,987.89	2,357,089.00	661,767,852.19

● 图 8.15 云南白药（000538）2017 年的固定资产原值和累计折旧的数据信息

下面来计算云南白药（000538）的固定资产损失率。

本期盘亏、毁损固定资产价值 = 661767852.19（元）

期初固定资产总额 = 2494720269.46（元）

固定资产损失率 = 661767852.19 ÷ 2494720269.46 × 100% = 26.527%

固定资产损失率，反映企业固定资产盘亏及毁损而造成的固定资产损失程度。在分析时，应查清原因，分清责任，并根据分析结果采取相应的改进措施，以减少、杜绝盘亏毁损现象。

8.3.7 固定资产净值率的分析实战技巧

固定资产净值率又称固定资产有用系数，是指企业固定资产净值与固定资产原值的比率。固定资产净值率反映固定资产的新旧程度，其计算公式如下：

$$固定资产净值率 = 固定资产净值 ÷ 固定资产原值 × 100\%$$

其中固定资产净值 = 固定资产原值 - 累计折旧。

> 提醒：固定资产净额 = 固定资产原值 - 累计折旧 - 减值准备。投资者在资产负债表中看到的固定资产，就是固定资产净额。

下面来计算云南白药（000538）的固定资产净值率。

固定资产净值率 =（2494720269.46 - 661767852.19）÷ 2494720269.46 × 100% = 73.473%

固定资产净值率值越大，表明公司的经营条件相对较好；反之，则表明公司固定资产较旧，须投资进行维护和更新，经营条件相对较差。

> 提醒：这些数据在图 8.15 中可以找到。

8.4 短期偿债能力的分析实战技巧

短期偿债能力的分析主要是研究流动资产与流动负债之间的关系，不太强调获利能力的重要性，这是由于流动资产在短期内可以转换为现金用于偿付流动负债。

8.4.1 什么是短期偿债能力

短期偿债能力是企业偿还流动负债的能力，短期偿债能力的强弱取决于流动资产的流动性，即资产转换成现金的速度。企业流动资产的流动性强，相应的短期偿债能力也强。

8.4.2 影响短期偿债能力的因素

短期偿债能力受多种因素的影响，包括行业特点、经营环境、生产周期、资产结构、流动资产运用效率等。仅凭某一期的单项指标，很难对企业短期偿债能力作出客观评价。因此，在分析短期偿债能力时，一方面应结合指标的变动趋势，动态地加以评价；另一方面，要结合同行业平均水平，进行横向比较分析。同时，还应进行预算比较分析，以便找出实际与预算目标的差距，探求原因，解决问题。

一些在财务报表中没有反映出来的因素，也会影响企业的短期偿债能力，甚至影响力相当大。增加偿债能力的因素有：可动用的银行贷款指标、准备很快变现的长期资产和偿债能力声誉。减少偿债能力的因素有：未作记录的或有负债、担保责任引起的或有负债等。财务报表的使用者，多了解一些这方面的情况，有利于作出正确的判断。

8.4.3 短期偿债能力的衡量指标

短期偿债能力的衡量指标有 5 个，分别是营运资金、流动比率、速动比率、现金比率和企业支付能力系数，如图 8.16 所示。

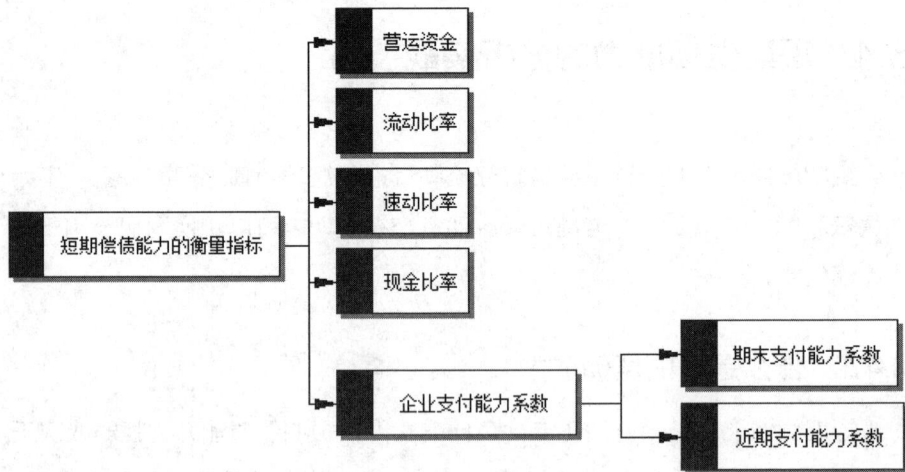

• 图 8.16 短期偿债能力的衡量指标

1. 营运资金

营运资金是指流动资产减去流动负债后的差额，也称净营运资金，表示企业的流动资产在偿还全部流动负债后还有多少剩余。营运资金计算公式具体如下：

$$营运资金 = 流动资产 - 流动负债$$

2018 年 6 月 30 日，云南白药（000538）的流动资产为 268.37 亿元；流动负债为 77.76 亿元。

营运资金 = 流动资产 - 流动负债 =268.37-77.76=190.61 亿元。

> 提醒：上述财务数据可以在云南白药（000538）的"财务概况"中找到，如云南白药（000538）的流动负债如图 8.17 所示。

同花顺 F10 全面解读 全新体验	最新价：79.87	涨幅：-2.12%	上一个股	下一个股	输入股票名称或代码	换肤
云南白药 000538	最新动态 新闻公告	公司资料 概念题材	股东研究 主力持仓	经营分析 财务概况	股本结构 分红融资	资本运作 公司大事	盈利预测 行业对比

	财务诊断	财务指标	指标变动说明	资产负债构成	财务报告	杜邦分析

	2018-06-30	2018-03-31	2017-12-31	2017-09-30	2017-06-30	2017-03-31
应付利息(元)						
应付股利(元)	84.40万	84.40万	84.40万	84.40万	84.40万	84.40万
其他应付款(元)	19.02亿	19.43亿	14.15亿	9.49亿	11.11亿	8.36亿
一年内到期的非流动负债(元)	--	--	--	1000.00万	1000.00万	1000.00万
其他流动负债(元)	--	--	--	--	--	--
流动负债合计(元)	77.76亿	76.23亿	75.24亿	70.78亿	66.48亿	67.00亿

• 图 8.17　云南白药（000538）的流动负债

从财务观点看，如果流动资产高于流动负债，表示企业具有一定的短期偿付能力。该指标越高，表示企业可用于偿还流动负债的资金越充足，企业的短期偿付能力越强，企业所面临的短期流动性风险越小，债权人安全程度越高。

因此，可将营运资金作为衡量企业短期偿债能力的绝对数指标。对营运资金指标进行分析，可以从静态上评价企业当期的短期偿债能力状况，也可从动态上评价企业不同时期短期偿债能力的变动情况。

2. 流动比率

流动比率是指流动资产与流动负债的比率，表示每一元的流动负债有多少流动资产作为偿还保证。其计算公式如下。

$$流动比率 = 流动资产 \div 流动负债 \times 100\%$$

2018 年 6 月 30 日，云南白药（000538）的流动比率计算如下：

$$流动比率 = 268.37 \div 77.76 \times 100\% = 345.126\%$$

一般认为，或从债权人立场上说，流动比率越高越好，表示企业的偿付能力越强，企业所面临的短期流动性风险越小，债权越有保障，借出的资金越安全。但从经营者和所有者角度看，并不一定要求流动比率越高越好，在偿债能力允许的范围内，根据经营需要，进行负债经营也是现代企业经营的策略之一。

因此，从一般经验看，流动比率为 200% 时，认为是比较合适的。此时，企业的短期偿债能力较强，对企业的经营也比较有利。

对流动比率的分析，可以从静态和动态两个方面进行。从静态上分析，就是计算并分析某一时点的流动比率，同时可将其与同行业的平均流动比率进行比较；从动态上分析，就是将不同时点的流动比率进行对比，研究流动比率变动的特点及其合理性。

3. 速动比率

速动比率又称酸性试验比率，是指企业的速动资产与流动负债的比率，用来衡量企业流动资产中速动资产变现偿付流动负债的能力。其计算公式如下：

$$速动比率 = 速动资产 \div 流动负债 \times 100\%$$

$$其中，速动资产 = 流动资产 - 存货$$

2018 年 6 月 30 日，云南白药（000538）的存货信息如图 8.18 所示。

	2018-06-30	2018-03-31	2017-12-31	2017-09-30	2017-06-30	2017-03-31
预付账款(元)	--	--	--	--	--	--
应收利息(元)	6389.86万	5269.61万	6357.98万	2817.52万	2817.52万	2978.30万
应收股利(元)	--	--	--	--	--	--
其他应收款(元)	2.46亿	3.36亿	1.39亿	1.46亿	8838.12万	1.32亿
存货(元)	89.90亿	89.76亿	86.63亿	85.73亿	79.33亿	75.78亿
一年内到期的非流动资产(元)	--	--	--	--	--	--
其他流动资产(元)	9.63亿	9.79亿	8.77亿	5.42亿	16.60亿	36.81亿
流动资产合计(元)	268.37亿	259.88亿	251.04亿	241.44亿	234.75亿	227.34亿

• 图 8.18 云南白药（000538）的存货信息

2018 年 6 月 30 日，云南白药（000538）的速动比率计算如下：

$$速动比率 = （流动资产 - 存货）\div 流动负债 = （268.37 - 89.90）\div$$
$$77.76 \times 100\% = 229.514\%$$

速动比率可以用作流动比率的辅助指标。用速动比率来评价企业的短期偿债能力，消除了存货等变现能力较差的流动资产项目的影响，可以部分地弥补流动比率指标存在的缺陷。在一些存货等项目短期变现弱的企业，流动比率较高时，流动资产中可以立即变现用来支付债务的资产较少，其偿债能力也不理想；反之，在一些流动资产项目短期变现能力高的的企业，即使速动比率较低，但流动资产中的大部分项目都可以在较短的时间内转化为现金，其偿债能力也会很强。所以，不能单纯的说流动比率与速动比率哪一个更准确，应将两者结合起来，结合企业的具体情况而论。

一般认为，在企业的全部流动资产中，存货大约占 50%。所以，速动比率的一般标准为 100%，就是说，每一元的流动负债，都有一元几乎可以立即变现的资产来偿付。如果速动比率低于 100%，一般认为偿债能力较差，但分析时还要结合其他因素进行评价。

4. 现金比率

现金比率是企业现金类资产与流动负债的比率。现金类资产包括企业所拥有的货币资金和持有的有价证券（即资产负债表中的短期投资）。它是速动资产扣除应收账款后的余额，由于应收账款存在着发生坏账损失的可能，某些到期的账款也不一定能按时收回，因此速动资产扣除应收账款后计算出来的金额，最能反映企业直接偿付流动负债的能力。现金比率的计算公式具体如下：

$$现金比率 = 现金类资产 \div 流动负债 \times 100\%$$
$$= （货币资金 + 有价证券或短期投资）\div 流动负债 \times 100\%$$
$$= （速动资产 - 应收账款）\div 流动负债 \times 100\%$$
$$= （流动资产 - 存货 - 应收账款）\div 流动负债 \times 100\%$$

2018 年 6 月 30 日，云南白药（000538）的应收账款信息如图 8.19 所示。

科目\年度	2018-06-30	2018-03-31	2017-12-31	2017-09-30	2017-06-30	2017-03-31
货币资金(元)	35.41亿	37.96亿	26.66亿	30.45亿	37.57亿	31.37亿
交易性金融资产(元)	77.74亿	59.21亿	67.49亿	65.97亿	52.30亿	20.21亿
应收票据(元)	27.81亿	38.77亿	42.93亿	32.03亿	32.31亿	44.51亿
应收账款(元)	17.67亿	15.49亿	12.34亿	15.10亿	11.52亿	12.40亿
预付账款(元)	7.11亿	5.02亿	4.18亿	5.01亿	3.95亿	4.65亿

• 图 8.19　云南白药（000538）的应收账款信息

2018 年 6 月 30 日，云南白药（000538）的现金比率计算如下：

现金比率 ＝ 现金类资产 ÷ 流动负债 ＝（流动资产 − 存货 − 应收账款）

÷ 流动负债 ＝（268.37 − 89.90 − 17.67）÷ 77.76 × 100% = 206.79%

虽然现金比率最能反映企业直接偿付流动负债的能力，这个比率越高，说明企业偿债能力越强。但是，如果企业停留过多的现金类资产，现金比率过高，就意味着企业流动负债未能合理地运用，经常以获得能力低的现金类资产保持着，这会导致企业机会成本的增加。通常现金比率保持在 30% 左右为宜。

5. 企业支付能力系数

企业支付能力系数是反映企业短期偿债能力的重要指标。根据企业支付能力反映的具体时间的差异，支付能力系数可以分为期末支付能力系数和近期支付能力系数两种。

（1）期末支付能力系数

期末支付能力系数是指期末货币资金额与急需支付款项之比。其计算公式如下：

期末支付能力系数 ＝ 期末货币资金 ÷ 急需支付款项

其中，急需支付款项包括逾期未缴款项、逾期银行借款、逾期应付款项等。该指标大于或等于 1，说明企业有支付能力；反之，说明企业支付能力差。期末支付能力系数的值越低，说明企业支付能力越差。

（2）近期支付能力系数

近期支付能力系数是指在近期可用于支付的资金与近期需要支付的资金

之间的比值。其计算公式如下：

近期支付能力系数 = 近期可用于支付的资金 ÷ 近期需要支付的资金

近期支付能力系数指标在计算时必须注意以下 4 个问题。

第一，这里所说的近期，可根据企业的实际支付情况而定，可以是三天、五天，也可十天或半月，当然也可计算企业当天的支付能力。

第二，该指标分子和分母的口径应一致，即分子和分母所说的近期相同，企业可用于支付的资金数额，包括现金、银行存款、近期可收回的应收款、近期现销收入、其他可收回的资金等。

第三，近期需要支付的资金，是指到最后支付时点企业需要支付的资金数额，包括已经到期需要归还的各种负债、近期将要到期的负债，以及近期其他应付款或预交款等。

第四，企业近期支付能力系数对于评价企业短期或近期的偿债能力状况和财务状况有着重要的作用。当近期支付能力系数大于或等于 1 时，说明企业近期支付能力较好；反之，则说明企业近期支付能力较差。该指标越低，说明近期支付能力越差。

8.4.4 短期偿债能力的分析方法

短期偿债能力的分析主要进行流动比率的同业比较、历史比较和预算比较分析。

1. 同业比较

同业比较包括同业先进水平、同业平均水平和竞争对手比较三类，它们的原理是一样的，只是比较标准不同。

同业比较分析有两个重要的前提：一是如何确定同类企业，二是如何确定行业标准。短期偿债能力的同业比较程序如下。

（1）计算反映短期偿债能力的核心指标——流动比率，将实际指标值与行业标准值进行比较，并得出比较结论。

（2）分解流动资产，目的是考察流动比率的质量

（3）如果存货周转率低，可进一步计算速动比率，考察企业速动比率的水平和质量，并与行业标准值比较，并得出结论。

（4）如果速动比率低于同行业水平，说明应收账款周转速度慢，可进一步计算现金比率，并与行业标准值比较，得出结论。

（5）通过上述比较，综合评价企业短期偿债能力。

2. 历史比较

短期偿债能力的历史比较分析采用的比较标准是过去某一时点的短期偿债能力的实际指标值。比较标准可以是企业历史最好水平，也可以是企业正常经营条件下的实际值。在分析时，经常采用与上年实际指标进行对比。

采用历史比较分析的优点：一是比较基础可靠，历史指标是企业曾经达到的水平，通过比较，可以观察企业偿债能力的变动趋势；二是具有较强的可比性，便于找出问题。其缺点：一是历史指标只能代表过去的实际水平，不能代表合理水平。因此，历史比较分析主要通过比较，揭示差异，分析原因，推断趋势；二是经营环境变动后，也会减弱历史比较的可比性。

3. 预算比较

预算比较分析是指对企业指标的本期实际值与预算值所进行的比较分析。预算比较分析采用的比较标准是反映企业偿债能力的预算标准。预算标准是企业根据自身经营条件和经营状况制定的目标。

8.5　长期偿债能力的分析实战技巧

长期偿债能力是指企业对债务的承担能力和对偿还债务的保障能力。长期偿债能力的强弱是反映企业财务安全和稳定程度的重要标志。

8.5.1　长期偿债能力分析的目的

长期偿债能力分析是企业债权人、投资者、经营者和与企业有关联的各方面等都十分关注的重要问题。站在不同的角度，分析的目的也有所区别。

1. 从企业投资者的角度看

企业的投资者包括企业的所有者和潜在投资者，投资者通过长期偿债能力分析，可以判断其投资的安全性及盈利性，因为投资的安全性与企业的偿债能力密切相关。通常，企业的偿债能力越强，投资者的安全性越高。在这种情况下，企业不需要通过变卖财产偿还债务。另外，投资的盈利性与企业的长期偿债能力密切相关。在投资收益率大于借入资金的资金成本率时，企业适度负债，不仅可以降低财务风险，还可以利用财务杠杆的作用，增加盈利。盈利能力是投资者资本保值增值的关键。

2. 从企业债权人的角度看

企业的债权人包括向企业提供贷款的银行、其他金融机构以及购买企业债券的单位和个人。债权人更会从他们的切身利益出发来研究企业的偿债能力，只有企业有较强的偿债能力，才能使他们的债权及时收回，并能按期取得利息。由于债权人的收益是固定的，他们更加关注企业债权的安全性。实际工作中，债权人的安全程度与企业长期偿债能力密切相关。企业偿债能力越强，债权人的安全程度也就越高。

3. 从企业经营者的角度看

企业经营者主要是指企业经理及其他高级管理人员。他们进行财务分析的目的是综合的、全面的。他们既关心企业的盈利，也关心企业的风险，与其他主体最为不同的是，他们特别需要关心盈利、风险产生的原因和过程。因为只有通过原因和过程的分析，才能及时发现融资活动中存在的问题和不足，并采取有效措施解决这些问题。因此，企业经营者分析长期偿债能力的目的有 4 个方面，如图 8.20 所示。

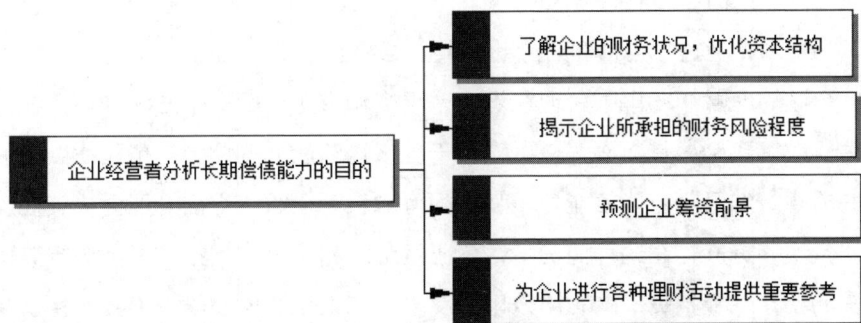

• 图 8.20　企业经营者分析长期偿债能力的目的

（1）了解企业的财务状况，优化资本结构

企业偿债能力的强弱是反映企业财务状况的重要标志。资本结构不同，企业的长期偿债能力也不同。同时，不同的资本结构，其资金成本也有差异，进而会影响企业价值。通过长期偿债能力的分析，可以揭示企业资本结构中存在的问题，及时加以调整，进而优化资本结构，提高企业价值。

（2）揭示企业所承担的财务风险程度

财务风险是由于负债融资引起的权益资本收益的变动性及到期不能偿还债务本息而破产的可能性。企业所承担的财务风险与负债筹资直接相关，不同的融资方式和融资结构会对企业形成不同的财务风险，进而影响企业的总风险。负债必须按期归还，而且要支付利息。任何企业只要通过举债筹集资金，就等于承担了一项契约性质的责任或义务，不管企业的经营是盈是亏，其义务必须履行。这就是说，当企业举债时，就可能会出现债务到期不能按时偿付的可能，这就是财务风险的实质所在。而且，企业的负债比率越高，到期不能按时偿付的可能性越大，企业所承担的财务风险越大。如果企业有足够的现金或随时可以变现的资产，即企业偿债能力强时，其财务风险就相对较小；反之，则财务风险就较高。

（3）预测企业筹资前景

企业生产经营所需资金，通常需要从各种渠道，以各种方式取得。当企业偿债能力强时，说明企业财务状况较好，信誉较高，债权人就愿意将资金借给企业。否则，企业就很难从债权人那里筹集到资金。因此，在企业偿债能力较弱时，企业筹资前景不容乐观。如果企业愿以较高的代价筹资，其结果会使企业承担更高的财务风险。

（4）为企业进行各种理财活动提供重要参考

企业的理财活动集中表现在筹资、用资和资金分配三个方面。企业在什么时候取得资金，其数额多少，取决于生产经营活动的需要，也包括偿还债务的需要。如果企业偿债能力较强，则可能表明企业有充裕的现金或其他能随时变现的资产，在这种情况下，企业就可以利用暂时闲置的资金进行其他投资活动，以提高资产的利用效果。反之，如果企业偿债能力不强，特别是近期内有需要偿付的债务时，企业就必须及早地筹措资金，以便在债务到期时能够偿付，使企业信誉得以维护。

4. 从企业其他关联方的角度看

企业在实际工作中，会与其他部门和企业产生经济联系。对企业长期偿债能力进行分析对于他们也有重要意义。从政府及相关管理部门来说，通过偿债能力分析，可以了解企业经营的安全性，从而制定相应的财政金融政策；对于业务关联企业，通过长期偿债能力分析，可以了解企业是否具有长期的支付能力，借以判断企业信用状况和未来业务能力，并作出是否建立长期稳定的业务合作关系的决定。

8.5.2　长期偿债能力的制约因素

长期偿债能力的制约因素有 3 点，具体如下。

第一，以所有者资本为基础：要求企业必须保持合理的资本结构。

第二，以总资产为物质保证：长期债务的偿还，取决于所有资产的变现收入。

第三，与企业获利能力密切相关：在长期盈利时，净现金流量不断增加，而足够的现金流入量是长期债务本息得以偿还的基础。

8.5.3　长期偿债能力的衡量指标

长期偿债能力的衡量指标有两个，分别是资产负债率和利息保证系数，如图 8.21 所示。

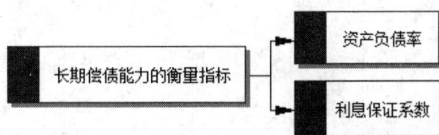

●图 8.21　长期偿债能力的衡量指标

1. 资产负债率

资产负债率是负债总额和资产总额之比值，表明债权人所提供的资金占企业全部资产的比重，揭示企业出资者对债权人债务的保障程度，因此该指标是分析企业长期偿债能力的重要指标。

2018 年 6 月 30 日，云南白药（000538）的负债总额为 98.03 亿元，资产总额为 295.92 亿元，下面来计算资产负债率。

$$资产负债率 = 负债总额 \div 资产总额 \times 100\% = 98.03$$
$$\div 295.92 \times 100\% = 33.127\%$$

资产负债率保持在哪个水平才说明企业拥有长期偿债能力，不同的债权人有不同的意见。较高的资产负债率，在效益较好、资金流转稳定的企业是可以接受的，因这种企业具备偿还债务本息的能力；在盈利状况不稳定或经营管理水平不稳定的企业，则说明企业没有偿还债务的保障，不稳定的经营收益难以保证按期支付固定的利息，企业的长期偿债能力较低。作为企业经营者，也应当寻求资产负债率的适当比值，即要能保持长期偿债能力，又要尽最大限度地利用外部资金。

一般认为，债权人投入企业的资金不应高于企业所有者投入企业的资金。如果债权人投入企业的资金比所有者多，则意味着收益固定的债权人却承担了企业较大的风险，而收益随经营好坏而变化的企业所有者却承担着较少的风险。

2. 利息保证系数

利息保证系数，是企业纳税付息前收益与年付息额之比，反映企业经营活动承担利息支出的能力。纳税付息前收益（或息税前收益）也称经营收益，是一个很重要的概念。其重要性至少表现在以下三个方面。

第一，该指标能够更加准确地反映和比较不同负债及权益结构企业的生产经营活动成果。因为该指标使对生产经营活动的盈利计算剔除了因利息支出这一与企业筹资方式有关而与企业经营活动的效益关系不直接因素的影响。

第二，由于从实现利润中同时剔除了上缴所得税的数额，因而该指标同净利润指标相比，剔除了所得税率的影响，能够更准确地反映出不同税负企业的经营活动收益。

第三，该指标把利息支出从日常生产经营活动支出中分离出来，突出反映企业金融活动的资金成本。

8.6 总资产营运能力的分析实战技巧

总资产营运能力是衡量企业组织、管理和营运整个资产的能力和效率。总资产营运能力是企业经营效率的重要影响因素。分析总资产周转率及其驱动因素，通过优化资产结构和提高各类资产利用率，是加强企业资产管理、提高资金利用效益的重要方法。

8.6.1 总资产周转率

总资产周转率是指企业在一定时期内营业收入净额同平均资产总额的比值，其计算公式具体如下：

总资产周转率（次）＝营业收入净额÷平均资产总额

其中，平均资产总额＝（期初资产余额＋期末资产余额）÷2

总资产周转率（天）=360÷总资产周转率（次）

云南白药（000538）2017 年的营业收入净额为 24314614044.21 元，期初资产余额为 24586646034.03 元，期末资产余额为 27702530540.34 元，如图 8.22 所示。

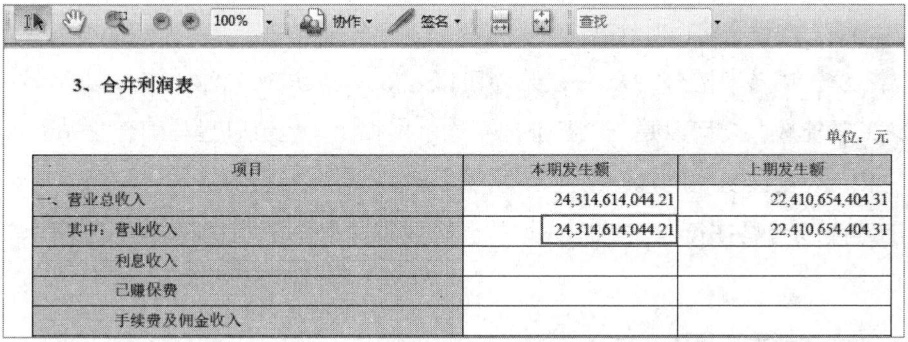

3、合并利润表

单位：元

项目	本期发生额	上期发生额
一、营业总收入	24,314,614,044.21	22,410,654,404.31
其中：营业收入	24,314,614,044.21	22,410,654,404.31
利息收入		
已赚保费		
手续费及佣金收入		

（a）云南白药（000538）2017 年的营业收入净额

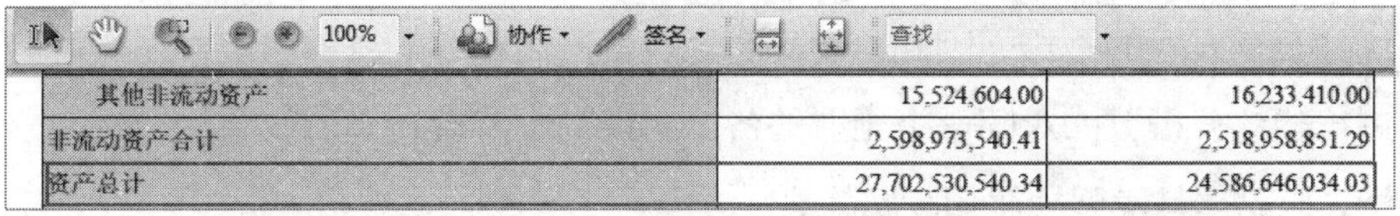

其他非流动资产	15,524,604.00	16,233,410.00
非流动资产合计	2,598,973,540.41	2,518,958,851.29
资产总计	27,702,530,540.34	24,586,646,034.03

（b）云南白药（000538）2017 年的期初资产余额和期末资产余额

● 图 8.22　云南白药（000538）2017 年的财务报表数据

下面来计算总资产周转率。

总资产周转率（次）＝营业收入净额÷平均资产总额 =24314614044.21÷[(24586646034.03+27702530540.34)÷2]=0.93（次）

总资产周转率（天）=360÷0.93≈387（天）

总资产周转率是综合评价企业全部资产的经营质量和利用效率的重要指标。周转率越大，说明总资产周转越快，反映出销售能力越强。企业可以通过薄利多销的办法，加速资产的周转，带来利润绝对额的增加。

下面来看一下总资产周转率的分析方法。总资产周转率的分析方法有两种，分别是总资产周转率的行业分析和资产周转率的趋势分析，如图8.23所示。

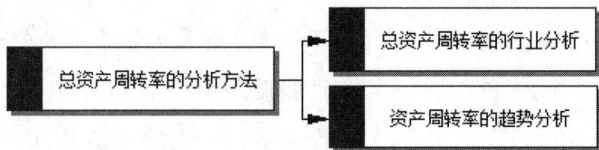

• 图8.23　总资产周转率的分析方法

1. 总资产周转率的行业分析

资产周转率的分析方法主要采用比较法。一般进行同业比较，即同行业之间的比较。它可以是与同行业的平均水平相比，也可以是与同行业先进水平相比。前者反映的是在行业中的一般状况，后者反映的是与行业先进水平的距离或者是在行业中的领先地位。企业实际分析时可根据需要选择比较标准。

2. 资产周转率的趋势分析

由于资产周转率指标中的资产数据是一个时点数，极易受偶然因素的干扰甚至是人为的修饰。因此，要弄清企业资产周转率的真实状况，先应对其进行趋势分析，即对同一个企业的各个时期的资产周转率的变化加以对比分析，以掌握其发展规律和发展趋势。

8.6.2　总资产营运能力的影响因素

总资产营运能力的影响因素有4种，分别是主营业务收入和各营运资产占用额、行业及经营背景、经营周期、资产的构成及质量，如图8.24所示。

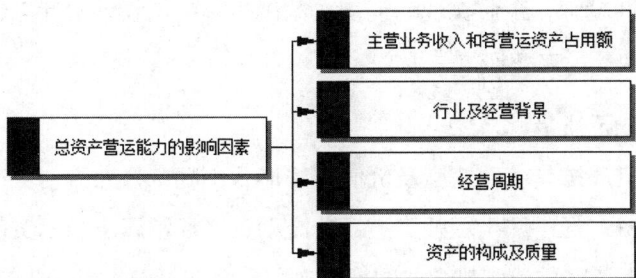

●图 8.24　总资产营运能力的影响因素

1. 主营业务收入和各营运资产占用额

要提高企业总资产营运能力，首先应安排好各项资产的合理比例，尤其是流动资产与固定资产的比例关系，防止流动资产或固定资产出现闲置。其次，提高各项资产的利用程度，尤其是流动资产中的应收账款、存货项目和固定资产的利用效率。

固定资产利用效率的提高主要取决于固定资产是否全部投入使用，投入使用的固定资产是否都满负荷运行。为此必须结合企业的生产能力、生产规模确定固定资产的投资规模：最后，应做到在总资产规模不变的情况下尽可能地扩大销售收入。实现的主营业务收入越多，则资产运用效率越好。

2. 行业及经营背景

不同的行业有不同的资产占用，比如制造业需要占用大量的机器设备、原材料、产成品等，服务业特别是劳动密集型企业或知识型的服务业，除人力资源外，资产占用量很少。资产占用量大，资产周转就慢；资产占用量少，资产周转就快。

另外，企业的经营背景不同，其资产周转也呈现不同趋势：越是落后的、传统的经营和管理，其资产周转相对较慢，而在现代经营管理模式下，资产管理的周转加速许多。

3. 经营周期

经营周期（即营业周期）的长短，可以反映资产的运用效率，通过应收账款周转天数和存货周转天数之和可以简化计算出营业周期。营业周期越短，资产的流动性越强，企业实现的销售次数越多，销售收入累计额越多，资产周转相对越快，反之亦然。

4. 资产的构成及质量

企业的资产按其变现速度及价值转移形式不同，分为流动资产和非流动资产。流动资产通常属于短期资产，非流动资产通常属于长期资产。企业在一定时点上的资产总量，是企业取得收入和利润的基础。当企业的长期资产、固定资产占用过多或出现有问题资产、资产质量不高时，就会形成资金积压，资产流动性低下，以至营运资金不足。

另外，流动资产的数量和质量通常决定着企业变现能力的强弱，而非流动资产的数量和质量则通常决定着企业的生产经营能力。非流动资产只有伴随着产品的销售才能形成销售收入。在资产总量一定的情况下，非流动资产所占比重越大，企业实现的周转价值越小，资产的周转速度越慢，反之亦然。

第 9 章

利润表的实战分析技巧

利润表分析也称损益表分析，是以利润表为对象进行的财务分析。在分析企业的盈利状况和经营成果时，必须要从利润表中获取财务资料，而且，即使分析企业偿债能力，也应结合利润表，因为一个企业的偿债能力同其获利能力密切相关。

本章主要内容包括：

➤ 收支结构的实战分析技巧

➤ 盈利结构的实战分析技巧

➤ 销售毛利率的实战分析技巧

➤ 销售净利率的实战分析技巧

➤ 总资产报酬率的实战分析技巧

➤ 净资产收益率的实战分析技巧

➤ 资本保值增值率的实战分析技巧

➤ 每股收益的实战分析技巧

➤ 股息支付率的实战分析技巧

➤ 市盈率的实战分析技巧

➤ 市净率的实战分析技巧

➤ 盈余现金保障倍数的实战分析技巧

9.1 收支结构的实战分析技巧

下面来讲解一下收支结构的含义及收支结构的分析技巧。

9.1.1 收支结构的含义

企业的收支结构有两个层次的含义，具体如下。

第一是企业的总利润是怎样通过收支来形成的。

第二是企业的收入和支出是怎样通过不同的收入和支出项目构成的。

9.1.2 收支结构的分析技巧

利润表分析的起点就是了解企业在一定时期内的总收入是多少，总支出是多少，总收入减去总支出后总利润是多少。通过分析可以判明企业盈利形成的收支成因，能够揭示出企业的支出占收入的比重，从整体上说明企业的收支水平。

收支结构的第二层分析实质是揭示各个具体的收入项目或支出项目占总收入或总支出的比重。我们知道，企业的收入按取得收入的业务不同分为主营业务收入、其他业务收入、投资收益、营业外收入和补贴收入。由于不同的业务在企业经营中的作用不同，对企业生存和发展的影响程度也不一样，所以不同的业务取得的收入对企业盈利能力的影响不仅有量的差别，而且有质的不同。分析收入结构可以把握这种差别。

企业的支出也可以按支出的性质分为主营业务成本、主营业务税金及附加、其他业务支出、各种期间费用（包括营业费用、管理费用和财务费用）、存货跌价损失、营业外支出和所得税。通过对支出的分类能揭示不同的支出与收入之间的联系，从而判明支出结构的合理性和支出的有效性。同时，不同的业务在企业经营中有不同的作用，不同性质的支出对企业盈利能力的影响也有差别。分析支出结构，把握这种差别，更能进一步判断支出的有效性。

9.2 盈利结构的实战分析技巧

下面来讲解一下盈利结构的定义、企业利润构成、盈利结构对盈利内在品质影响的分析、盈利结构的状态分析技巧。

9.2.1 盈利结构的定义

企业的盈利结构是指构成企业利润的各种不同性质的盈利的有机搭配比例。

从质的方面来理解，表现为企业的利润是由什么样的盈利项目组成的，不同的盈利项目对企业盈利能力有极不相同的作用和影响。

从量的方面来理解，表现为不同的盈利占总利润的比重，不同的盈利比重对企业盈利能力的作用和影响程度也不相同。

所以在盈利结构分析中，不仅要认识不同的盈利项目对企业盈利能力影响的性质，而且要掌握它们各自的影响程度。

9.2.2 企业利润构成

如果将不同性质的收入和支出按业务加以配比，可计算出不同的利润。企业利润主要由主营业务利润、其他业务利润、投资收益和营业外收支差额构成，如图 9.1 所示。

主营业务利润是企业利润的主要来源，主营业务利润分析是分析盈利能力的关键。企业的盈利能力不仅包含企业现在及未来能达到的盈利水平，而且包含企业盈利的稳定性和持续性。主营

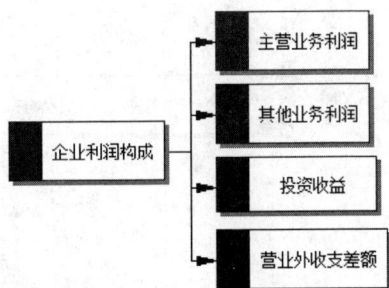

• 图 9.1　企业利润构成

业务指企业营业执照上规定的企业主要经营的业务。企业投入大量的资金都是为企业的主营业务作准备，主营业务是否经营得好是企业能否生存和发展的关键。主营业务经营得好的一个表现就是企业主营业务利润在企业总利润占较大的比重，且一直保持着这种比重。由于企业主营业务的波动性会比其他业务小，主营业务利润的稳定性较其他业务利润等的稳定性也强。如果企业利润中主营业务利润占的比重大，那么企业的盈利结构的安全性较大，即企业利润的波动性会较小。

其他业务利润是企业经营非主营业务的净收益（或亏损），投资收益是企业对外投资的净收益（或亏损），营业外收支差额是与企业经营无直接关系的营业外收入与营业外支出的差额。

提醒：上述各种非主营业务利润与主营业务利润一样是企业利润的源泉，但由于非主营业务的波动性较大，非主营业务利润与主营业务利润相比稳定性较弱。

9.2.3　盈利结构对盈利内在品质影响的分析

通常情况下，企业的利润总额可以揭示企业当期盈利的总规模，但是它不能表明这一总盈利是怎样形成的，或者说它不能揭示企业盈利的内在品质。企业盈利的内在品质就是指盈利的趋高性、可靠性、稳定性和持久性。只有通过盈利结构分析，才能得出这方面的信息，如图 9.2 所示。

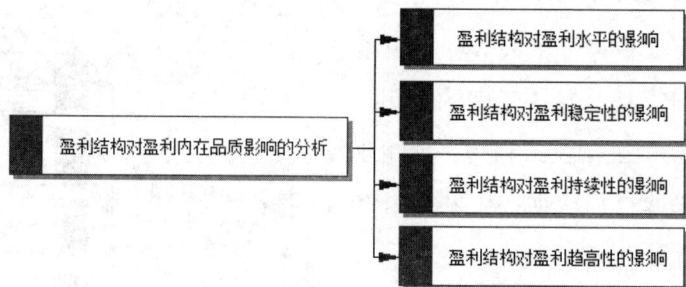

● 图 9.2　盈利结构对盈利内在品质影响的分析

1. 盈利结构对盈利水平的影响

盈利水平可用利润总额来反映，有时也可用利润率来反映，它与盈利结构存在着内在联系。企业不同的业务有不同的盈利水平，一般情况下主营业务是形成企业利润的主要因素，它对企业盈利水平的高低起决定性的作用。企业一定时期主营业务越扩展，主营业务利润占总利润比重越高，企业盈利水平也会越高。

企业收入水平高而相应成本费用水平较低的业务，在总收入中所占的比重越大，企业的盈利水平也会越高。

通过对盈利结构的分析，不仅要认识其对盈利水平的现实影响，更要预计其对未来盈利水平变动趋势的影响。

2. 盈利结构对盈利稳定性的影响

盈利稳定性指企业盈利水平变动的基本态势。盈利水平可以说是企业的收益率，盈利稳定性则表明企业盈利的风险。如果企业盈利水平很高，但缺乏稳定性，这也是一种不好的经营状况。

盈利的稳定性可以有两种理解：一种理解是企业盈利水平的上下波动的波幅较小，企业盈利稳定；另一种理解是企业盈利水平向下波动的波幅小，向上波动的波幅很大，也说明企业的盈利稳定。在现实中一般是按第二种理解来解释盈利的稳定性。一个企业在一定盈利水平的基础上，盈利水平不断上扬，应是企业盈利稳定性的现实表现。

盈利的稳定性首先取决于收支结构的稳定性。当收入和支出同方向变动时，只有收入增长不低于支出增长，或者收入下降不超过支出下降，盈利具备稳定性；当收入和支出反方向变动时，收入增长而支出下降，盈利稳定，反之，不稳定。除此之外，收入和支出各项目所占比重不同，会对盈利稳定性产生影响。一般来说，如果主营业务的收支较为稳定，包括两者的关系和增长的势头较为稳定，则企业的盈利稳定性就有了根本保障。

盈利结构也会影响盈利的稳定性。由于企业一般会力求保持主营业务利润稳定，企业主营业务利润的变动性相对非主营业务来说较小。企业主营业务利润所占的比重，可以反映出企业盈利稳定性的强弱。

3. 盈利结构对盈利持续性的影响

盈利的持续性是指从长期来看，盈利水平能保持目前的变动趋势。盈利的稳定性与持续性的区别是，盈利的持续性是指目前的盈利水平能较长时间地保持下去，而盈利的稳定性是指盈利在持续时不发生较大的向下波动。可见，盈利的持续性是指总发展趋势，而盈利的稳定性是总发展趋势中的波动性。

企业盈利结构对盈利的持续性有很大的影响。企业的业务一般可分为长久性部分和临时性部份。长久性的业务是企业设立、存在和发展的基础，企业正是靠它们才能保持盈利水平持久。临时性的业务是由于市场或企业经营的突然变动或突发事件所引起的，由此产生的利润也不会持久。长久性的业务主要包括企业的主营业务，所以企业主营业务利润比重越大，企业盈利水平持续下去的可能性越强。

4. 盈利结构对盈利趋高性的影响

盈利的趋高性指企业的盈利水平保持不断增长的趋势。盈利的持续性和趋高性都是指企业盈利的长期趋势，不同的是盈利的持续性指目前的盈利水平能否长久地保持，而盈利的趋高性指在保持现有盈利水平的同时体现出一种上升的趋势。可以说，盈利的趋高性是盈利的持续性的一种特殊表现。

盈利是否具趋高性与企业产品所处的产品市场生命周期有关。一个产品一般都要经历启动期、成长期、成熟期和衰退期这四个阶段。

处于启动期和成长期的产品，尤其是处于成长期的产品，会带来不断增加的收益。

处于成熟期的产品，给企业带来的收益较稳定。

而处于衰退期的产品，给企业带来的收益有下降的趋势。

盈利结构对盈利的趋高性有不可忽视的影响。企业的利润如果主要来自于启动期或成长期的产品，盈利一般具有趋高性；如果主要来自处于成熟期甚至衰退期的产品，企业盈利非但不具趋高性，甚至难以持续下去。

保持盈利趋高性的关键在于企业经营上要密切关注企业产品所处的生命周期，在产品进入衰退期之前就要努力开发新产品，做好经营上的调整准备。

9.2.4 盈利结构的状态分析技巧

我国企业利润表在格式设计上，并不是采用所有收入减去所有支出的单步式，也不是将各项支出与收入配比后计算出各种利润，虽然企业总利润就是由各种利润构成的。我国企业利润表采用的是多步累计式，具体如下。

第一，从主营业务收入出发，得到主营业务利润。

第二，主营业务利润中未扣除各项期间费用，因为期间费用并不与主营业务收入直接相关，它不仅为主营业务提供效用，而且为企业的所有正常的业务服务，所以算出主营业务利润后，再加上其他业务利润才扣除期间费用，得到营业利润。

第三，营业利润加上投资收益和营业外收支净额，形成利润总额。

第四，从利润总额中扣减所得税，得出净利润。

盈利结构分析另一方面的内容就是按利润表所揭示的利润类型分析主营业务利润、营业利润和利润总额的盈利、亏损状况结构。

9.3 盈利能力的实战分析技巧

盈利能力是指企业获取利润的能力，也称为企业的资金或资本增值能力，通常表现为一定时期内企业收益数额的多少及其水平的高低。

9.3.1 盈利能力分析的目的

盈利能力的大小是一个相对的概念，即利润相对于一定的资源投入、一定的收入而言。利润率越高，盈利能力越强；利润率越低，盈利能力越差。企业经营业绩的好坏最终可通过企业的盈利能力来反映。无论是企业的经营人员、债权人，还是股东（投资人）都非常关心企业的盈利能力，并重视对利润率及其变动趋势的分析与预测。

从企业的角度来看，企业从事经营活动，其直接目的是最大限度地赚取利润并维持企业持续稳定的经营和发展。持续稳定的经营和发展是获取利润的基础；而最大限度的获取利润又是企业持续稳定发展的目标和保证：只有在不断地获取利润的基础上，企业才可能发展；同样，盈利能力较强的企业比盈利能力软弱的企业具有更大的活力和更好的发展前景；因此，盈利能力是企业经营人员最重要的业绩衡量标准和发现问题、改进企业管理的突破口。

对企业经营人员来说，进行企业盈利能力分析的目的具体表现在以下两个方面，分别是利用盈利能力的有关指标反映和衡量企业经营业绩、通过盈利能力分析发现经营管理中存在的问题，如图 9.3 所示。

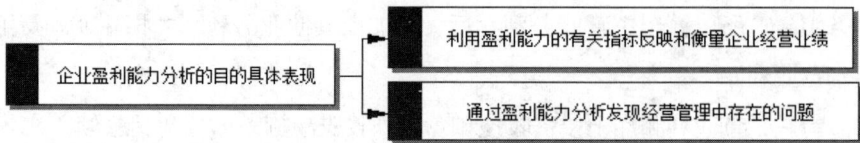

• 图 9.3　企业盈利能力分析的目的具体表现

1. 利用盈利能力的有关指标反映和衡量企业经营业绩

企业经营人员的根本任务，就是通过自己的努力使企业赚取更多的利润。各项收益数据反映着企业的盈利能力，也表现了经营人员工作业绩的大小。用已达到的盈利能力指标与标准、基期、同行业平均水平、其他企业相比较，则可以衡量经营人员工作业绩的优劣。

2. 通过盈利能力分析发现经营管理中存在的问题

盈利能力是企业各环节经营活动的具体表现，企业经营的好坏都会通过盈利能力表现出来。通过对盈利能力的深入分析，可以发现经营管理中的重大问题，进而采取措施解决问题，提高企业收益水平。

对于债权人来讲，利润是企业偿债的重要来源，特别是对长期债务而言。盈利能力的强弱直接影响企业的偿债能力。企业举债时，债权人势必审查企业的偿债能力，而偿债能力的强弱最终取决于企业的盈利能力。因此，分析企业的盈利能力对债权人也是非常重要的。

对于股东（投资人）而言，企业盈利能力的强弱更是至关重要的。在市场经济下，股东往往会认为企业的盈利能力比财务状况、营运能力更重要。股东们的直接目的就是获得更多的利润，因为对于信用相同或相近的几个企业，人们总是将资金投向盈利能力强的企业；股东们关心企业赚取利润的多少并重视对利润率的分析，是因为他们的股息与企业的盈利能力是紧密相关的；此外，企业盈利能力增加还会使股票价格上升，从而使股东们获得资本收益。

274 .

9.3.2　盈利能力分析的内容

盈利能力的分析是企业财务分析的重点，财务结构分析、偿债能力分析等其根本目的是通过分析及时发现问题，改善企业财务结构，提高企业偿债能力、经营能力，最终提高企业的盈利能力，促进企业持续稳定的发展。

对企业盈利能力的分析主要指对利润率的分析。因为尽管利润额的分析可以说明企业财务成果的增减变动状况及其原因，为改善企业经营管理指明了方向，但是，由于利润额受企业规模或投入总量的影响较大，一方面使不同规模的企业之间不便于对比；另一方面它也不能准确地反映企业的盈利能力和盈利水平。因此，仅进行利润额分析一般不能满足各方面对财务信息的要求，还必须对利润率进行分析。

盈利能力分析的指标主要有 5 项，分别是销售毛利率、销售净利率、总资产报酬率、净资产收益率和资本保值增值率，如图 9.4 所示。

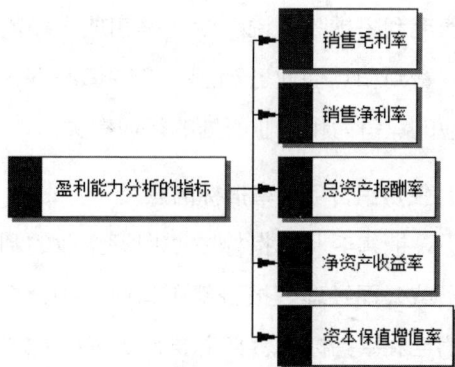

● 图 9.4　盈利能力分析的指标

9.3.3　销售毛利率的实战分析技巧

销售毛利率是指销售毛利占销售收入的百分比，也简称为毛利率，其中销售毛利是销售收入与销售成本的差额。销售毛利率的计算公式如下：

$$销售毛利率 = 销售毛利 \div 销售收入 \times 100\% = （销售收入 - 销售成本）\div 销售收入 \times 100\%$$

其中，销售收入 = 销售量 × 单位售价；销售成本 = 销售量 × 单位成本

从上述公式中可以看出，增加销售收入或者降低生产成本都可以提高毛利率。又因为产品价格影响销售数量，进而影响销售收入，所以说，该指标主要反映了成本控制和产品定价有关的问题。

例如，已知生产某批面点原材料共 560.00 元，销售后营业额为 1040.00 元。求该面点产品销售毛利率为多少？

首先求出产品的毛利额：

产品毛利额 ＝ 销售额 － 产品成本 =1040.00－560.00=480.00（元）

再求出产品的销售毛利率，根据公式：

销售毛利率 ＝ 产品毛利 ÷ 产品销售额 ×100％ =480.00÷1040.00=46.2%

1. 销售毛利率的分析

销售毛利率，表示每一元销售收入扣除销售成本后，有多少钱可以用于各项期间费用和形成盈利。

销售毛利率是销售净利率的基础，没有足够多的毛利率便不能盈利。销售毛利率越高，说明企业销售成本在销售收入净额中所占的比重越小，在期间费用和其他业务利润一定的情况下，营业利润就越高。销售毛利率还与企业的竞争力和企业所处的行业有关。

2. 使用销售毛利率指标的意义

销售毛利率指标主要根据企业的利润表项目计算得出，投资者、审计人员或公司经理等报表使用者可从中分析得出自己所需要的企业信息。使用销售毛利率指标的意义主要表现在 6 个方面，如图 9.5 所示。

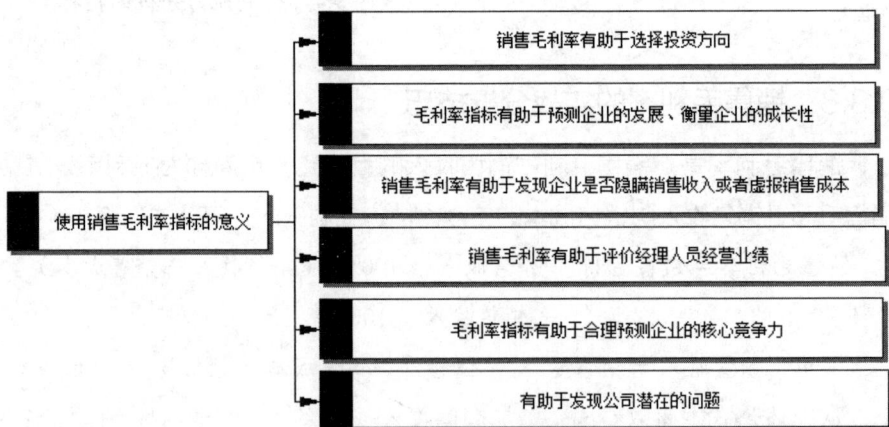

使用销售毛利率指标的意义

- 销售毛利率有助于选择投资方向
- 毛利率指标有助于预测企业的发展、衡量企业的成长性
- 销售毛利率有助于发现企业是否隐瞒销售收入或者虚报销售成本
- 销售毛利率有助于评价经理人员经营业绩
- 毛利率指标有助于合理预测企业的核心竞争力
- 有助于发现公司潜在的问题

●图 9.5 使用销售毛利率指标的意义

（1）销售毛利率有助于选择投资方向

价值型投资理念在中国证券市场逐渐确立其地位，而公司盈利能力则是反映公司价值的一个重要方面。企业的盈利能力越强，则其给予股东的回报越高，企业价值越大。在分析盈利能力时要注重公司主营业务的盈利能力。销售毛利率是上市公司的重要经营指标，能反映公司产品的竞争力和获利潜力。它反映了企业产品销售的初始获利能力，是企业净利润的起点，没有足够高的毛利率便不能形成较大的盈利。

与同行业比较，如果公司的毛利率显著高于同业水平，说明公司产品附加值高，产品定价高，或与同行比较公司存在成本上的优势，有竞争力。与历史比较，如果公司的毛利率显著提高，则可能是公司所在行业处于复苏时期，产品价格大幅上升。

在这种情况下投资者需考虑这种价格的上升是否能持续，公司将来的盈利能力是否有保证。相反，如果公司毛利率显著降低，则可能是公司所在行业竞争激烈，毛利率下降往往伴随着价格战的爆发或成本的失控，这种情况预示产品盈利能力的下降。

（2）毛利率指标有助于预测企业的发展、衡量企业的成长性

在分析企业主营业务的盈利空间和变化趋势时，销售毛利率是一个重要指标。该指标的优点在于可以对企业某一主要产品或主要业务的盈利状况进行分析，这对于判断企业核心竞争力的变化趋势及其企业成长性极有帮助。

（3）销售毛利率有助于发现企业是否隐瞒销售收入或者虚报销售成本

有些单位逃税避税经常用的手法是隐瞒销售收入或者通过虚报进货额虚增销售成本。一般情况下，除非有计划的同时隐瞒销售收入和销售成本，否则少报利润的结果将反映为销售毛利的异常。同理，根据计算公司毛利率指标，观察其波动是否在正常范围内，可以推测公司是否有通过虚报销售收入和隐瞒销售成本来虚增利润之嫌。当然，这只是引起销售毛利率异常的原因之一，在分析时应考虑影响毛利率变动的其他因素，比如市场环境的变化、企业经营品种的变化、市场地理环境的变化等因素。

（4）销售毛利率有助于评价经理人员经营业绩

现代企业所有权与经营权分离，企业经理人员的薪酬要和它自身的业绩

挂钩。因为产品销售毛利率的提高可一定程度上反映产品获利能力的增加，所以它可以作为衡量经营人员经营业绩的指标之一。企业所有者可据以制定相应的薪酬激励计划，以便充分发挥经营人员的工作积极性。

（5）毛利率指标有助于合理预测企业的核心竞争力

在分析企业主营业务的盈利空间和变化趋势时，销售毛利率是一个重要指标。该指标的优点在于可以对企业某一主要产品或主要业务的盈利状况进行分析，这对于判断企业核心竞争力的变化趋势极有帮助。

（6）有助于发现公司潜在的问题

通过销售毛利率的变动，可以发现企业近期的经营业绩的好坏，及时找出经营管理中存在的问题，提高企业的经营管理水平，加强企业内部经营管理。

3. 影响毛利率指标的直接因素

影响毛利率指标的直接因素有三项，分别是销售数量变动、销售单价变动、单位销售成本变动，如图 9.6 所示。

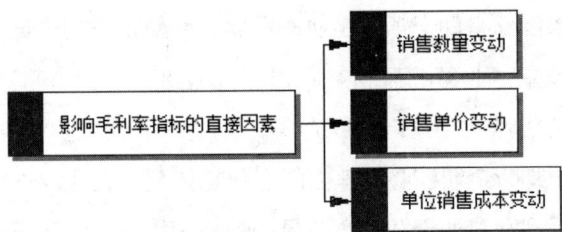

•图 9.6　影响毛利率指标的直接因素

（1）销售数量变动

当其他因素不变时，销售数量正比例地影响毛利和销售毛利率。其中，对毛利绝对数的影响额为：某产品销售数量变动的影响额 =(本期销售数量 − 上期销售数量)× 上期单位销售毛利。

（2）销售单价变动

销售单价的变动，会正比例地影响到毛利和毛利率的变动。其中，对毛利绝对数影响额为：某产品销售单价变动的影响额 = 本期销售数量 ×（ 本期销售单价 − 上期销售单价 ）。

（3）单位销售成本变动

销售成本的变动会导致单位销售毛利的反方向、等额的变动，从而反比例地影响毛利额，同样反比例影响销售毛利率。其中，对毛利绝对数的影响额为：某产品单位销售成本变动的影响额 = 本期销售数量 ×（上期单位销售成本 − 本期单位销售成本 ）。

4. 影响毛利率指标的间接因素

影响毛利率指标的间接因素有 4 项，分别是市场供求变动、成本管理水平、产品构成及其独特性、行业差别，如图 9.7 所示。

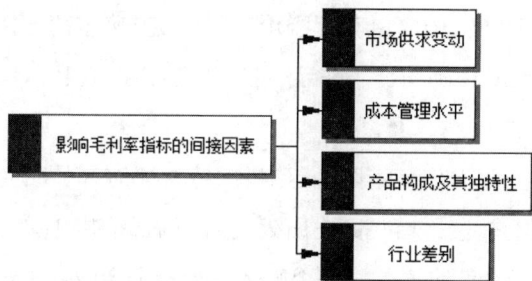

● 图 9.7　影响毛利率指标的间接因素

（1）市场供求变动

市场供求关系对产品的价格起绝对作用。市场上，某产品的需求只是指消费者在一定时期内、在可接受的价格水平上、能够购买到的该商品的数量；某商品的供给是指生产者在一定时期内、在可实现的价格水平上、愿意而且能够提供的可售商品数量。当市场上商品的需求数量与供给数量相等时，便形成一个均衡价格，即某商品的价格。市场供求关系影响商品价格，进而影响企业的销售毛利率。所以，销售毛利率大小取决于市场供需状况、竞争者的数量和实力等因素。

（2）成本管理水平

成本费用是企业为了获取收益而付出的代价。对于企业，其特定目的就是要实现利润，因此企业的成本费用就是指企业为了获得利润而必须发生的一切支付额。众所周知，减少成本便可提高利润，在市场价格维持一定的情况下，成本优势创造利润优势。如果一个企业实施的所有价值活动的累积成本低于其竞争对手的成本，那么它具有成本优势，成本优势的战略价值在于其持续性。企业的成本管理水平直接影响着产品成本的大小。提高成本管理水平，可以有效地降低产品成本，进而增加企业利润。所以，企业的成本管理水平和业绩影响着企业的毛利率大小。

（3）产品构成及其独特性

一个企业不可能仅仅生产一种产品，每一种产品的市场需求状况不同，产品组合可以在盈利水平上相互弥补、取长补短，以使企业获利最大。同理，如果产品组合不当，也会制约每个产品的获利能力，而削弱了产品组合带来的利润。同时，如果企业生产的产品是某种独特、有价值的产品而不仅仅因价格低廉而取胜时，它便可以获得溢价，以一定的价格售出更多的产品。所以，产品构成决策的正确与否、产品的差别性也会影响毛利大小。

（4）行业差别

企业所处的行业大环境不同，这对其经营状况有很大的影响。一个企业是否有长期发展的前景，首先同它所处的行业本身的性质有关。身处高速发展的行业，对任何企业来说都是一个财富，当一个企业处于弱势发展行业中，即使财务数据优良，也因大环境的下行趋势而影响其未来的获利能力，各个行业的企业数量和各自的实力不同，不同行业的产品数量及产品市场竞争力也不会相同，这使得不同的产品获利的空间也不同。所以行业间的平均毛利率比较是盈利分析的重要环节。

5. 销售毛利率的比较分析

销售毛利率的比较分析有三种，分别是因素分析、结构比较分析、同业比较分析，如图9.8所示。

（1）因素分析

因素分析即对同一企业不同时期之间或不同企业同一时期之间的销售毛利率差异原因所进行的分析。企业的销售毛利率与主营业务收入成正比关系，与销售成本成反比，可以从这两个影响因素入手，分析毛利率发生变化的原因。

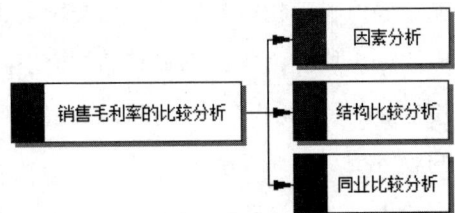

●图9.8 销售毛利率的比较分析

（2）结构比较分析

结构比较分析是从销售毛利率的构成要素及其结构比重的变动情况进行的分析，旨在更进一步分析毛利率增减变动的具体原因。

（3）同业比较分析

同业比较分析将某企业的毛利率指标与同行业的其他企业进行对比分析，可以发现企业获利能力的相对强弱程度，从而更好地评价企业获利能力的状况。

9.3.4　销售净利率的实战分析技巧

销售净利率表示企业每元产品或商品销售收入净额所能实现的利润净额为多少，销售净利率与净利润成正比，与销售收入成反比，公司在提高销售收入的同时，必须更多地增加净利润，才能提高销售净利率。

销售净利率反映公司销售收入的盈利水平。销售净利率是净利润与销售收入净额的比率，是指企业实现净利润与销售收入的对比关系，用以衡量企业在一定时期的销售收入获取的能力，该指标费用能够取得多少营业利润。

销售净利率计算公式如下：

$$销售净利润率 = 净利润 \div 销售收入净额 \times 100\%$$

$$其中净利润 = 毛利润 - 成本$$

云南白药（000538）2017 年销售收入净额为 24314614044.21 元，净利润为 3132534170.45 元，如图 9.9 所示。

| 92 /182 | | | | 100% ▾ | 协作 ▾ | 签名 ▾ | | | 查找 | ▾ |

	云南白药集团股份有限公司 2017 年度报告全文
五、净利润（净亏损以"—"号填列）	3,132,534,170.45	2,930,889,603.08
（一）持续经营净利润（净亏损以"—"号填列）	3,132,534,170.45	2,930,889,603.08
（二）终止经营净利润（净亏损以"—"号填列）		

● 图 9.9　云南白药（000538）2017 年的净利润

销售净利润率 = 净利润 $\div$ 销售收入净额 $\times 100\%$=3132534170.45÷24314614044.21×100%=12.88%

一般来说，销售净利率的指标越大，说明企业销售的盈利能力越强。一个企业如果能保持良好的持续增长的销售净利率，应该讲企业的财务状况是好的，但并不能绝对的讲销售净利率越大越好，还必须看企业的销售增长情况和净利润的变动情况。

销售净利率指标反映每一元销售收入带来的净利润的多少，表示销售收入的收益水平。从销售净利率的指标关系看，企业在增加销售收入额的同时，必须相应地获得更多的净利润，才能使销售净利率保持不变或有所提高。通过分析销售净利率的升降变动，可以促使企业在扩大销售的同时，注意改进经营管理，提高盈利水平。

在进行销售净利率分析时，投资者可以将连续几年的指标数值进行分析，从而测定销售净利率的发展变化趋势；也同样应将企业的指标数值与其他企业指标数值或同行业平均水平进行对比，以具体评价企业净利率水平的高低。销售净利率反映公司销售收入的盈利水平。

销售净利率比较高或提高，说明公司的获利能力较高或提高；销售净利率比较低或降低，说明公司的成本费用支出较高或上升，应进一步分析原因是营业成本上升还是公司降价销售，是营业费用过多还是投资收益减少，以便更好地对公司经营状况进行判断。

经营中往往可以发现，企业在扩大销售的同时，由于销售费用、财务费用、管理费用的大幅增加，企业销售净利率并不一定会同比例的增长，甚至并一定负增长。盲目扩大生产和销售规模未必会为企业带来正的收益。因此，分析者应关注在企业每增加 1 元销售收入的同时，销售净利率的增减程度，由此来考察销售收入增长的效益。

9.3.5 总资产报酬率的实战分析技巧

总资产报酬率又称总资产利润率、总资产回报率、资产总额利润率，是指企业息税前利润与平均总资产之间的比率，用以评价企业运用全部资产的总体获利能力，是评价企业资产运营效益的重要指标。总资产报酬率的计算公式如下：

总资产报酬率＝（利润总额＋利息支出）÷ 平均资产总额 ×100%

利润总额指企业实现的全部利润，包括企业当年营业利润、投资收益、补贴收入、净额等内容，如为亏损，则用"－"号表示。

利息支出是指企业在生产经营过程中实际支出的借款利息、债权利息等。

利润总额与利息支出之和为息税前利润，是指企业当年实现的全部利润与利息支出的合计数。

平均资产总额＝（资产总额年初数＋资产总额年末数）÷2

例如，某企业 2016 净利润为 800 万元，所得税 375 万元，利息支出 480 万元，年末资产总额 8400 万元；2017 年净利润 680 万元，所得税 320 万元，利息支出 550 万元，年末资产总额 10000 万元。假设 2016 年初资产总额 7500 万元，则该企业总资产报酬率计算如下：

2016 年总资产报酬率＝（800+375+480）÷[（7500+8400）÷2]×100% = 20.82%

2017 年总资产报酬率＝（680+320+550）÷[（8400+10000）÷2]×100% = 16.85%

由计算结果可知，该企业 2017 年总资产报酬率要大大低于上年，需要对公司资产的使用情况、增产节约情况，结合成本效益指标一起分析，以改进管理，提高资产利用效率和企业经营管理水平，增强盈利能力。

1. 总资产报酬率的分析

总资产报酬率表示企业全部资产获取收益的水平，全面反映了企业的获利能力和投入产出状况。该指标越高，表明企业投入产出的水平越好，企业的资产运营越有效。

一般情况下，企业可将此指标与市场利率进行比较，如果该指标大于市场利率，则表明企业可以充分利用财务杠杆，进行负债经营，获取尽可能多的收益。

评价总资产报酬率时，需要与前期的比率、与同行业其他企业进行比较评价，也可以对总资产报酬率进行因素分析。

2. 总资产报酬率的意义

总资产报酬率越高，表明资产利用效率越高，说明企业在增加收入、节约资金使用等方面取得了良好的效果；该指标越低，说明企业资产利用效率低，应分析差异原因，提高销售利润率，加速资金周转，提高企业经营管理水平。

第一，总资产报酬率表示企业全部资产获取收益的水平，全面反映了企业的获利能力和投入产出状况。通过对该指标的深入分析，可以增强各方面对企业资产经营的关注，促进企业提高单位资产的收益水平。

第二，一般情况下，企业可据此指标与市场资本利率进行比较，如果该指标大于市场利率，则表明企业可以充分利用财务杠杆，进行负债经营，获取尽可能多的收益。

第三，该指标越高，表明企业投入产出的水平越好，企业的资产运营越有效。

9.3.6　净资产收益率的实战分析技巧

净资产收益率又称所有者权益报酬率，是净利润与平均所有者权益的百分比，是公司税后利润除以净资产得到的百分比率，该指标反映股东权益的收益水平，用以衡量公司运用自有资本的效率。指标值越高，说明投资带来的收益越高，该指标体现了自有资本获得净收益的能力。净资产收益率的计算公式如下：

净资产收益率 = 净利润 ÷ 平均所有者权益 ×100%

其中，平均净资产 = （年初所有者权益 + 年末所有者权益）÷2

云南白药（000538）2017 年净利润为 3132534170.45 元，年初所有者权益为 15843526625.14 元，年末所有者权益为 18142917483.07 元，如图 9.10 所示。

89 / 182	100%	协作	签名		查找

云南白药集团股份有限公司 2017 年度报告全文

未分配利润	14,808,524,490.36	12,587,595,748.95
归属于母公司所有者权益合计	18,037,520,277.46	15,725,668,037.51
少数股东权益	105,397,205.61	117,858,587.63
所有者权益合计	18,142,917,483.07	15,843,526,625.14

● 图 9.10　云南白药（000538）2017 年的所有者权益

净资产收益率 = 净利润 ÷ [(年初所有者权益 + 年末所有者权益) ÷ 2] × 100% = 3132534170.45 ÷ [(15843526625.14+18142917483.07) ÷ 2] × 100% = 18.43%

1. 净资产收益率的分析

净资产收益率反映公司所有者权益的投资报酬率，具有很强的综合性。

一般来说，企业净资产收益率越高，企业自有资本获取收益的能力越强，运营效益越好，对企业投资人、债权人的保证程度就越好。

2. 净资产收益率的影响因素

影响净资产收益率的因素主要有总资产报酬率、负债利息率、资本结构或负债与所有者权益之比和所得税率等。

（1）总资产报酬率

净资产是企业全部资产的一部分，因此，净资产收益率必然受企业总资产报酬率的影响。在负债利息率和资本构成等条件不变的情况下，总资产报酬率越高，净资产收益率就越高。

（2）负债利息率

负债利息率之所以影响净资产收益率，是因为在资本结构一定情况下，当负债利息率变动使总资产报酬率高于负债利息率时，将对净资产收益率产生有利影响；反之，在总资产报酬率低于负债利息率时，将对净资产收益率产生不利影响。

（3）资本结构或负债与所有者权益之比

当总资产报酬率高于负债利息率时，提高负债与所有者权益之比，将使净资产收益率提高；反之，降低负债与所有考权益之比，将使净资产收益率降低。

（4）所得税率

因为净资产收益率的分子是净利润即税后利润，因此，所得税率的变动必然引起净资产收益率的变动。通常所得税率提高，净资产收益率下降；反之，则净资产收益率上升。

下式可反映出净资产收益率与各影响因素之间的关系：

净资产收益率 = 净利润 ÷ 平均净资产

财报入门与实战技巧

=（息税前利润－负债×负债利息率）×（1－所得税率）÷净资产

=（总资产×总资产报酬率－负债×负债利息率）×（1－所得税率）÷净资产

=（总资产报酬率＋总资产报酬率×负债÷净资产－负债利息率×负债÷净资产）×（1－所得税率）

=[总资产报酬率＋（总资产报酬率－负债利息率）×负债/净资产]×（1－所得税率）

9.3.7　资本保值增值率的实战分析技巧

资产保值增值率是指所有者权益的期末总额与期初总额的比值，它反映了企业资本的运营效益与安全状况，其计算公式为：

资本保值增值率=（年末所有者权益÷年初所有者权益）×100%

资本保值增值率等于100%，为资本保值；资本保值增值率大于100%，为资本增值。

云南白药（000538）2017年年初所有者权益为15843526625.14元，年末所有者权益为18142917483.07元，下面来计算资本保值增值率。

资本保值增值率=（年末所有者权益÷年初所有者权益）×100%=18142917483.07÷15843526625.14×100%=145.13%

1. 资本保值增值率的分析

在进行资本保值增值率分析时主要考虑三个方面，分别是剔除投资者再投入引起的所有者权益增加部分、考虑通货膨胀因素、考虑资金时间价值，如图9.11所示。

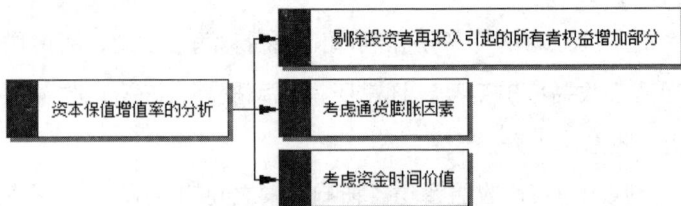

●图9.11　资本保值增值率的分析

（1）剔除投资者再投入引起的所有者权益增加部分

如果当期投资者又投入资金增加所有者权益，同样会导致资本保值增值率上升，但是实际上并没有获得增值利润。

（2）考虑通货膨胀因素

由于通货膨胀因素的存在，即使上述指标大于 1，仍有可能存在潜亏，因此分析时应持谨慎态度，不能盲目乐观。

（3）考虑资金时间价值

由于期末所有者权益与期初所有者权益进行比较时，两者所处的时间点不同，缺乏时间上的相关性。

2. 资本保值增值率的影响因素

所有者权益由实收资本、资本公积、盈余公积和未分配利润构成，四个项目中任何一个变动都将引起所有者权益总额的变动。至少有两种情形并不反映真正意义上的资本保值增值。

第一，本期投资者追加投资，使企业的实收资本增加，还可能产生资本溢价、资本折算差额，从而引起资本公积变动。

第二，本期接受外来捐赠、资产评估增值导致资本公积增加。

9.4 上市企业盈利能力指标的实战分析技巧

上市企业是指所发行的股票经过国务院或者国务院授权的证券管理部门批准在证券交易所上市交易的股份有限公司。上市企业的盈利能力对企业的股价有重要影响。上市企业的盈利能力指标主要有 5 个，分别是每股收益、股息支付率、市盈率、市净率和盈余现金保障倍数，如图 9.12 所示。

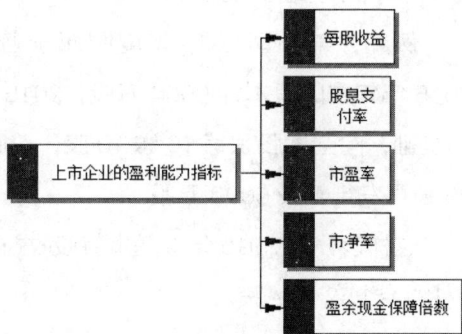

• 图 9.12 上市企业的盈利能力指标

9.4.1　每股收益的实战分析技巧

每股收益，又称每股税后利润、每股盈余，指税后利润与股本总数的比率。它是测定股票投资价值的重要指标之一，是分析每股价值的一个基础性指标，是综合反映公司获利能力的重要指标。

每股收益反映了每股创造的税后利润，比率越高，表明所创造的利润就越多。若公司只有普通股时，每股收益就是税后利润，股份数是指发行在外的普通股股数。如果公司还有优先股，应先从税后利润中扣除分派给优先股股东的利息。

1. 基本每股收益

基本每股收益的计算公式如下：

$$基本每股收益 = 归属于普通股股东的当期净利润 \div$$
$$当期发行在外普通股的加权平均数$$

从公式中可以看出，计算基本每股收益，关键是要确定归属于普通股股东的当期净利润和当期发行在外普通股的加权平均数。在计算归属于普通股股东的当期净利润时，应当考虑公司是否存在优先股。如果不存在优先股，那么公司当期净利润就是归属于普通股股东的当期净利润。如果存在优先股，在优先股是非累积优先股的情况下，应从公司当期净利润中扣除当期已支付或宣告的优先股股利；在优先股是累积优先股的情况下，公司净利润中应扣除至本期止应支付的股利。

例如，某公司2016年度归属于普通股股东的净利润为25000万元。2015年年末的股本为8000万股，2015年2月8日，以截至2016年总股本为基础，向全体股东每10送10股，总股本变为16000万股。2016年11月29日再发行新股6000万股。

这样该公司2016年度基本每股收益 =25000÷（8000+8000×1+6000×1/12）=1.52元 / 股

2. 稀释的每股收益

首先判断潜在普通股是否具有稀释性的判别。如果公司存在潜在普通股，首先应判断潜在普通股是否具有稀释性。如果潜在普通股不具有稀释性，那么公司只需计算基本每股收益；如果潜在普通股具有稀释性，公司还应当根据具有稀释性的潜在普通股的影响，分别调整归属于普通股股东的当期净利润以及当期发行在外普通股的加权平均数，据以计算稀释的每股收益。

这里涉及潜在普通股的概念和潜在普通股是否具有稀释性的判定。所谓潜在普通股是赋予其持有者在报告期或以后期间享有取得普通股权利的一种金融工具或其他合同。如可转换公司债券、期权、认股权证等。随着股票交易方式的发展，还会出现新的交易方式，只要会影响普通股股数的，都称为潜在普通股。

在衡量潜在普通股是否具稀释性时，我国的每股收益准则采用了国际会计准则中的规定，即以是否会减少每股持续正常经营净利润作为衡量潜在普通股是否具稀释性的尺度。持续正常经营净利润是指在扣除优先股股利和与非持续经营有关的项目后的正常经营净利润，不包括会计政策变更及重大会计差错更正的影响。

如果潜在普通股转换成普通股会增加持续正常经营每股收益或减少持续正常经营每股亏损，则该潜在普通股是具反稀释性的。在计算稀释的每股收益时，只考虑具有稀释性的潜在普通股的影响，不考虑具有反稀释性或不具有稀释性的普通股的影响。

下面来看一下稀释的每股收益的计算。计算稀释的每股收益时，应对基本每股收益的分子和分母进行调整。就分子而言，当期可归属于普通股股东的净利润应根据下列事项的税后影响进行调整。

（1）当期已确认为费用的稀释性潜在普通股的利息。

（2）稀释性的潜在普通股转换时将产生的收益或费用。这里主要是指可转换公司债券。

就分母而言，普通股加权平均股数为在计算基本每股收益时的股份加权平均数加上全部具稀释性潜在普通股转换成普通股时将发行的普通股的加权平均数量。以前发行的具稀释性潜在普通股应视为已在当期期初转换为普通股，本期发行的潜在普通股应视为在发行日转换成普通股。对分母的调整主要涉及期权和认股权证。具有稀释性的期权和认股权证不影响归属于普通股的净利润，只影响普通股的加权平均数。只有当行权价格低于平均市场价格时，股票期权和认股权证才具有稀释性。计算时，应假定已行使该期权，因此发行的普通股股数包括两部分。

（1）按当期平均市场价格发行的普通股，不具有稀释性，计算稀释的每股收益时不必考虑。

（2）未取得对价而发行的普通股，具有稀释性，计算稀释的每股收益时应当加到普通股股数中。

调整增加的普通股股数用公式表示如下：

调整增加的普通股股数＝拟行权时转换的普通股股数－行权价格×

拟行权时转换的普通股股数÷平均市场价格

例如，某上市公司 2016 年归属于普通股股东的净利润为 20000 万元，期初发行在外普通股股数 10000 万股，年内普通股股数未发生变化。2016 年 1 月 1 日，公司按面值发行 20000 万元的三年期可转换公司债券，债券每张面值 100 元，票面固定年利率为 2%，利息自发放之日起每年支付一次，即每年 12 月 31 日为付息日。该批可转换公司债券自发行结束后 12 个月以后即可以转换为公司股票。转股价格为每股 10 元，即每 100 元债券可转换为 10 股面值为 1 元的普通股。债券利息不符合资本化条件，直接计入当期损益，所得税税率为 33%。

假设不考虑可转换公司债券在负债和权益成分上的分析，且债券票面利率等于实际利率，2016 年度每股收益计算如下：

基本每股收益 =20000÷10000=2 元

假设转换所增加的净利润 =20000×2%×（1－33%）=268 万元

假设转换所增加的普通股股数 =20000÷10=2000 万股

增量股的每股收益 =268÷2000=0.134 元

增量股的每股收益小于基本每股收益，可转换公司债券具有稀释作用：

稀释每股收益 =（20000+268）÷（10000+2000)=1.689 元

3. 每股收益的分析

为了更好地运用每股收益这一指标，投资者需要了解其在以下三个方面的主要用途。

第一，通常在各公司之间的业绩比较中被广泛地加以引用。

第二，通常结合公司的其他每股指标而被运用。

第三，在分析股利发放率时，也经常会引用每股收益指标。股利发放率为每股股利分配额与当期的每股收益之比。

4. 使用每股收益分析盈利时的注意事项

使用每股收益分析盈利性时，要注意以下问题。

第一，每股收益不反映股票所含有的风险。例如，假设某公司原来经营日用品的产销，最近转向房地产投资，公司的经营风险增大了许多，但每股收益可能不变或提高，并没有反映风险增加的不利变化。

第二，股票是一个"份额"概念，不同股票的每一股在经济上不等量，它们所含有的净资产和市价不同即换取每股收益的投入量不相同，限制了每股收益的公司间比较。

第三，每股收益多，不一定意味着多分红，还要看公司股利分配政策。

9.4.2 股息支付率的实战分析技巧

股息支付率，又称股利分配率或股利发放率，是向股东分派的股息占公司盈利的百分比。投资者可以通过考察不同发行公司的股息支付率来发现绩优公司。一般来讲，股息支付率较高的公司更倾向于绩优公司。

股息支付率的计算公式如下：

$$股息支付率 = 年度总股息 \div （年度净利润 + 非现金开支 -$$
$$非现金销售）\times 100\%$$

或

$$股利分配率 = 现金股利 - 优先股股息税后利润 - 优先股股息$$

以年为时间单位对股息支付率进行量度，其结果非常不可靠。更好的办法是，根据若干年度的股息支付率，画出一条趋势线从而观察股息支付率是起是落。

$$股利发放率 = （每股股利 ÷ 每股净收益）× 100\%$$

股利发放率指标反映普通股股东从每股的全部净收益中分得多少，就单独的普通股投资者来讲，这一指标比每股净收益更直接体现当前利益。股息发放率高低要依据各公司对资金需要量的具体状况而定。股息发放率高低取决于公司的股利支付策略，公司要综合考虑经营扩张资金需求、财务风险高低、最佳资本结构来决定支付股利的比例。

下面再来看一下股息支付率的分析。

第一，股息支付率的值越大，说明企业用于支付股息的利润部分越多，股息也越多。企业在进行利润分配时，需要预留一定量的法定盈余，作为企业的发展和积累资金。

第二，股息支付率不可能小于 0，但是可以等于 0，说明当年企业没有发放股息。

9.4.3　市盈率的实战分析技巧

市盈率又称本益比，是指在一个考察期（通常为 12 个月的时间）内，股票的价格和每股收益的比率，是最常用来评估股价水平是否合理的指标之一。市盈率的计算公式如下：

$$市盈率 = 每股市价 ÷ 每股税后利润$$

2018 年 8 月 23 日，云南白药（000538）的股价为 80.20 元，而每股税后利润，即每股收益为 3.02 元，如图 9.13 所示。

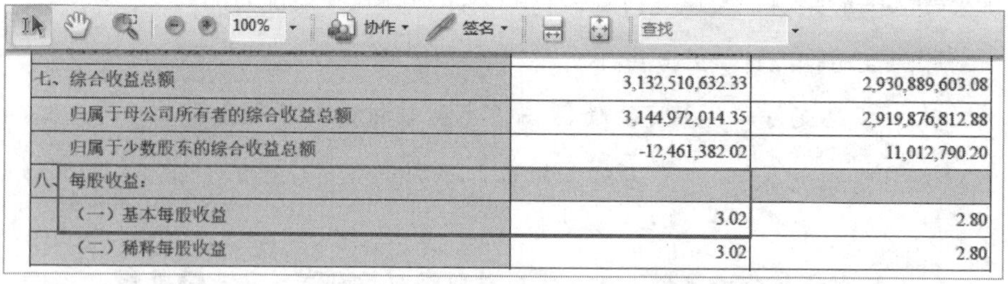

七、综合收益总额	3,132,510,632.33	2,930,889,603.08
归属于母公司所有者的综合收益总额	3,144,972,014.35	2,919,876,812.88
归属于少数股东的综合收益总额	-12,461,382.02	11,012,790.20
八、每股收益：		
（一）基本每股收益	3.02	2.80
（二）稀释每股收益	3.02	2.80

●图 9.13　云南白药（000538）的每股收益

下面来计算一下市盈率。

市盈率 = 每股市价 ÷ 每股税后利润 =80.20 ÷ 3.02= 26.56，如图 9.14 所示。

1. 市盈率的分析

第一，市盈率反映股票持有者对每元净利润所愿支付的价格，它可以用来估计股票的投资报酬和风险。

第二，一般来说，市盈率越高，表明市场对企业的未来越看好。在市价确定的情况下，每股收益越高，市盈率越低，投资风险越小，反之亦然。

第三，在每股收益确定的情况下，市价越高，市盈率越高，风险越大，反之亦然。

第四，从市盈率高低的横向比较看，高市盈率说明企业能获得社会信赖，具有良好的发展前景，反之亦然。

2. 市盈率的影响因素

影响市盈率内在价值的因素如图 9.15 所示。

云南白药 000538		
委比	-50.77%	-33
卖盘 5	80.33	2
卖盘 4	80.30	1
卖盘 3	80.28	10
卖盘 2	80.22	5
卖盘 1	80.20	31
买盘 1	80.18	1
买盘 2	80.10	1
买盘 3	80.06	2
买盘 4	80.00	1
买盘 5	79.85	11
在0.00位置有		买单！查看详细
最新	80.20	开盘 80.20
涨跌	+0.09	最高 80.20
涨幅	+0.11%	最低 80.20
振幅	0.00%	量比 0.67
总手	178	换手 0.00%
金额	142.8万	换手(实) 0.00%
市盈(静)	26.56	市盈(动) 25.57
总市值	835.2亿	流通值 835.2亿
涨停	88.12	跌停 72.10
外盘	178	内盘 0

● 图 9.14　市盈率

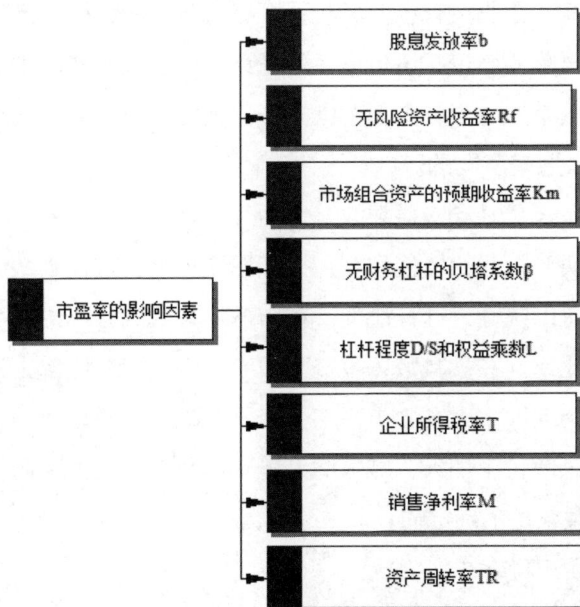

● 图 9.15　市盈率的影响因素

（1）股息发放率 b

显然，股息发放率同时出现在市盈率公式的分子与分母中。在分子中，股息发放率越大，当前的股息水平越高，市盈率越大；但是在分母中，股息发放率越大，股息增长率越低，市盈率越小。所以，市盈率与股息发放率之间的关系是不确定的。

（2）无风险资产收益率 Rf

由于无风险资产（通常是短期或长期国库券）收益率是投资者的机会成本，是投资者期望的最低报酬率，无风险利率上升，投资者要求的投资回报率上升，贴现利率的上升导致市盈率下降。因此，市盈率与无风险资产收益率之间的关系是反向的。

（3）市场组合资产的预期收益率 Km

市场组合资产的预期收益率越高，投资者为补偿承担超过无风险收益的平均风险而要求的额外收益就越大，投资者要求的投资回报率就越大，市盈率就越低。因此，市盈率与市场组合资产预期收益率之间的关系是反向的。

（4）无财务杠杆的贝塔系数 β

无财务杠杆的企业只有经营风险，没有财务风险，无财务杠杆的贝塔系数是企业经营风险的衡量，该贝塔系数越大，企业经营风险就越大，投资者要求的投资回报率就越大，市盈率就越低。因此，市盈率与无财务杠杆的贝塔系数之间的关系是反向的。

（5）杠杆程度 D/S 和权益乘数 L

两者都反映了企业的负债程度，杠杆程度越大，权益乘数就越大，两者同方向变动，可以统称为杠杆比率。在市盈率公式的分母中，被减数和减数中都含有杠杆比率。在被减数（投资回报率）中，杠杆比率上升，企业财务风险增加，投资回报率上升，市盈率下降；在减数（股息增长率）中，杠杆比率上升，股息增长率加大，减数增大导致市盈率上升。因此，市盈率与杠杆比率之间的关系是不确定的。

（6）企业所得税率 T

企业所得税率越高，企业负债经营的优势就越明显，投资者要求的投资回报率就越低，市盈率就越大。因此，市盈率与企业所得税率之间的关系是正向的。

（7）销售净利率 M

销售净利率越大，企业获利能力越强，发展潜力越大，股息增长率就越大，市盈率就越大。因此，市盈率与销售净利率之间的关系是正向的。

（8）资产周转率 TR

资产周转率越大，企业运营资产的能力越强，发展后劲越大，股息增长率就越大，市盈率就越大。因此，市盈率与资产周转率之间的关系是正向的。

9.4.4 市净率的实战分析技巧

市净率指的是每股股价与每股净资产的比率，该指标可以用来说明市场对企业资产质量的评价，其计算公式如下：

$$市净率 = 每股市价 \div 每股净资产$$

股票净值即：公司资本金、资本公积金、资本公益金、法定公积金、任意公积金、未分配盈余等项目的合计，它代表全体股东共同享有的权益，也称净资产。净资产的多少是由股份公司经营状况决定的，股份公司的经营业绩越好，其资产增值越快，股票净值就越高，因此股东所拥有的权益也越多。

2018 年 8 月 23 日，云南白药（000538）的股价为 80.20 元，而每股净资产为 17.32 元，如图 9.16 所示。

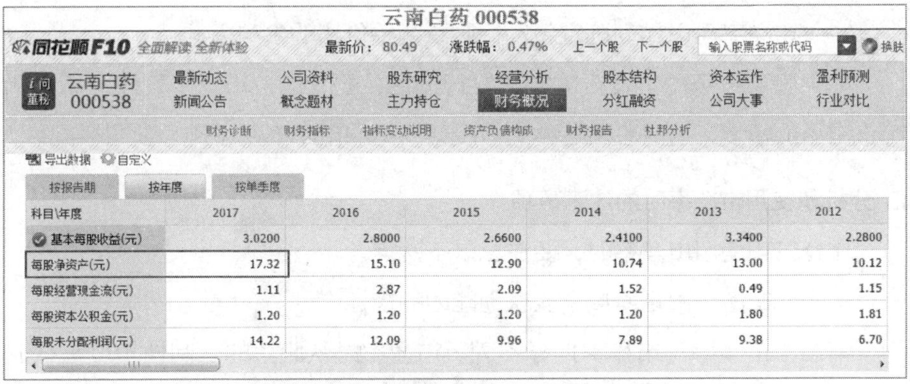

科目\年度	2017	2016	2015	2014	2013	2012
基本每股收益(元)	3.0200	2.8000	2.6600	2.4100	3.3400	2.2800
每股净资产(元)	17.32	15.10	12.90	10.74	13.00	10.12
每股经营现金流(元)	1.11	2.87	2.09	1.52	0.49	1.15
每股资本公积金(元)	1.20	1.20	1.20	1.20	1.80	1.81
每股未分配利润(元)	14.22	12.09	9.96	7.89	9.38	6.70

• 图 9.16　云南白药（000538）的每股净资产

下面来计算市净率。

$$市净率 = 每股市价 \div 每股净资产 = 80.20 \div 17.32 = 4.63$$

1. 市净率的作用

市净率的作用主要表现在两个方面，分别是市净率可用于投资分析、市净率可以作为确定新发行股票初始价格的参照标准，如图 9.17 所示。

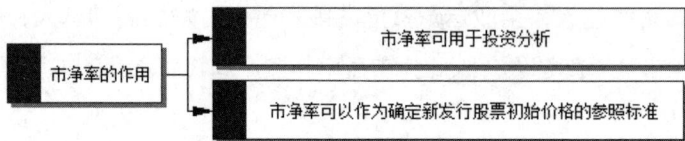

● 图 9.17　市净率的作用

（1）市净率可用于投资分析

每股净资产是股票的本身价值，它是用成本计量的，而每股市价是这些资产的现在价格，它是证券市场上交易的结果。市价高于价值时企业资产的质量较好，有发展潜力，反之则资产质量差，没有发展前景。优质股票的市价都超出每股净资产许多，一般来说市净率达到 3 可以树立较好的公司形象。

市价低于每股净资产的股票，就像售价低于成本的商品一样，属于"处理品"。当然，"处理品"也不是没有购买价值，问题在于该公司今后是否有转机，或者购入后经过资产重组能否提高获利能力，是市价与每股净资产之间的比值，比值越低意味着风险越低。

（2）市净率可以作为确定新发行股票初始价格的参照标准

如果股票按照溢价发行的方法发行的话，要考虑按市场平均投资潜力状况来定溢价幅度，这时股市各种类似股票的平均市净率便可作为参照标准。

2. 分析和使用市净率时的注意事项

在分析和使用市净率时，要注意以下两点。

第一，市净率不是衡量企业获利能力的指标。

第二，市净率与市盈率指标不同。市盈率是从股票的获利性角度进行分析，而市净率是从股票的账面价值角度进行分析。

9.4.5　盈余现金保障倍数的实战分析技巧

盈余现金保障倍数又称盈利现金比率，是指企业一定时期经营现金净流量同净利润的比值，反映了企业当期净利润中现金收益的保障程度，真实地反映了企业盈余的质量。

盈余现金保障倍数从现金流入和流出的动态角度对企业收益的质量进行评价，对企业的实际收益能力进行再一次修正。盈余现金保障倍数的计算公式如下：

$$盈余现金保障倍数 = 经营现金净流量 \div 净利润$$

云南白药（000538）2017 年的经营现金净流量为 1155689948.90 元，净利润为 909329137.87 元，如图 9.18 所示。

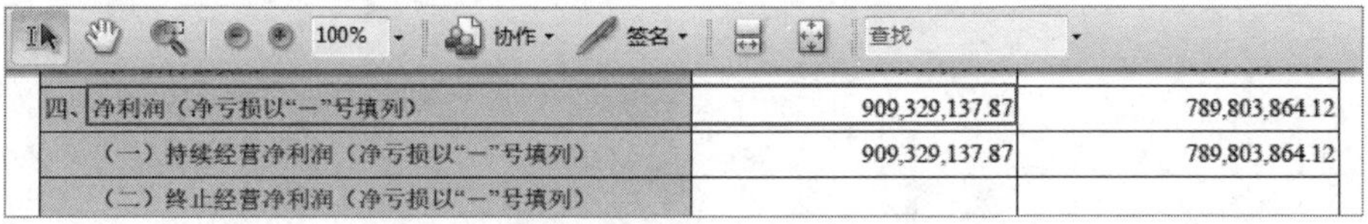

四、净利润（净亏损以"—"号填列）	909,329,137.87	789,803,864.12
（一）持续经营净利润（净亏损以"—"号填列）	909,329,137.87	789,803,864.12
（二）终止经营净利润（净亏损以"—"号填列）		

（a）云南白药（000538）2017 年的净利润

| 经营活动现金流出小计 | 27,704,069,861.93 | 24,423,443,846.01 |
| 经营活动产生的现金流量净额 | 1,155,689,948.90 | 2,984,757,682.97 |

（b）云南白药（000538）2017 年的经营现金净流量

● 图 9.18　云南白药 2017 年的净利润和经营现金净流量

下面来计算盈余现金保障倍数。

盈余现金保障倍数 = 经营现金净流量 ÷ 净利润 =1155689948.90÷909329137.87=1.27

下面来看一下盈余现金保障倍数的意义。

第一，盈余现金保障倍数是从现金流入和流出的动态角度，对企业收益的质量进行评价，对企业的实际收益能力进行再次修正。

第二，盈余现金保障倍数在收付实现制基础上，充分反映出企业当期净收益中有多少是有现金保障的，挤掉了收益中的水分，体现出企业当期收益的质量状况，同时，减少了权责发生制会计对收益的操纵。

第三，一般来说，当企业当期净利润大于 0 时，该指标应当大于 1。该指标越大，表明企业经营活动产生的净利润对现金的贡献越大，利润的可靠性较高，具有一定的派现能力。但是，由于指标分母变动较大，致使该指标的数值变动也比较大，所以对该指标应根据企业实际效益状况有针对性地进行分析。

第 10 章

现金流量表的实战分析技巧

现金流量表分析，是指对现金流量表上的有关数据进行比较、分析和研究，从而了解企业的财务状况，发现企业在财务方面存在的问题，预测企业未来的财务状况，为报表使用者科学决策提供依据。

本章主要内容包括：

➤ 偿债能力的定义和类型

➤ 现金流量负债比率的实战分析技巧

➤ 现金债务总额比率的实战分析技巧

➤ 现金到期债务比率的实战分析技巧

➤ 每元销售现金净流入的实战分析技巧

➤ 每股经营现金净流量的实战分析技巧

➤ 全部资产现金回收率的实战分析技巧

➤ 现金支付能力的实战分析技巧

➤ 经营活动的现金流量分析实战技巧

➤ 投资活动的现金流量分析实战技巧

➤ 筹资活动的现金流量分析实战技巧

10.1 偿债能力的实战分析技巧

企业债务的偿还最终还是要用现金来实现的，报表使用者分析偿债能力的重要依据是用来反映企业现金收支情况的现金流量表。

10.1.1 偿债能力的定义和类型

偿债能力，是指企业偿还到期债务（包含本金及利息）的能力。能否及时偿还到期债务，是反映企业财务状况好坏的重要标志。通过对偿债能力的分析，可以考察企业持续经营的能力和风险，有助于对企业未来收益进行预测。

偿债能力可分两类，分别是短期偿债能力和长期偿债能力，如图 10.1 所示。

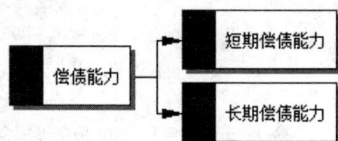

● 图 10.1 偿债能力

1. 短期偿债能力

短期偿债能力，是指企业以流动资产对流动负债及时足额偿还的保证程度，即企业以流动资产偿还流动负债的能力，反映企业偿付日常到期债务的能力，是衡量企业当前财务能力，特别是流动资产变现能力的重要指标。

2. 长期偿债能力

长期偿债能力，是指企业偿还长期负债的能力，企业的长期负债主要有：长期借款、应付债券、长期应付款、专业应付款、预计负债等。

偿债能力分析的指标主要有 3 个，分别是现金流量负债比率、现金债务总额比率和现金到期债务比率，如图 10.2 所示。

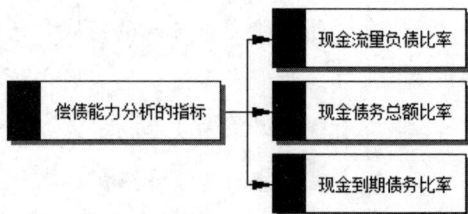

● 图 10.2 偿债能力分析的指标

10.1.2 现金流量负债比率的实战分析技巧

现金流动负债比率是企业在一定时期内的经营活动现金净流量同流动负债的比率，可以从现金流动的角度来反映企业当期偿付短期负债的能力。现金流量负债比率的计算公式如下：

现金流动负债比率 = 经营活动现金净流量 ÷ 流动负债 ×100%

云南白药（000538）2017 年的经营活动现金净流量为 1155689948.90 元，流动负债为 7524369387.51 元，如图 10.3 所示。

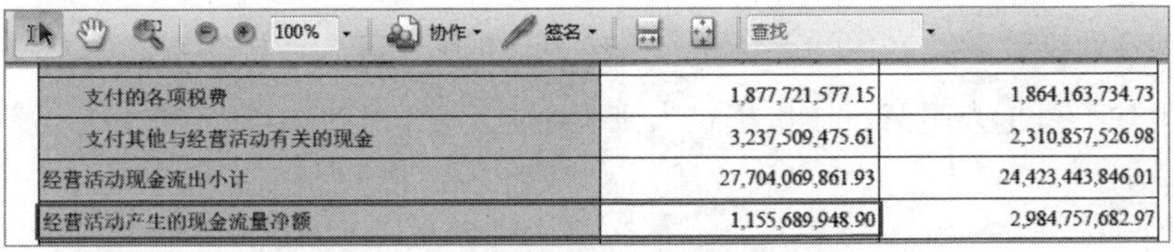

支付的各项税费	1,877,721,577.15	1,864,163,734.73
支付其他与经营活动有关的现金	3,237,509,475.61	2,310,857,526.98
经营活动现金流出小计	27,704,069,861.93	24,423,443,846.01
经营活动产生的现金流量净额	1,155,689,948.90	2,984,757,682.97

（a）云南白药（000538）的经营活动现金净流量

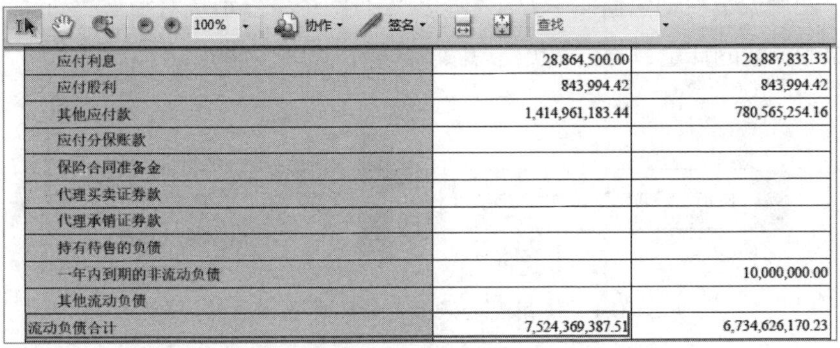

应付利息	28,864,500.00	28,887,833.33
应付股利	843,994.42	843,994.42
其他应付款	1,414,961,183.44	780,565,254.16
应付分保账款		
保险合同准备金		
代理买卖证券款		
代理承销证券款		
持有待售的负债		
一年内到期的非流动负债		10,000,000.00
其他流动负债		
流动负债合计	7,524,369,387.51	6,734,626,170.23

（b）云南白药（000538）的流动负债

• 图 10.3 云南白药（000538）的经营活动现金净流量和流动负债

下面来计算现金流动负债比率。

现金流动负债比率 = 经营活动现金净流量 ÷ 流动负债 ×100%=1155689948.90÷7524369387.51×100%=15.36%

1. 现金流动负债比率的应用

现金流动负债比率越大，表明企业经营活动产生的现金净流量越多，越能保障企业按期偿还到期债务。但是，该指标也不是越大越好，指标过大表明企业流动资金利用不充分，获利能力不强。

该指标从现金流入和流出的动态角度对企业的实际偿债能力进行考察，反映本期经营活动所产生的现金净流量足以抵付流动负债的倍数。

由于净利润与经营活动产生的现金净流量有可能背离，有利润的年份不一定有足够的现金（含现金等价物）来偿还债务，所以利用以收付实现制为基础计量的现金流动负债比率指标，能充分体现企业经营活动所产生的现金净流量，可以在多大程度上保证当期流动负债的偿还，直观地反映出企业偿还流动负债的实际能力。

一般该指标大于1，表示企业流动负债的偿还有可靠保证。该指标越大，表明企业经营活动产生的现金净流量越多，越能保障企业按期偿还到期债务，但也并不是越大越好，该指标过大则表明企业流动资金利用不充分，盈利能力不强。

2. 使用现金流动负债比率要注意的问题

使用现金流动负债比率要注意的问题有两个，分别是对经营活动产生的现金净流量的计量、对流动负债总额的计量，如图10.4所示。

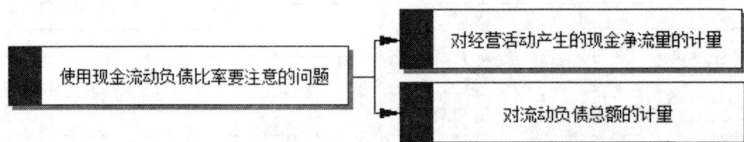

• 图10.4　使用现金流动负债比率要注意的问题

第一，对经营活动产生的现金净流量的计量。企业的现金流量分为三大类，即经营活动产生的现金流量、投资活动产生的现金流量、筹资活动产生的现金流量。计算企业现金流动负债比率时所取的数值仅为经营活动产生的现金流量。这是因为企业的现金流量来源主要取决于该企业的经营活动，评价企业的财务状况也主要是为了衡量企业的经营活动业绩。投资及筹资活动仅起到辅助作用且其现金流量具有偶然性、非正常性，因此用经营活动产生的现金流量来评价企业业绩更具有可比性。

第二，对流动负债总额的计量。流动负债总额中包含有预收账款。由于预收账款并不需要企业当期用现金来偿付，因此在衡量企业短期偿债能力时应将其从流动负债中扣除。对于预收账款数额不大的企业，可以不予考虑。但如果一个企业存在大量的预收账款，则必须考虑其对指标的影响程度，进行恰当的分析处理。

另外，经营活动产生的现金净流量是过去一个会计年度的经营结果，而流动负债则是未来一个会计年度需要偿还的债务，两者的会计期间不同。因此，这个指标是建立在以过去一年的现金流量来估计未来一年的现金流量的假设基础之上的。使用这一财务比率时，需要考虑未来一个会计年度影响经营活动的现金流量变动的因素。

10.1.3　现金债务总额比率的实战分析技巧

现金债务总额比率，是经营活动现金净流量总额与债务总额的比率。该指标旨在衡量企业承担债务的能力，是评估企业中长期偿债能力的重要指标，同时它也是预测企业破产的可靠指标。现金债务总额比率的计算公式如下：

现金债务总额比率 = 经营活动现金净流量 ÷ 债务总额 ×100%

云南白药（000538）2017 年的经营现金净流量为 1155689948.90 元，债务总额为 9559613057.27 元，如图 10.5 所示。

项目 名称		
递延收益	218,271,627.15	186,971,985.60
递延所得税负债	570,593.48	570,593.48
其他非流动负债		
非流动负债合计	2,035,243,669.76	2,008,493,238.66
负债合计	9,559,613,057.27	8,743,119,408.89

●图 10.5　云南白药（000538）2017 年的债务总额

下面计算现金债务总额比率。

现金债务总额比率 = 经营活动现金净流量 ÷ 债务总额
× 100%=1155689948.90 ÷ 9559613057.27 × 100%=12.09%

现金债务总额比率越高，企业承担债务的能力越强，破产的可能性越小。这一比率越低，企业财务灵活性越差，破产的可能性越大。

10.1.4 现金到期债务比率的实战分析技巧

现金到期债务比率，是指企业当年经营活动产生的现金净流量与本期到期债务的比率。它反映了企业可用现金流量偿付到期债务的能力。现金到期债务比率的计算公式如下：

现金到期债务比率 = 经营活动现金净流量 ÷ 本期到期债务 ×100%

注意，本期到期债务指的是非流动负债总额。

云南白药（000538）2017 年的经营活动现金净流量为 1155689948.90 元，本期到期债务（非流动负债总额）为 2656093976.60 元，如图 10.6 所示。

	100%	协作	签名		查找	

云南白药集团股份有限公司 2017 年度报告全文

递延所得税资产	70,263,190.98	61,982,082.88
其他非流动资产		
非流动资产合计	2,656,093,976.60	2,658,931,798.25

● 图 10.6 云南白药（000538）2017 年的本期到期债务

下面来计算现金到期债务比率。

现金到期债务比率 = 经营活动现金净流量 ÷ 本期到期债务 ×100%=1155689948.90÷2656093976.60×100%=43.51%

通常作为企业到期的长期负债和本期应付票据是不能延期的，到期必须如数偿还，企业设置的标准值为 1.5。该比率越高，企业资金流动性越好，企业到期偿还债务的能力就越强。

10.1.5 偿债能力分析的意义

在企业的偿债能力的分析中，对于企业自身的经营状况、风险机制和现金筹资能力的大小，为企业的理财行为提供借鉴。以上指标对于企业的投资商、债权人、供应链和企业高管等经营活动的参与者具有非同寻常的意义。

1. 从投资者的角度而言

企业偿债能力的强弱与否直接决定企业盈利和企业的竞争能力以及投资行为。企业偿债能力的低下直接导致企业盈利能力和投资机会大量减少，所以企业偿债能力的分析直接决定投资者的投资行为。

2. 从债权人的角度而言

企业偿债能力的强弱与否直接决定对企业的资金、本金、利息以及其他的经济项目能否按期到账。企业偿债能力较弱直接引发本金与利息收回推迟，或者增加企业的财务报表中的坏账。所以，企业偿债能力的分析直接决定债权人能否进行正确的借贷决策。

3. 从管理者的角度而言

企业高管对于所在企业的经营活动中进行的资金运作和投资行为的顺利进行直接影响企业偿债能力的分析，直接影响企业承受财务风险机制能力的强弱。所以，企业偿债能力的分析决定企业高层管理者能否进行正确的经营决策。

4. 从供应商的角度而言

企业偿债能力的分析直接决定供应商对于企业合同承诺的兑现有直接关系。企业的偿债能力弱直接引发资金链的断裂或者货款不能按时导账。所以，企业偿债能力的分析决定供应商能否对企业的财务状况和风险机制进行合理的估量。

10.2 获取现金能力的实战分析技巧

获取现金能力分析主要是了解当期经营活动获取现金的能力。获取现金能力分析的指标主要有有 3 个，分别是每元销售现金净流入、每股经营现金净流量和全部资产现金回收率，如图 10.7 所示。

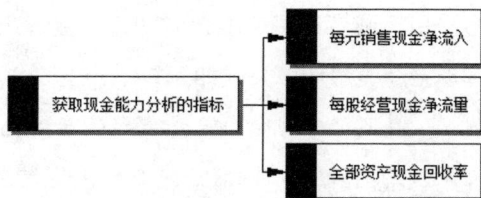

• 图 10.7　获取现金能力分析的指标

10.2.1 每元销售现金净流入的实战分析技巧

每元销售净现金流入，是指经营活动现金净流量与主营业务收入的比值，它反映企业通过销售获取现金的能力。每元销售现金净流入计算公式如下：

每元销售现金净流入 = 经营活动现金净流量 ÷ 主营业务收入

云南白药（000538）2017 年的经营活动现金净流量为 1155689948.90 元，主营业务收入为 24248987776.85 元，如图 10.8 所示。

61、营业收入和营业成本

单位：元

项目	本期发生额		上期发生额	
	收入	成本	收入	成本
主营业务	24,248,987,776.85	16,670,982,272.12	22,362,176,110.78	15,680,976,698.83
其他业务	65,626,267.36	60,592,937.57	48,478,293.53	36,984,505.08
合计	24,314,614,044.21	16,731,575,209.69	22,410,654,404.31	15,717,961,203.91

● 图 10.8　云南白药（000538）2017 年的主营业务收入

下面来计算每元销售现金净流入。

每元销售现金净流入 = 经营活动现金净流量

÷ 主营业务收入 = 1155689948.90 ÷ 24248987776.85 = 0.0477

每元销售净现金流入指标值越高越好，一般不会大于 1。

10.2.2 每股经营现金净流量的实战分析技巧

每股经营现金净流量，是反映每股发行在外的普通股票所平均占有的现金流量，或者说是反映企业为每一普通股获取的现金流入量的指标。每股经营现金净流量计算公式如下：

每股经营现金净流量 = 经营活动现金净流量 ÷ 平均普通股股数

云南白药（000538）2017 年的经营活动现金净流量为 1155689948.90 元（11.56 亿元），平均普通股股数为 10.41 亿元，如图 10.9 所示。

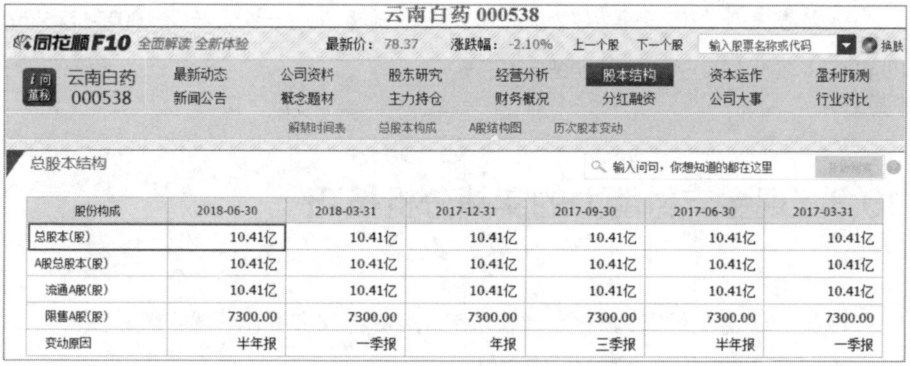

股份构成	2018-06-30	2018-03-31	2017-12-31	2017-09-30	2017-06-30	2017-03-31
总股本(股)	10.41亿	10.41亿	10.41亿	10.41亿	10.41亿	10.41亿
A股总股本(股)	10.41亿	10.41亿	10.41亿	10.41亿	10.41亿	10.41亿
流通A股(股)	10.41亿	10.41亿	10.41亿	10.41亿	10.41亿	10.41亿
限售A股(股)	7300.00	7300.00	7300.00	7300.00	7300.00	7300.00
变动原因	半年报	一季报	年报	三季报	半年报	一季报

• 图 10.9　云南白药（000538）2017 年的平均普通股股数

下面来计算每股经营现金净流量。

每股经营现金净流量 = 经营活动现金净流量 ÷ 平均普通股股数 × 100%= 11.56 ÷ 10.41=111

该指标所表达的实质是作为每股盈利的支付保障的现金流量，因而每股经营现金流量指标越高，股东们越乐意接受。

10.2.3　全部资产现金回收率的实战分析技巧

全部资产现金回收率，是指营业净现金流入与全部资产的比值，反映企业运用全部资产获取现金的能力。全部资产现金回收率计算公式如下：

全部资产现金回收率 = 经营活动现金净流量 ÷ 全部资产 × 100%

云南白药（000538）2017 年的经营活动现金净流量为 1155689948.90 元，全部资产为 27702530540.34 元，如图 10.10 所示。

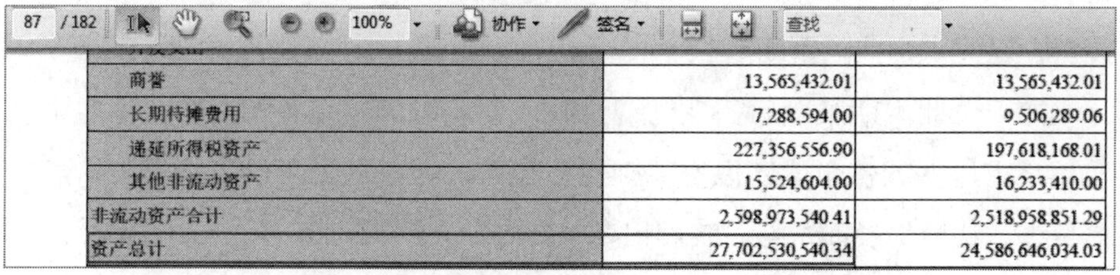

商誉	13,565,432.01	13,565,432.01
长期待摊费用	7,288,594.00	9,506,289.06
递延所得税资产	227,356,556.90	197,618,168.01
其他非流动资产	15,524,604.00	16,233,410.00
非流动资产合计	2,598,973,540.41	2,518,958,851.29
资产总计	27,702,530,540.34	24,586,646,034.03

• 图 10.10　云南白药（000538）2017 年的全部资产

下面来计算全部资产现金回收率。

全部资产现金回收率＝经营活动现金净流量÷全部资产×100%=1155689948.90÷27702530540.34×100%=4.17%

10.3 现金支付能力的实战分析技巧

企业的现金支付能力对企业经营者与投资者都有非常重要的意义。

10.3.1 现金支付能力的定义

现金支付能力，是指企业除了用现金偿还债务外，用现金来支付其他各项开支的能力，如购买原材料、包装物、低值易耗品和商品等货物，支付职工工资，支付税金，支付各种经营费用，对内投资，对外投资，支付投资者股利（利润）等。

10.3.2 现金支付能力对经营者的作用

对于企业的经营者来说，企业的现金支付能力是其作出筹资和投资决策最重要的依据。

如果企业当期所取得的经营活动的现金收入以及投资活动的现金收入，在偿付本期债务后不足以支付经营活动的各项支出，那么企业必须通过举借短期借款等方法筹集短期资金以满足生产经营活动的需要。

如果企业本期及以后各期取得的现金收入在偿还债务和满足经营活动的各项开支之后还能有一定的盈余，那么企业就可以考虑开展对内投资和对外投资，以促进企业的不断成长。

如果企业本期及以后各期的现金收入不足以满足投资的需要，但投资完成后将有足够的资金偿还投资，则企业就可以考虑通过举借长期借款、发行债券等方法筹集长期资金以开展投资。

如果企业本期取得的现金收入在偿还完债务，满足了经营活动的支出、投资活动的支出后仍有较大的现金盈余，或者当期现金收入在满足各项支出后虽然没有不少盈余，但往年积存的现金余额仍然很大，在这种情况下企业就可以作出分配股利（利润）的决策，以回报投资者，增强投资者的信心。

10.3.3 现金支付能力对投资者的作用

对于投资者来说，如果企业现金支付能力很强，每年都能在满足各项开支后支付一定量的股利（利润），那么投资者就能在较短时间内收回投资成本，对企业的信心就会增强；反之，如果企业支付能力不强，即使企业账面上获利颇丰，前景良好，不少投资者，特别是那些急于收回投资成本的投资者也会对企业失去信心，而将资金投往别处，或者规定企业搁置对内投资或对外投资项目以发放股利，从而影响企业的成长。

10.3.4 现金支付能力的分析

现金支付能力的分析，主要是通过企业当期取得的现金收入，特别是其中的经营活动的现金收入和现金的各项开支相比较来进行的。

将企业本期经营活动所取得的现金收入和企业本期所偿还的债务、企业经营活动发生的各项支出开展对比，就可以确定可用于投资和发放股利的现金。企业取得的收入，首先要用来偿还债务，然后才能用来满足各项开支。在现金流量表中反映如下。

（1）通过筹资活动的现金流量项目下"偿还债务所支付的现金""分配股利、利润或偿付利息所支付的现金"项目开展反映。

（2）通过经营活动的现金支出各个项目，如"购买商品、接受劳务支付的现金""支付的各项税费""支付给职工和为职工支付的现金"等项目开展反映。

另外，如果企业本期有投资活动所取得的现金收入，就可以将这部分收入加入到经营活动的现金收入中去，这样，将企业当期取得的现金收入与偿还债务、支付经营活动各项支出相抵后的余额，即为企业可用于投资和分配股利（利润）的现金。

如果企业本期可用于投资、分配股利（利润）的现金大于 0，说明企业当期经营活动的现金收入加上投资活动取得的现金收入就足以支付本期的债务和日常经营活动的支出，可以有一部分余额用于投资和分配股利；反之，如果企业可用于投资、分配股利（利润）的现金小于 0，则说明企业当期经营活动的现金收入加上投资活动的现金收入不足以支付企业的债务和经营活动的日常开支，需要通过筹资活动来弥补这地方的不足，更不用说用于投资活动和分配股利（利润）了。

在不少情况下，企业在本期偿还的借款、偿付的债券本金和利息中包括了一部分本期借入、本期偿还的借款本金和利息或者本期发行、本期偿付债券的本金和利息。

在上述分析的基础上，我们采用趋势预测法，预测企业未来年度的经营活动的现金收入，投资活动的现金收入，经营活动的现金支出，偿还借款、债券的现金支出等，即可预测企业未来年度支付能力，从而为企业作出筹资和投资决策提供依据。在这方面，企业的经营者拥有得天独厚的条件，即他们掌握企业在正常生产经营条件下各项开支的基本情况、未来年度到期需要偿还的债务本息额等，因而能方便地预测到企业未来的现金支付能力。

10.4　现金流量的质量分析实战技巧

所谓现金流量的质量，是指企业的现金流量能够按照企业的预期目标进行运转的质量。具有较好质量的现金流量应当具有如下特征。

（1）企业现金流量的状态体现了企业发展战略的要求。

（2）在稳定发展阶段，企业经营活动的现金流量应当与企业经营活动所对应的利润有一定的对应关系，并能为企业的扩张提供现金流量的支持。

一般情况下，现金流量结构合理，现金流入、流出无异常波动，企业的财务状况就基本良好。

拿到现金流量表，首先，应关注表中最后几栏"现金及现金等价物净增加额"，若此数为正数，表明企业本期有现金流入；反之则为现金流出，如图 10.11 所示。

其次，分别按现金流量表三大分类分析上述净流入（出）额的组成，分析在哪一分类中产生流入，哪一分类中产生流出。三大分类为经营活动的现金流量、投资活动的现金流量和筹资活动的现金流量。

四、汇率变动对现金及现金等价物的影响	-5,448,143.58	5,131,871.54
五、现金及现金等价物净增加额	-113,286,923.10	-771,960,161.45
加：期初现金及现金等价物余额	1,870,713,526.20	2,642,673,687.65
六、期末现金及现金等价物余额	1,757,426,603.10	1,870,713,526.20

● 图 10.11 现金及现金等价物净增加额

最后，分析三大分类现金流量的构成。

10.4.1 经营活动的现金流量分析实战技巧

现金流量表"经营活动的现金流量"是企业正常经营活动产生的现金流量，主营业务是这一分类的主要构成。主营业务突出、收入稳定是企业运营良好的重要标志，所以这一指标可以说是企业的脊梁。

1. 经营现金净流量

经营现金净流量为正数，通常说明企业经营进入良性循环，销售带来现金流入，而现金流入越大，企业经营越稳健、越成功，如图 10.12 所示。

支付给职工以及为职工支付的现金	1,278,263,315.48	1,187,860,947.35
支付的各项税费	1,877,721,577.15	1,864,163,734.73
支付其他与经营活动有关的现金	3,237,509,475.61	2,310,857,526.98
经营活动现金流出小计	27,704,069,861.93	24,423,443,846.01
经营活动产生的现金流量净额	1,155,689,948.90	2,984,757,682.97

● 图 10.12 经营现金净流量

从长期来看，只有当企业经营活动产生的现金流量大于零并在补偿当期的非现金消耗成本后仍有剩余，才意味着企业经营活动产生的现金流量已经处于良好的运转状态。因为此时企业通过正常的商品购、产、销所带来的现金流入量不但能够支付因经营活动而引起的货币流出、补偿当期全部的非现金消耗性成本，而且还有余力为企业的投资活动提供现金流量支持。如果这种状态持续，则企业经营活动产生的现金流量将对企业经营活动的稳定与发展、企业投资规模的扩大起到重要的促进作用。

经营现金净流量为负，说明企业经营资金周转不灵，可能存在存货积压、赊账过多等不利因素。所以经营活动现金流量可以作为观察企业经营含金量的试金石，是观察企业是否舞弊作假的火眼金睛。

2. 销售商品、提供劳务收到的现金

在经营活动现金流量中，可以将"销售商品、提供劳务收到的现金"同利润表中营业收入总额相对比，以大致判断企业现款销售率，如图 10.13 所示。

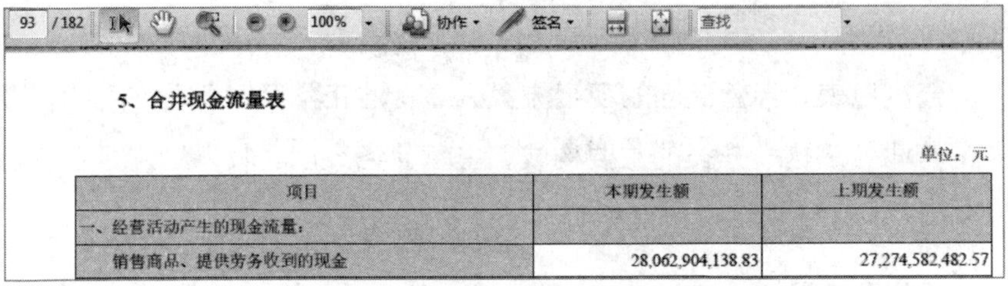

5、合并现金流量表

单位：元

项目	本期发生额	上期发生额
一、经营活动产生的现金流量：		
销售商品、提供劳务收到的现金	28,062,904,138.83	27,274,582,482.57

● 图 10.13　销售商品、提供劳务收到的现金

高收现率是企业经营管理者成功管理的结果，也表明企业产品定位正确、适销对路，并已形成卖方市场的良好经营环境，尽管现金流入有可能包括前期因商业信用产生的应收票据或应收账款的收回，但这一因素可以不作太多的考虑，因为从较长一段时间来看，除非经营环境发生重大变化，否则应收账款年平均收现率差异不会太大，这一差异对每年现金流量的影响也会抵销。

3. 购买商品、接受劳务支付的现金

"购买商品、接受劳务支付的现金"一项，还可用于成本分析，如图 10.14 所示。

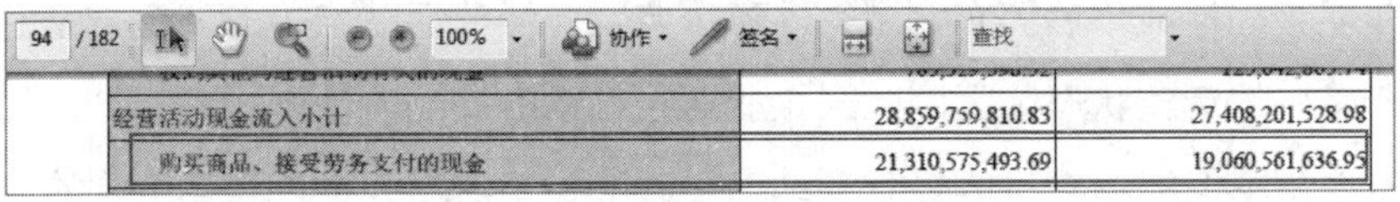

经营活动现金流入小计	28,859,759,810.83	27,408,201,528.98
购买商品、接受劳务支付的现金	21,310,575,493.69	19,060,561,636.95

● 图 10.14　购买商品、接受劳务支付的现金

将企业主营业务成本与购买商品、接受劳务支付的现金相比较，可以知道企业实际成本是否过高，从而可以更加清楚地认识到企业目前所面临的形势是否严峻。

4. 经营活动现金流入和流出的主要项目

经营活动现金流入的主要项目包括：①销售商品、提供劳务收到的现金；②收到的税费返还；③收到的其他与经营活动有关的现金。

经营活动现金流出的主要项目包括：①购买商品、接受劳务支付的现金；②支付给职工以及为职工支付的现金；③支付的各项税费；④支付的其他与经营活动有关的现金。

经营活动现金流量净额是经营活动现金流入与经营活动现金流出的差额。

5. 经营活动现金流量净额与企业当期取得的净利润的关系

经营活动现金流量净额与企业当期取得的净利润存在着密切关系，可以揭示净收益的收益质量和企业的营运资金管理状况。经营活动现金流量相对于净利润而言，企业的经营活动现金流量更能反映企业真实的经营成果。

第一，经营活动现金净流量不包括非经营活动的损益，比如有的企业为了掩盖经营亏损，通过处置固定资产、无形资产、长期股权投资、金融资产、投资性房地产等调节利润，所以净利润扣除"非经营活动损益"后，得出的是"经营活动净损益"更加突出企业经营盈利的真实性。

第二，经营活动现金净流量不包括不支付的成本费用：计提的减值准备；计提固定资产折旧；无形资产摊销；长期待摊费用摊销。因为这些成本费用大多是本期没有发生支付现金，所以更能真实反映经营活动应得现金。

第三，经营活动现金净流量能够准确地反映企业存货和结算账户调节利润的阴暗面，有些企业为了保持所谓高毛利，运用减少销货成本使成本沉淀在期末库存里，所以存货增加直接结果就是现金流量减少；同样有些企业通过应收项目提前确认收入，但是应收票据、应收账款、其他应收款增加会降低现金流量；有些企业会运用预付账款延期确认成本费用，但是预付账款增加也会造成现金流量的下降。

一个企业可以通过包装粉饰业绩，形成虚假的业绩增长假象，我们完全可以运用经营活动现金净流量作为检验企业财务经营真实性的试金石。以前华锐风电、汉王科技、科恒股份、南大光电业绩突然变脸，露出被包装丑陋的一面足以说明观察财务经营业绩真实性就是考察利润含金量的重要性，包括即将上市的恒华科技可能直接亏损就是在经营活动现金净流量上出现了软肋，因为一个企业可以调节利润，虚增业绩，但是很难做到虚增真金白银的经营活动现金净流量。一个企业每股经营活动现金净流量低于每股收益 30%，这类企业属于极其险恶的粉饰造假企业，哪怕合理运用会计手段，离亏损破产也不会很遥远。

但是，企业也可以运用下列手段对经营活动现金流量进行操纵，比如：利用关联方在期末大量偿还应收账款，过了年底立即再将资金以多种形式返回；有的通过关联方预付帐款顶上现金流量，过了年再将预付款退回，所以拥有大量预付款项的企业我们也要连续性观察，有些白酒企业当初就有这类调控嫌疑；这些操纵我们可以通过对比第四季度报告和第一季度报告来发现这些恶魔企业的丑陋。有的运用应收票据贴现，应收票据贴现实质上是企业筹措资金的一种形式，并不能改善企业的获利能力和收益质量，可以对比年末应收票据和年初应收票据，如果突然下降一般都有这类嫌疑。

10.4.2　投资活动的现金流量分析实战技巧

企业的投资活动主要有 3 个目的，具体如下。

第一，为企业的正常生产经营打下坚实基础，如购建固定资产、无形资产和其他长期资产等。

第二，为企业对外扩张和其他发展性目的进行权益性投资和债权性投资。

第三，利用企业暂时不用的闲置货币资金进行短期投资，以获得较高的投资收益。

在上述的三个目的中，前两个都与企业的长期规划和短期计划相一致，第三个在很多情况下是企业的一种短期理财安排。

在企业投资活动符合其长期规划和短期计划的条件下，若投资活动产生的现金流量净额为负数，一般是企业挖掘利润增长点、扩大投资行为的结果，如图 10.15 所示。

云南白药集团股份有限公司 2017 年度报告全文		
投资活动产生的现金流量净额	-351,800,650.78	-3,987,197,004.40

● 图 10.15　投资活动产生的现金流量净额

如果企业投资活动产生的现金流量净额为正数，一般是由于企业在本会计期间投资回收活动的规模大于投资支出的规模，或者是由于企业在经营活动和筹资活动方面急需资金，而不得不处理手中的长期资产来变现。

10.4.3　筹资活动的现金流量分析实战技巧

如果企业能利用财务杠杆发挥筹资作用，增加资本利得，则筹资活动产生的现金流入是利好；反之，则是利空。企业的筹资活动产生的现金流入主要用于两个方面，分别是支持现有生产和用于投资。

一般情况下，当企业处在发展的起步阶段时，需要投入大量的资金，企业对现金流量的需求主要通过筹资活动来解决。

分析企业筹资活动产生的现金流量净额大于零是否正常，关键要看企业的筹资活动是否已经纳入企业的发展规划，是企业管理层以扩大投资和经营活动为目标的主动筹资行为，还是企业因投资活动和经营活动的现金流出失控，而不得已的筹资行为。

企业筹资活动产生的现金流量净额小于零时，可能是由于企业经营活动与投资活动在现金流量方面运转较好，有能力满足各项支付对现金的需求，也可能是企业在投资和企业扩张方面没有更多作为的一种表现，如图 10.16 所示。

| 95 /182 | 🖑 🔍 ⊖ ⊕ | 100% ▾ | 🗂协作 ▾ | ✎签名 ▾ | 🗐 🗖 | 查找 | ▾ |

三、筹资活动产生的现金流量:		
吸收投资收到的现金		11,900,000.00
其中：子公司吸收少数股东投资收到的现金		4,900,000.00
取得借款收到的现金		896,544,000.00
发行债券收到的现金		
收到其他与筹资活动有关的现金	30,664,618.85	35,627,200.00
筹资活动现金流入小计	30,664,618.85	944,071,200.00
偿还债务支付的现金	11,100,000.00	20,000,000.00
分配股利、利润或偿付利息支付的现金	930,792,696.49	691,687,830.11
其中：子公司支付给少数股东的股利、利润		
支付其他与筹资活动有关的现金	500,000.00	7,036,081.45
筹资活动现金流出小计	942,392,696.49	718,723,911.56
筹资活动产生的现金流量净额	-911,728,077.64	225,347,288.44

● 图 10.16　筹资活动产生的现金流量净额

第 11 章

虚假财务报表的识别技巧

———————————◦———————————

　　财务报表作为报表使用者了解企业最重要的渠道，应该能真实、公允地反映企业的财务状况和经营成果。但近年来，有些企业在财务报表中弄虚作假，误导和欺骗投资者，给投资者造成极大的损失和伤害。因此，掌握企业编制虚假财务报表的识别方法非常有必要。

本章主要内容包括：

➤ 会计差错的原因及更正

➤ 会计舞弊的类型、途径及危害

➤ 表表不符、虚报盈亏和表帐不符

➤ 报表附注不真实和编制合并报表时弄虚作假

➤ 财务报表的虚假识别方法与技巧

➤ 财务报表的虚假审计方法与技巧

11.1 虚假财务报表的成因

虚假财务报表，是指在会计核算及会计报表编制过程中违反会计法规、会计准则和会计制度的规定，采用一定的手段和方法，人为地影响企业的财务会计报表，使财务报表提供的会计信息不能真实反映企业的财务状况、经营成果和现金流量，从而达到某种特定行为的目的。

虽然财务报表在制作和生成的过程中有着非常严格的操作程序，生成后也有严格和科学的复查、审核工作，以保证其数据的客观与真实，但由于种种原因，财务报表的数据中还是有可能出现误差，使得根据财务报表进行的财务分析结果产生错误，这对企业的管理和决策影响巨大。

虚假财务报表不但侵害财务报表使用者的利益，而且严重破坏市场经济秩序。投资者要想避免错误，就需要清楚产生错误的原因，从源头抓起。一般来说，造成财务报表中的数据发生错误的原因有两种，分别是会计差错和会计舞弊，如图 11.1 所示。

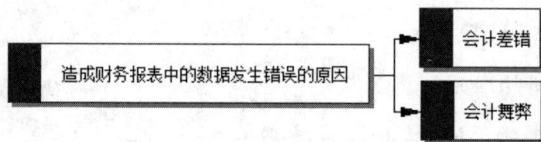

• 图 11.1 造成财务报表中的数据发生错误的原因

11.1.1 会计差错的原因及更正

会计差错是指在会计核算时，由于计量、确认、记录等方面出现的错误。经济事项或交易进入会计系统后，经过确认、计量、记录和报告，输出对信息使用者有用的会计信息。在确认、计量、记录过程中由于种种原因会产生差错。

会计差错可以分为两种，分别是重大
会计差错和非重大会计差错，如图 11.2
所示。

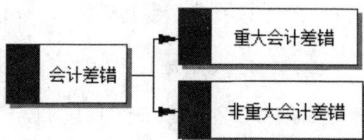

• 图 11.2　会计差错

（1）重大会计差错

重大会计差错，对于发生的重大会计
差错，如影响损益，应计入"以前年度损益调整"科目，应将其对损益的影
响数调整发现当期的期初留存收益，会计报表其他相关项目的期初数也应一
并调整；如不影响损益，应调整会计报表相关项目的期初数。

（2）非重大会计差错

非重大会计差错，是指不足以影响会计报表使用者对企业财务状况、经
营成果和现金流量表作出正确判断的会计差错。

对于本期发现的，属于与前期相关的非重大会计差错，不调整会计报表
相关项目的期初数，但应调整发现当期与前期相同的相关项目，属于影响损
益的，应直接计入本期与上期相同的净损益项目；属于不影响损益的，应调
整本期与前期相同的相关项目。

所以，如果属于数额较小，账务处理如下：借记"主营业务成本"，贷记
"库存商品"。如果属于数额较大，账务处理如下：借记"以前年度损益调整"，
贷记"库存商品"。

1. 会计差错的原因

会计差错的产生有诸多原因，但主要原因有 4 种，分别是由于会计确认
不当形成的会计差错、由于会计计量环节形成的会计差错、由于会计记录造
成的会计差错、其他原因造成的会计差错，如图 11.3 所示。

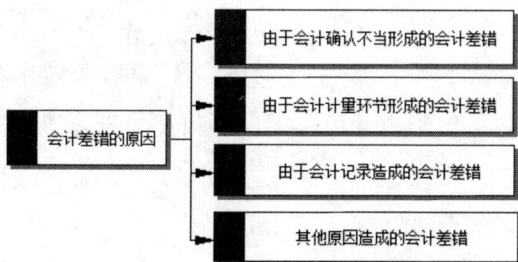

• 图 11.3　会计差错的原因

（1）由于会计确认不当形成的会计差错

会计确认就是依据一定标准识别和确定发生的经济业务是否可以作为会计要素进入会计系统和其数据应否列入会计报表的过程。它解决的是会计的定性问题，为会计计量确定空间范围、时间范围。根据会计确认标准对会计确认产生的影响，会计确认标准可以分为基本确认和补充确认两大类，如图 11.4 所示。

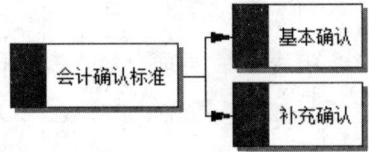

• 图 11.4　计确认标准

与基本确认标准不符的会计差错有两项，具体如下。

第一，与权责发生制确认时间不符的会计差错，例如：提前或推迟确认收入或不确认实现的收入在期末应计项目与递延项目未及时调整等人为舞弊、欺诈行为。

第二，会计要素的定义和特征不符的会计差错，账户分类不当，资产性支出和收益性支出划分的差错等。

与补充确认标准不符的会计差错也有两项，具体如下。

第一，与真实性不符的会计差错，如企业对某项建造合同本应按建造合同规定的方法确认营业收入，但该企业按确认商品销售收入的方法确认收入。

第二，与合法性不符的会计差错，例如：为购建固定资产而发生专门借款，企业将固定资产达到预定可使用状态后发生的借款费用，也计入该项固定资产的价值，予以资本化。

（2）由于会计计量环节形成的会计差错

由于会计计量环节形成的会计差错主要包括两项，具体如下。

第一，与实物数量不符的会计差错。例如：对发出材料的计量不准确，导致期末存货出现盘盈或盘亏现象，从而使会计报表发生错报。

第二，与计量属性和计量企业不符的会计差错，例如：接受捐赠或盘盈的固定资产，是以历史成本计价还是以现行市价或未来现金流量的现值计价等。

（3）由于会计记录造成的会计差错

由于会计记录造成的会计差错主要包括 4 项，分别是操作性错误、技术性错误、习惯性错误和条件性错误，如图 11.5 所示。

第一，操作性错误，即财务人员操作不当出现的错误，如按错计算器键、算盘误计、眼误或笔误等。

第二，技术性错误，即财务人员由于对财务工作的不熟练而造成的会计差错，如：凭证填写不准确，小数点错记，红笔运用不当等。

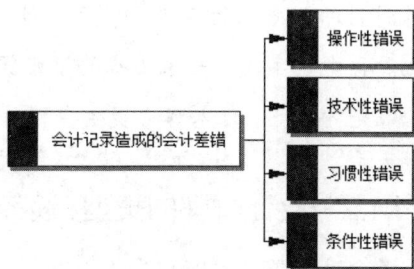

●图 11.5 由于会计记录造成的会计差错

第二，习惯性错误，如将数字"6"上面出头部分写的太短而被错认为"0"等。

第四，条件性错误，即由于客观条件不好，如复写纸质量低劣而造成的复写下联字迹不清，或纸质较差发生的字迹变形而造成的错认。

（4）其他原因造成的会计差错

对于经济业务中不确定因素的会计估计差错；由于管理薄弱、基础工作差，有关人员的职责权限范围不明，而使财务人员犯的错误；由于财务人员责任心不强造成的会计差错。

2. 会计差错的更正

在记帐时，会计帐簿在进行记录的过程中都会发生一些问题，会计账簿记录发生错误如何修正呢？

如果是记帐凭证正确，在进行登记帐簿的过程中发生了相应的错误，这样就会导致帐簿记录的错误问题，这种情况下可以进行划线更正法。我们在进行处理时，可以把错误的文字或是数字进行划线注销，可以把数字划成红线进行处理，这种做法要求可以对原来的字迹进行辨认处理，也可以在划线的上方正确填写相应的文字和数字，在更正以后，记帐人员必须在更正的地方进行盖章处理，数字出现错误时，可以采用全部划红线的方法进行更正，只是修改错误的数字是不正确的。如果是文字出现的错误，可以划去相应的错误文字。

例如，一家企业的现金库存是 896 元，在购买物品时，会计人员填写记帐凭证，发生错误就登记了会计的帐簿，错误的会计分录是借入管理费用 896 元，计入银行存款会计科目的贷方金额是 896 元。如果可以用红字进行更正的话，可以再编写一张与原记帐凭证一样的红字记帐凭证，计入管理费用会计科目的借方，金额是 896 元，计入银行存款会计科目的贷方，金额是 896元。再由蓝字编写一张正确的记帐凭证，可以计入管理费用会计科目的借方，金额是 896 元，计入库存现金会计科目的贷方，金额是 896 元。

11.1.2　会计舞弊的类型、途径及危害

会计舞弊，是指行为人以获取不正当利益为目的，有计划、有针对性和有目的地故意违背真实性原则，违反国家法律、法规、政策、制度和规章规范，导致会计信息失真的行为。

1. 会计舞弊的类型

会计舞弊主要表现为操纵利润、调节资产、偷逃税金三种类型。具体又包括以下几种情况。

第一，恶意造假来操纵利润。恶意造假来操纵利润是指会计活动中当事人（包括企业股东、经营管理者及其他相关人员），为了局部或个人利益，事前经过周密的计划、安排，故意以欺诈、隐瞒、舞弊等手段，使会计信息不能正确反映企业的实际经济活动，或是通过故意制造虚假的会计事项等手段，来人为操纵营业利润。

最突出例子就是红光公司欺诈上市案。1996 年 8 月，红光集团公司为了骗取上市资格，指使公司会计人员，以原本未独立核算的玻壳分厂资产为基础，以虚构收入，少计成本的方式，人为构造出一份看起来不错的会计报表，同时隐瞒了其主要生产设备系 20 世纪 80 年代中期投入使用的，已到报废年限，生产效率低下的这一关键问题。以此通过了有关部门的上市资格审查，从而于 1997 年 6 月顺利上市。但从 1997 年开始，其报表上的业绩就出现大幅度滑坡，直到 2000 年被中国证监会查处。红光股份在上市申报材料中采取虚构产品销售收入的做法就是会计实务中通常所说的"假帐真算""假帐假算"。这种作假方法由于设计得比较慎密，一般发现起来较为困难。

第二，利用会计制度本身的不完善和财务会计本身所具有的不确定性来造假。随着我国经济环境的不断变化，新的经济事项、新的经济业务不断涌现，在这样一个新旧经济转型的过程中，在新旧会计制度交替之际，会计制

度难免有漏洞和不完善之处。一些企业为了自身的小集团利益，利用现有会计制度的缺陷大做文章。

例如"渝钛白"事件。重庆渝港钛白粉股份有限公司（简称渝钛白）是1992 年 9 月在吸收合并重庆化工厂基础上后以社会募集的方式设立的公众股份有限公司。1993 年 7 月在深圳证券交易所挂牌上市。上市之初的几年里，公司的经营业绩还算可以。但自 1996 年开始，公司业绩开始出现滑坡，1996 年亏损额 1318 万元。1997 年公司经营业绩并未有好转，为了掩盖企业经营业绩不佳的事实，公司故意将实际上已于 1995 年底就完工且投入试生产的钛白粉建设项目应付债券利息约 8064 万元计入在建工程成本，从而使 1997 年的公司亏损额仅反映为 3136 万元。实际上，该生产线 1996 年就已具备生产能力，且小批量生产出了合格产品。之所以一直未能达产验收，主要是因流动资金不足及市场暂未打开。根据《企业会计制度》规定：固定资产一旦建设完成并投入使用后，为购建固定资产而发生的借款利息就应进入期间费用，不得再资本化。渝钛白公司之所以这样做，主要原因是：1996 年公司已亏损1000 余万，1997 年公司帐面又亏损 3000 余万。若加上这一笔借款利息，则累计亏损将接近 1.2 亿元。这对于注册资本为 1.3 亿元的公司来说，若公布开来，投资者一定会怀疑其持续经营能力。

第三，利用关联方交易来造假。关联方交易一直是我国资本市场一个颇受关注的话题。大量事实证明，非公允的关联交易会扰乱市场秩序，严重影响资本市场的健康、平稳发展。

利用关联方交易来造假的显著例子就是"ST 猴王"事件。猴王股份有限公司最初是一家主要生产焊接材料和设备的企业，1993 年 11 月在深交所挂牌上市。自 1996 年开始，公司的经营业绩开始滑坡。1998 年，为了能够挤上增发 B 股的班车，猴王股份利用关联方交易做幌子，大肆进行会计造假。根据猴王股份公司有关年报资料披露：1998 年 3 月，猴王股份公司与猴王集团公司签定资产租赁合同，商定从 1998 年 1 月 1 日起，将其名下 11 家子公司租赁给猴王集团公司经营。而事实是直到 2000 年 8 月猴王集团破产时，上述的11 家子公司的资产中也没有一块表明产权属于猴王股份。通过宜昌市工商局注册分局了解到，ST 猴王的资产是 2000 年猴王集团破产前宜宾市政府才下文划到股份公司名下的，此前所有权一直属于猴王集团。前后花费股份公司 4 亿元、历时三年向猴王集团收购的 11 家焊材厂和 3 家焊条厂的"并购"不过是用一堆"垃圾资产"冲抵巨额应收账款、套取上市公司巨额现金的"空手道"。如此运作以后，"收购"来的这部分资产转手又租给猴王集团经营，继续为 ST 猴王的虚假利润做贡献。从 1995 年开始，猴王股份每年都以资金占用费的名义向猴王集团公司收取三四千万元不等的资金占用费，总额高达 1.9 亿元。而这几年 ST 猴王的账面净利润总额总共也只有 1.5 亿元。1998 年，ST 猴王 0.13 元每股收益中竟然有 0.12 元是靠"出租"而来的。由此而来的是公司顺利发行了 B 股。

第四，利用"销售截期"来造假。利用销售截期来调节利润也是企业会计舞弊的常用手法之一。

第五，利用虚假信息来调节资产。企业通常会通过对虚拟的并不存在的资产作虚假的资产评估来虚增资产和通过加速折旧、隐瞒债权等方法来虚减资产，从而达到人为调节企业资产的目的。

第六，利用销售截期和混淆成本等方法来偷逃税金。由于我国实行统一的税率，因此企业实际应交多少税金就取决于税基的多少，即营业收入的多少。有的企业为了达到少交或延后交纳税金的目的，故意将应计入当期的营业收入延期确认，或是将应视同销售的部分（如在建工程领用自产产品，将自产产品用于职工福利消费、对外捐赠等）直接以成本价转入相关科目但不作纳税调整，从而偷逃生产流通环节应交纳的税金；将本应在税后列支的各种罚款、超过规定限额的捐助、非正常损失等混入成本费用中，以此来达到降低应税所得额，偷逃企业所得税的目的。

2. 会计舞弊的途径

会计舞弊的途径主要包括 3 种，分别是收入舞弊、费用舞弊、非经营性损益操纵舞弊，如图 11.6 所示。

（1）收入舞弊

收入舞弊包括 3 种，分别是扩

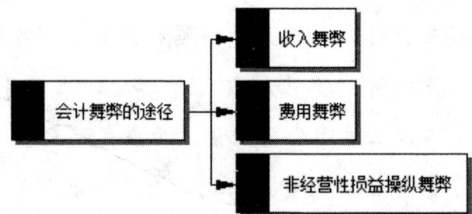

● 图 11.6　会计舞弊的途径

大销售核算范围虚增收入、提前确认收入或记录有问题的收入、利用财务报表合并技术虚增收入，如图 11.7 所示。

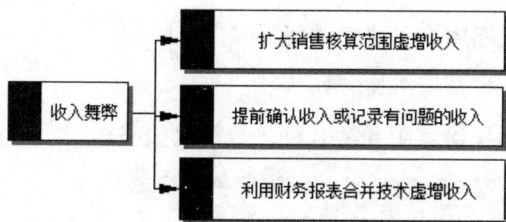

• 图 11.7　收入舞弊

第一，扩大销售核算范围虚增收入。主要手段包括：销售回购、销售租回等业务确认为收入；将委托加工业务的加工发出以及收回，通过对开发票方式分别确认为销售以及购买业务；将非营业收入虚构为营业收入。

第二，提前确认收入或记录有问题的收入。主要包括：在尚未销售商品或提供服务时就确认收入；对发出商品以及委托代销等业务提前确认商品销售收入；将向附属机构出售产品确认为收入；在客户对该项销售有终止、取消或递延的选择权时过早确认收入。

第三，利用财务报表合并技术虚增收入。无论是国际会计准则还是我国会计准则，均以拥有实质控制权作为纳人合并范围的标准。这样，一方面对相关公司是否拥有"实质控制权"必须依赖财会人员的专业判断；另一方面，管理当局可以通过拉长控制链条、构建复杂的公司体系等手段，进一步"拓宽"财务报表合并范围。这些会计选择的灰色地带无疑给企业管理层实施财务舞弊创造了条件。

（2）费用舞弊

费用舞弊包括两种，分别是收益性支出资本化、费用摊提目标化，如图 11.8 所示。

第一，收益性支出资本化。收益性支出资本化，就是将期间费用以及应当与本期收入配比的营业成本等故意列作长期资产，以此虚增利润。

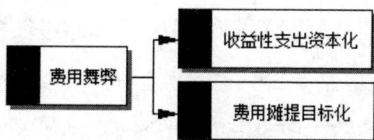

• 图 11.8　费用舞弊

第二，费用摊提目标化。企业基于配股、增发等融资目的，或者为了迎合市场盈利预期等，常常人为调节诸如广告费、折旧费、研发费、预计损失、无形资产摊销等费用的计提或推销的依据比例、固定资产、无形资产折旧及推销期限的延长或缩短均可使当期费用减少或增加。

（3）非经营性损益操纵舞弊

非经营性损益操纵舞弊包括8种，分别是债务重组、非货币性资产交换、借款费用、无形资产、政府补助、固定资产、资产减值、公允价值，如图11.9所示。

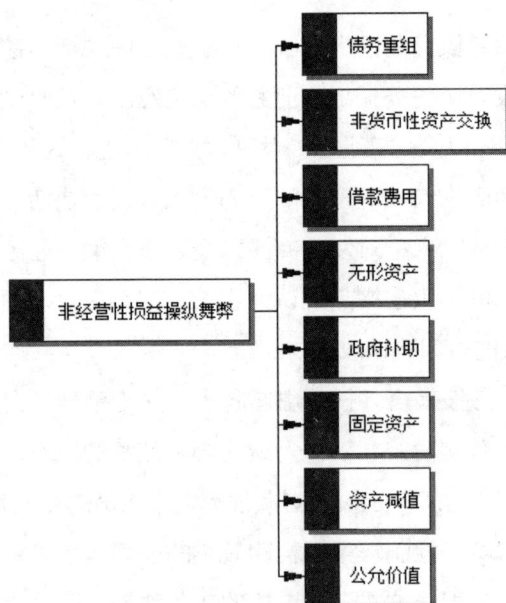

• 图 11.9　非经营性损益操纵舞弊

第一，债务重组。新准则将原先因债权人让步而导致债务人豁免或者少偿还的负债计入资本公积的做法，改为将债务重组收益计入营业外收入。因此，一些上市公司的控股股东很可能会在公司出现亏损或者出于维持公司业绩及配股需要的情况下，通过债务重组确认重组收益来达到操纵利润的目的。

第二，非货币性资产交换。新准则规定，若交易双方存在关联，可能导致发生的非货币性资产交换不具有商业实质，也就是差额不计入损益。因此，一些上市公司如想操纵利润，会想方设法予以规避，将关联交易非关联化。

非货币性资产交换中，公司对商业实质的判断也存在着一定的会计弹性，这给上市公司的利润操纵留下了一定空间。

第三，借款费用。新准则将借款费用资本化的资产范围扩大到需要相当长时间才能达到可销售状态的存货以及投资性房地产等。资本化的借款范围扩大到专门借款和一般借款，这样一些企业便可能在一般借款的利息支出和符合资本化条件的资产上打主意，以达到操纵企业利润的目的。

第四，无形资产。虽然新准则对研究阶段和开发阶段的定义进行了区分，但在实际操作中，很难明确划分这两个阶段，因此，一些公司就可能通过主观划分，来决定研发支出费用化和资本化的分界点，以达到操纵利润的目的。此外新准则中对无形资产的摊销年限不再局限于直线法，并且摊销年限也不再固定，这也给一些公司利用调节无形资产的摊销方式或摊销年限来操纵利润提供了途径。

第五，政府补助。新准则规定，"用于补偿企业以后期间的相关费用或损失的，确认为递延收益；用于补偿已发生的相关费用或损失的，计入当期损益"。在这里，"已发生"和"将发生"是两个不同的时态，却关系到补助的确认金额及当期利润实现程度。当前的环境之下，是否如实确认，完全依赖于企业的诚信程度。因此，有些企业可能人为调节补助操纵当期利润。

第六，固定资产。新准则要求公司对固定资产折旧年限、方法及预计净残值至少每年复核一次。只要与原估计有差异时，就应当调整固定资产的折旧年限与净残值，并且调整的方法采用未来适用法，不用追溯调整。因此，公司只要找到证据证明其固定资产使用寿命与原估计有差异，就可以进行会计估计变更，对业绩进行调整，从而达到操纵利润的目的。

第七，资产减值。新准则中明确规定的不允许转回减值的资产主要是固定资产、无形资产、在建工程以及存货，其他如应收账款、短期投资、长期投资、委托贷款等资产的减值准备仍可转回。因此，新准则虽然对上市公司的利润操纵起到一定的抑制作用，但仍给上市公司操纵利润留下了一定的空间。而且，减值准备的计提方法和比例仍可由上市公司自行选择，公司可能为避免当年亏损，不按规定提足减值准备，留待以后年度进行"以前年度损益调整"，以达到粉饰会计报表的目的。

第八，公允价值。新准则按照现行国际惯例将"公允价值"引入中国会计体系。但是，由于我国市场经济不发达，公允价值的应用在很多处理上需要人为判断，加上我国会计从业人员的素质良莠不齐，难以做到真正的公允，可能一些公司会利用"公允价值"来调节操纵利润。

3. 会计舞弊的危害

会计舞弊的危害主要表现在 3 个方面，如图 11.10 所示。

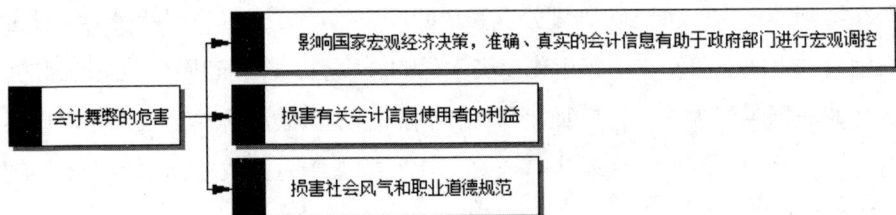

•图 11.10　会计舞弊的危害

（1）影响国家宏观经济决策，准确、真实的会计信息有助于政府部门进行宏观调控

国家财政部门根据企业报送的会计报表，监督检查企业的财务管理情况；税务部门通过阅读企业的会计资料，了解税收的执行情况等。而会计舞弊会导致严重的会计信息失真，使统计上报给政府的相关信息失去了真实性，它将导致政府宏观调控失误，影响社会经济秩序的正常运转。如果依据虚假的会计信息制订国家经济发展计划和宏观经济调控政策，就会起到误导作用，给国家造成重大损失。

（2）损害有关会计信息使用者的利益

在市场经济环境里，企业的资金主要来自股东和债权人，无论是现在或潜在的投资人和贷款人，为了做出合理的投资和信贷决策，必须拥有一定的信息，了解已投资或计划投资企业的财务状况和经营成果。如果企业向公开市场提供的财务会计信息是不真实的，投资者就会感觉上当受骗了。而如果资本市场上的投资人感觉到公司在利用这些虚假的会计信息向他骗钱，他就不会向上市公司投资；同样地，如果银行知道公司提供的报表是假的，他们就不会再融资给企业。因此，会计舞弊所导致的会计信息失真是直接与市场经济规则严重背离的行为。它不但会严重削弱了会计信息的决策有用性，危害了广大会计信息使用者的利益，使社会公众对会计诚信基础产生怀疑，也会从根本上动摇了市场经济的信用基础，危害宏观经济的正常运行。

（3）损害社会风气和职业道德规范

通过会计舞弊，有关当事人可以利用职务之便，侵吞、盗窃、骗取或者采用其他方法非法占有公有款项和公有物品，也可以比较方便地将企业账簿中已作记录的财产或应作记录但未作记录的财产转作账外处理，以及将本企业财产以捐赠、低价转让、无偿租用等方式转出以获得个人利益，从而导致一些企业和个人谋求不正当利益，将会计职业道德置之脑后，滋生腐败导致堕落，败坏社会风气。

11.2　财务报表的 5 种虚假形式

财务报表的 5 种虚假形式分别是表表不符、虚报盈亏、表帐不符、报表附注不真实、编制合并报表时弄虚作假，如图 11.11 所示。

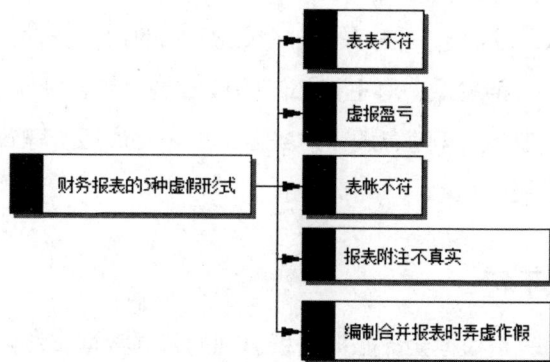

●图 11.11　财务报表的 5 种虚假形式

11.2.1　表表不符

根据有关财务会计制度的规定，在企业对外提供的一些财务会计报表之间必须存在一定的勾稽关系。如资产负债表中的未分配利润应等于利润分配表中的未分配利润；利润分配表中的净利润应与损益表中净利润的金额保持一致。而在审计人员的审计中发现，企业表表不符的现象却是屡见不鲜的。

例如，某会计师事务所的审计人员在对一企业年度报表审计中就发现这样的问题，该企业近年来未进行任何长、短期的投资，资产负债表中长、短期投资均为零，但在损益表中"投资收益"项目中却记了 100 万元，经检查企业投资收益帐户，发现企业投资收益来源于一笔装修业务，企业为了逃避建安业营业税，而将装修收入列入投资收益，造成表表不符。

11.2.2　虚报盈亏

一些企业为了达到一些不法目的，随意调整报表金额，人为地加大资产调整利润；或为了逃税，避免检查而加大成本费用，减小利润。报表本意是要向一些使用人提供最真实的会计信息，为使用者的决策行为提供一个真实的参考，但虚假的会计报表传递了虚假的财务会计报表信息，误导与欺骗了财务会计报表使用者，使他们作出错误的决策。

有些企业把会计报表变成随意拉缩的弹簧，弄出许多为己所用的会计报表，有的企业对财政的报表是穷账，以骗取财政补贴等多种优惠政策，对银行的报表是富账，以显示其良好的资产状况，骗取银行贷款；对税务的报表是亏账，以偷逃各种税款；对主管部门的报表是盈账，以显示其经营业绩，骗取奖励与荣誉等，这样随意调节财务会计报表，最后所导致的结果是国家受损失，少数人中饱私囊。

11.2.3　表账不符

财务会计报表是根据会计帐簿分析填列的，其数据直接或间接来源于会计帐簿所记录的数据，因此，表帐必须相符。但在审计人员的审计过程中：发现表账不相符的情况却比比皆是。

例如，某企业为了增大管理费用，直接在损益中多计管理费用 10 万元，在资产负债表中同时增大应收账款和坏帐准备金额，造成表帐不符。

11.2.4 报表附注不真实

财务会计报表附注是会计报表的补充，主要是对会计报表不能包括的内容或者披露不详尽的内容作进一步的解释说明，包括对基本会计假设发生变化；会计报表各项目的增减变动（报表主要项目的进一步注释），以及或有某项或资产负债表日后事项中的不可调整事项的说明：关联方关系及交易的说明等。但有些企业却采用"暗渡陈仓"的手法，在会计核算中已改变了某些会计政策，但在报表附注中不作说明；或虽不影响报表金额，但对该企业的一些经营活动及前途有极大影响的事项不做说明，欺骗报表使用者。

例如，在检查某企业时，该企业年初和年中的发出存货计价方法完全不同，按照国家财务会计制度的规定，此变更须在财务会计报表附注中披露，但该企业并未做出披露，用以掩盖其调低成本、虚增利润的不法企图。

又如某上市公司报表日后发生重大经济损失，该公司担心影响公司业绩，没有将此变化在附注中披露，而欺骗报表使用人。

11.2.5 编制合并报表时弄虚作假

根据我国《合并会计报表暂行规定》，凡是能够为母公司所控制的被投资企业都属于其合并范围，即所有的子公司都应当纳入合并财务会计报表的合并范围。根据此规定，合并财务会计报表的弄虚作假主要有合并报表编制范围不当，将符合编制合并报表条件的未进行合并，不符合编制合并报表条件的而予以合并或不按规定正确合并，合并资产负债表的抵销项目不完整，尤其是内部债权债务不区分集团内部和外部的往来，使得合并抵销时不能全部抵销；合并损益表也存在内销和外销部分没有正确区分，使得内部交易金额不能全部抵销，未实现内部销售利润计算错误等现象。

例如，某企业在编制合并报表时，与下属子公司的内部销售收入未做抵销，而只是简单的相加，则造成虚增销售、浮夸业绩、信息失真的严重后果；还有的企业在编制合并会计报表时，将下属已"关、停、并、转"的子公司也纳入合并范围，从而使会计信息失去真正的参考价值。

11.3　财务报表的虚假识别方法与技巧

虚假财务报表的识别方法有 4 种，分别是分析利润的来源与时间构成、财务报表对应关系识别法、现金流量分析法、应收款项和存货分析法，如图 11.12 所示。

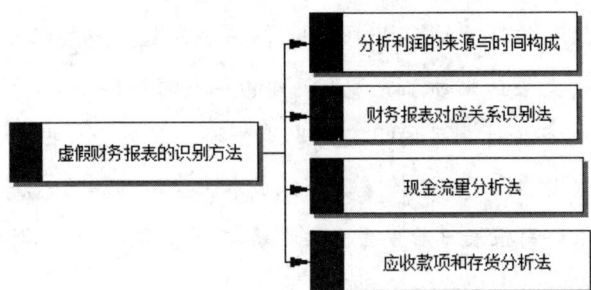

●图 11.12　虚假财务报表的识别方法

11.3.1　分析利润的来源与时间构成

企业利润的来源是多方面的，主要包括主营业务收入、其他业务收入、投资收益、营业外收入和补贴收入等。

一般来说，企业的主营业务利润所占的比例较大，其他利润来源所占比例较小，有些项目甚至是没有的。因此，如果一个企业的补贴收入等偶然性项目在关键时刻出现异常，往往是企业为了达到融资等目的而实施的造假行为。

另外，还应注意利润在各个时段的分布是否正常。部分粉饰会计报表的企业前三季度业绩不好或很差，第四季度业绩突然大增，或者是前三季度业绩相当不错，第四季度却盈利较少，甚至出现巨亏，这种情况如果不是主营业务出现较大变化，那么就是企业粉饰会计报表的嫌疑较大。

11.3.2　财务报表对应关系识别法

目前，在对财务报表进行分析时，投资者较多的采用财务比率体系，对关联公司间的购销也比较关注，然而很少关注非关联公司之间因上下游产品关系、生产性企业和其他企业间的业务往来而形成的购销、应收应付等报表的对应关系。

在实际工作中，当出现因产品、劳务等形成的"关联"公司间的应收应付项目的急剧变动等情况时，应该多加留意，以便能及早发现问题，规避投资风险。

11.3.3　现金流量分析法

现金流量分析法是指将经营活动产生的现金净流量、投资活动产生的现金净流量分别与主营业务利润、投资收益和净利润进行比较分析，以判断企业的主营业务利润、投资收益和净利润的质量。关注企业实现的会计利润与经营活动产生的现金净流量之间的对比。通过剔除了投资收益和财务费用的会计利润与经营活动现金流量之间的对比可以揭示有关会计利润的信息质量的好坏。

如果企业的现金净流量长期低于净利润，意味着与已经确认为利润相对应的资产可能属于不能转化为现金流量的虚拟资产。若反差数额极为强烈或反差持续时间过长，必然说明有关利润项目可能存在挂账利润或虚拟利润迹象。

11.3.4　应收款项和存货分析法

一些上市公司利用虚开购货发票增加收入和利润，一方面增加了商品销售收入，另一方面也会增加商品销售成本，同时也会导致存货的异常增加，存货周转率的急剧下降，而这些虚构的收入往往表现为应收账款，就会导致应收账款周转率急剧下降。为了不让财务指标异常从而引起怀疑，企业通过一些迂回的方法将应收账款向其他应收款、预付账款转移。比如先把资金打出去，再让客户把资金打回来，打出去时挂在其他应收款或预付账款的帐上，打回来作货款，确认收入。因此，要特别注意其他应收款、预付账款余额过高的情况，审查其是否存在虚假销售的问题。

11.4　财务报表的虚假审计方法与技巧

财务报表的虚假审计技巧主要从 4 个方面入手，分别是对原材料的审查、对产成品的审查、对包装物的审查、对营业费用和管理费用的审查，如图 11.13 所示。

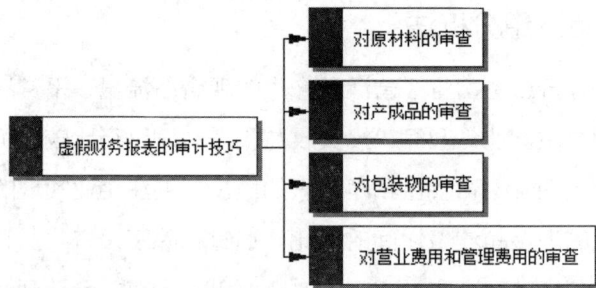

●图 11.13　虚假财务报表的审计技巧

11.4.1　对原材料的审查

原材料作为存货的主要组成部分，是企业流动资产的重要组成部分，也是企业隐藏亏损、虚增利润的重要途径所在，经常被用来大做文章。因为在原材料上作假，形式比较隐蔽，不容易被发现。在原材料上作假，通常有以下几种方法。

（1）生产消耗的部分原材料不做出库的账务处理，不记入生产成本进行核算。金额较小时，原材料变化不明显，不容易引起审计人员的注意，金额较大时，会造成存货中原材料明显虚增，体现在财务报表上，原材料的年末数较年初数会有较大幅度的增加。对于这种异常变动，审计人员在对会计报表各项进行分析性复核时，一般比较容易发现。但是，有一些企业的做法更隐蔽，给审计人员及时发现问题造成了很大困难。

（2）一方面，生产消耗的部分原材料不做出库的账务处理，不记入生产成本，同时已经采购验收入库的未开发票的原材料不做估价入账，或少做估价入账，采用这种原材料进出均不入账的手法，调节会计报表原材料的年末结存金额，使之与年初的结存金额相比没有太大变化。

例如，某企业本年末报表原材料库存 1 900 万元，上年末原材料库存 1 400 万元，两者相比，变化似乎尚属正常。但是经审计却发现，该企业应计入而未计入产品成本核算的已消耗原材料 1 500 万元，同时已入库原材料未做估价入账的 1 200 万元，两者相抵后，对原材料库存金额的影响微乎其微。

这种方法因原材料没有异常变动，审计人员在进行分析性复核时，往往不会将其作为审计的重点，从而容易蒙蔽过关。要发现这种较为隐蔽的作假方法，不仅需要审计人员具有较高的业务素质、丰富的审计经验，更需要敏锐的职业判断能力。

首先，在审计调查阶段，要对被审计企业所属行业的整个状况有一个基本的了解，了解同行业的盈利水平、外部竞争环境等，分析影响企业报表真实性的固有风险。将被审计企业的企业平均成本与行业企业平均成本作比较，假定行业企业平均成本是 80 元左右，而被审计企业的企业平均成本只有 50 元，这时审计人员就应意识到被审计企业的成本很大程度上不真实，可能存在大额少转成本的现象。

其次，将被审计企业主要产品每个月的企业成本进行纵向比较，并将本年度企业平均成本与上年度企业平均成本比较，企业成本变化较大的都应引起审计人员的高度重视。例如，被审计企业前六个月的企业成本均在 80 元左右，而七月的企业成本却只有 58 元，那么就可能存在少转材料，虚减生产成本的情况。又比如，被审企业上年度产品企业成本为 50 元左右，本年度在原燃材料价格大幅上涨的市场环境下，报表产品企业成本仅为 52 元。通过审计人员的职业判断，这种情况往往说明了该企业当年的产品企业成本不真实，可能存在消耗的大额原材料不进成本的情况。

（3）也有一些企业，前几个月甚至 1 ～ 11 月成本核算的会计处理都是正常的，但到后期或年末发现亏损较为严重时，又要隐藏经营亏损，粉饰会计报表。采取的做法为：将生产已经消耗，财务正常出库记入生产成本的原材料或辅助材料，在年末或其他需要的时候，做办理假退库的账务处理，从而人为降低产品成本。对这种情况的审查，需要审计人员在审查原材料、辅助材料明细账时，对发生的每一笔退库冲回业务，逐一地进行核查、分析、询问，并与库管人员进行核对，以查证退库业务的真实与否。

11.4.2　对产成品的审查

对产成品的审查主要包括两个方面，具体如下。

第一，产品破损、毁损等损失，年内不做账务处理。当有证据证明产品价值已经下降或已经毁损，即损失已经发生了的时候，应当及时确认损失。被审计企业为了减少当年的亏损，将损失延迟到次年或以后年度处理。审计人员应结合产成品监督盘点情况和存货跌价准备的审计，查实是否存在价值已降低而没有提取减值准备的存货以及提取的减值准备是否充分。

第二，产品未售出，提前开具发票，虚增主营业务收入。例如：客户 12 月底发来的订货单，虽然无法在年内发货，但在账上先列为销售。销售形成的标志是货物的所有权已从卖方转移到买方。不论采取何种交货方式，卖方都必须已经实际运出了货物才算是形成销售。如果审计人员怀疑有这种情况存在，应在监督企业存货盘点时，注意是否存在已列入销售，但仍在被审计企业存放的存货，或者现场到仓库盘点存货，以确认是否存在虚开发票、不动库存而增加销售额的情况。另外，将年底的销售记录与实际送货单或出库单相核对，查明是否匹配。必要时到现场检查车间的生产记录，测算产品产量，将实物与账簿核对。

11.4.3　对包装物的审查

在对一些小企业进行审计时，对包装物的审查往往不会作为审计人员的审查重点，但在对一些大型生产企业进行审计时，包装物的审查却不容忽视。审计人员在审查包装物时，取得被审计企业实物盘点表的同时，还要善于从明细账上发现包装物的非正常现象。因为被审计企业提供给审计人员的年末盘点表，往往是与财务账一致的。

例如，某企业的包装物木箱账面结存 8450 个，金额 236 万元，实际盘点表数量为 8450 个。审计人员在审查该企业本年度每月的木箱购入及领用时，发现每月正常满足生产需要的木箱数量为 4000 个左右，1～12 月正常木箱结存 450 个，其余 8000 个木箱为上年结转数。审计人员由此可以初步判断木箱存在异常情况，因为正常情况下，企业不可能占用生产周转资金囤积 8000 个属于易毁损物品的木箱。于是审计人员到现场对木箱进行了清点核实，结果证实该企业实际木箱仅为 450 个，盘亏 8000 个，金额 224 万元。经过进一步的审查询问，盘亏木箱是以前年度发生的，为了不增加当年的亏损，未做盘亏账务处理。

11.4.4　对营业费用和管理费用的审查

在审查营业费用、管理费用时，审计人员通常会把各项费用支出的审批手续是否健全有效、支出的内容是否合理合法等作为审计的重点，在审查隐匿亏损、粉饰财务报表方面，往往会忽略它们的作用。可在实际经济活动中，一些企业恰恰在这些容易让人忽略的费用上挖空心思作文章。

审计人员确定营业费用、管理费用的审计重点前，需要对其进行初步分析性复核，发现其中的异常变化。如有的费用支出金额当年较上年同期大幅度减少，甚至不再发生，审计人员就要查明费用大幅度减少的原因，是正常降低费用，还是隐匿费用支出。

（1）企业发生的一部分大额费用支出挂账预付账款科目。这就需要审计人员审查预付账款的真实性，审查预付账款的支出内容及收款企业是否存在异常，有无款项已经付出，却一直没有业务往来的现象。必要时对预付账款进行函证，以查实预付账款是否真实。

（2）将实际已发生的费用支出以借款的形式挂账其他应收款。

一些企业为减少费用支出，虚增利润，将实际已发生的费用支出以借款的形式挂账其他应收款。通常有两种方式：一种是先以个人借款的形式支出大额款项，以个人名义用以支付各项费用。费用支出实际已经发生，发票保存在借款人手中，却不予以报账。另一种是将实际已经发生的费用支出暂时不记入营业费用或管理费用，而是虚挂其他应收款根本不存在的某个企业或某个人。

审查上述作假行为，需要结合对其他应收款——备用金的审查，尤其是年底个人借款金额较大未清理的要作为审计的重点，当审计人员对其产生怀疑时，可以采取找当事人调查、询问等审计手续，以查实个人借款的真实性，同时对于外企业借款，要索取借款合同，进行核实，以查证借款的真实性。

第 12 章

财务报表在股市中的应用技巧

财务报表是上市公司交给股市的答卷，成绩最终将决定它的股价。学习读财务报表是股票投资者的必经之路，财务报表所展现出的一些信息有助于投资者选股。

本章主要内容包括：

➤ 股神巴菲特的财务报表选股策略

➤ 班杰明·葛拉汉的财务报表选股策略

➤ 威廉·奥尼尔的财务报表选股策略

➤ 彼得·林奇如何妙用财务报表

➤ 利用财务指标选股的技巧

➤ 利用主营业务收入选成长股的技巧

➤ 财报白马的识别与投资策略

12.1　国际投资大师的财务报表选股策略

我国股市仅有 20 来年的历史，而欧美国家成熟股市已有一百多年的历史，并且出现了不少投资大师，他们的财务报表选股智慧是值得我们学习的，下面来具体看一下国际投资大师的财务报表选股策略。

12.1.1　股神巴菲特的财务报表选股策略

华伦·巴菲特是全世界有史以来，靠股票赚最多钱的人，1930 年 8 月 30 日生于内布拉斯加州的奥玛哈，年轻时在哥伦比亚大学研究所受教于班杰明·葛拉汉，取得经济学硕士学位，1954 年加入葛拉汉纽曼公司，向葛拉汉学习投资方法，1956 年回到奥玛哈以 100 美元起家，现在个人资产总额已达 400 多亿美元，成为全美第二富有的人。

巴菲特最重要的投资是在 1965 年买下传统纺织工厂波克夏·哈萨威，1967 年巴菲特开始利用波克夏·哈萨威的现金进行企业转投资，在 35 年间，由于巴菲特长期购买企业的方法奏效，使波克夏·哈萨威的净值成长 2078 倍，而且没有任何一年出现亏损。

巴菲特的选股策略非常简单，首先不理会股价每日的涨跌，其次，不去担心总体经济情势的变化；再者，以买下一家公司的心态投资而非投资股票，而其方法中有四大原则，如图 12.1 所示。

注意，由于巴菲特的原则中部分是无法量化的，因此只选取可量化的原则和方法，具体如下。

（1）最近年度股东权益报酬率 > 平均值（市场及产业）。

（2）五年平均股东权益报酬率 > 15%。

（3）最近年度毛利率 > 产业平均值。

（4）7 年内市值增加值 /7 年内保留盈余增加值 >1。

（5）市值 /10 年自由现金流量折现值 <1。

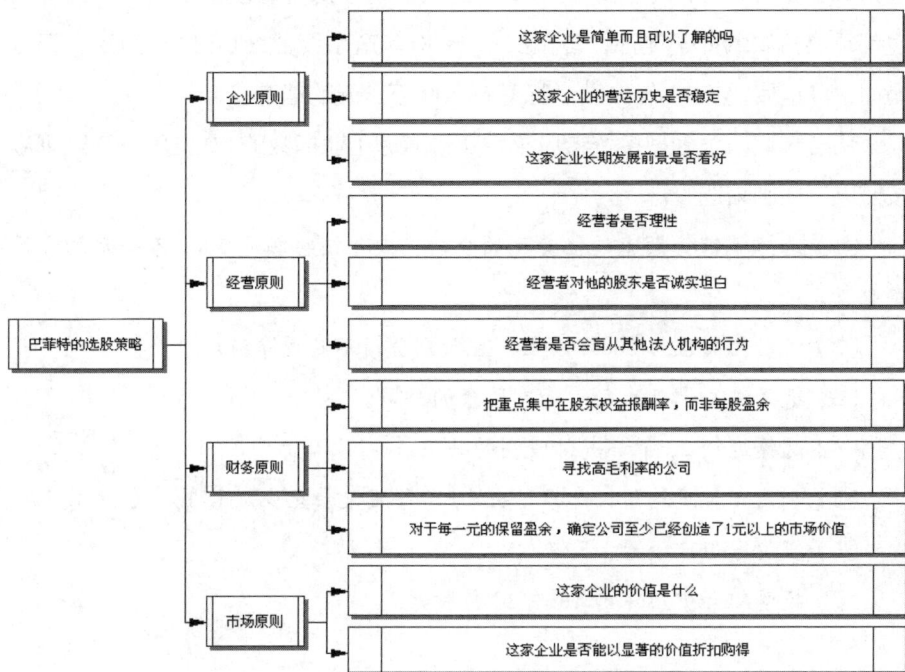

• 图 12.1　巴菲特的选股策略

12.1.2　班杰明·葛拉汉的财务报表选股策略

班杰明·葛拉汉是华尔街公认的证券分析之父，1894 年生于伦敦，1895 年举家迁居纽约，9 岁时父亲过世，幼年生活困苦，1914 年毕业于哥伦比亚大学，进入证券经纪商纽伯格公司担任统计分析的工作，1923 年离职后，创立第一个私人基金——葛兰赫公司，初试啼声操作绩效即非常优异，1925 年因合伙人意见不合而清算解散，1926 年和友人合资设立葛拉汉联合投资账户，至 1929 年初资金规模由 45 万美元成长至 250 万美元，一夕之间，葛拉汉之名成为华尔街的宠儿，多家上市公司的所有人皆希望葛拉汉为他们负责合伙基金，但皆因葛拉汉认为股市已过度飙涨而婉拒。

1929 年，葛拉汉回到母校开课，教导证券分析的方法，1934 年和托德合著《有价证券分析》一书，成为证券分析的开山始祖，在葛拉汉之前，证券分析仍不能被视为一门学问，此书至今仍未绝版，且是大学证券分析的标准教科书之一，当代著名的基金经理人如约翰·奈夫、汤姆·芮普、查尔士·布兰帝等皆是葛拉汉的学生，目前华尔街只要是标榜价值投资法的基金经理人也都是葛拉汉的徒子徒孙，葛拉汉于 1960 年解散经营 20 年的葛拉汉·纽曼公司，并退休，1976 年去世，留下逾 300 万美元的遗产。

葛拉汉认为防御型投资者应平均买进道琼工业指数的 30 支股票，否则应按照以下原则来选股。

（1）选择年销售额逾一亿美元的公司，或年销售额逾 5000 万美元的公用事业股。

（2）流动比例应为 200% 以上，且长期负债不超过净流动资产。

（3）选择过去十年，每年皆有盈余的公司。

（4）选择连续 20 年都支付股利的公司。

（5）利用 3 年平均值，选择过去 10 年每股盈余至少成长 1/3 的公司。

（6）股价净值比小于 1.5 倍。

（7）投资组合中应保持 10 ～ 13 种股票。

12.1.3 威廉·奥尼尔的财务报表选股策略

威廉·奥尼尔在 1958 年开始股票生涯，是华尔街最顶尖的资深投资人士。他白手起家，30 岁时就买下纽约证券交易所席位，并于洛杉矶创办奥尼尔公司，目前是全球 600 位基金经理人的投资顾问。在 1983 年创办《投资者财经日报》，该报成长迅速，是《华尔街日报》的主要竞争对手。

威廉·奥尼尔 1988 年以其 40 年来研究股市的心得和经营共同基金的实证经验，著有《股海淘金》一书，他将他的选股艺术淬炼出 CANSLIM 的选股模式，这个选股模式可以成为你最简单的分析手段，如图 12.2 所示。

1. "C"＝股票每季每股收益

大黑马的特征，就是盈余有大幅度的增长，尤其是最近一季。最好的情况，就是每股收益能够加速增长。但若是去年同季获利水平很低，例如每股收益去年仅 1 分，今年 5 分，就不能包括在内。当季每股收益成长率 8％或 10％是不够的，至少应在 20%~50% 或更高，这是最基本的要求。当季收益高速增长，应当排除非经常性的收益，比如靠出售资产取得的巨额收益。

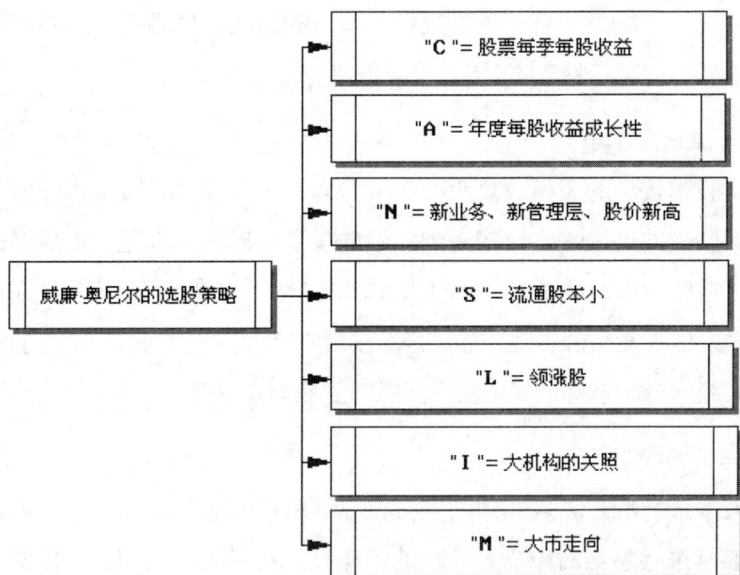

● 图 12.2　威廉·奥尼尔的选股策略

2. "A"＝年度每股收益成长性

值得你买的好股票，应在过去的 4~5 年间，每股收益年度复合成长率达 25％～50％，甚至 100％以上。据统计，所有飙升股票在启动时的每股收益年度复合成长率平均为 24％，中间值则是 21％。一只好股票必须是年度每股收益成长与最近几季每股收益同步成长。

3. "N"＝新业务、新管理层、股价新高

公司展现新气象，是股价大涨的前兆。它可能是一项促成营业收入增加及盈余加速成长的重要新商品或服务；或是过去数年里，公司最高管理阶层换上新血液；或者发生一些和公司本身产业有关的事件。1953 ～ 1993 年美国股市能够大涨的股票超过 95％出现这种情况。

大多数人都不敢买创出新高的股票，反而逢低抢进越跌越多的股票。据研究，在以前数次股市的行情循环里，创新高的股票更易于再创出高价。买进股票的最佳时机是在股票突破盘整期之初，但千万不要等到股价已涨逾突破价 5~10% 后，才蹒跚进场。股价走势若能在盘整区中转强，向上接近或穿越整理上限，则更值得投资。

买入一只多数投资者起先都觉得有些贵的股票，然后等待股票涨到让那些投资人都想买这只股票的时候，再卖出股票。

4."S"=流通股本小

通常股本较小的股票较具股价表现潜力。一般而言，股本小的股票流动性较差，股价波动情况会比较激烈，倾向于暴涨暴跌，但是，最具潜力的股票通常在这些中小型成长股上。过去 40 年，对所有飙升股的研究显示，95% 公司的盈余成长及股价表现，最高峰均出现在实收股份少于 2500 万股的公司中，流通股本越少越好，易于被人操纵，显然易于涨升。

5."L"=领涨股

在大多数情况下，人们倾向于买自己喜欢并熟悉的那些股票。但是，你的爱好通常未必是当时市场最活跃的领涨股，若只因你的习惯而投资这些股票，恐怕只好看他们慢牛拖步。要成为股市的赢家的法则是：不买落后股，不买同情股，全心全意抓住领涨股。在你采用这项原则之前，要先确认股票是在一个横向底部形态，而且股价向上突破后上升尚未超过 5%～10%，这样可以避免追进一只涨得过高的股票。

领涨股的相对强弱度指数 RSI 一般不小于 70，在 1953～1993 年间，每年股价表现最好的 500 美国上市股票，在真正大涨之时的平均 RSI 为 87。股市中强者恒强、弱者恒弱是永恒的规律，一旦大盘跌势结束，最先反弹回升创新高的股票，几乎肯定是领涨股，所以不买则已，要买就买领涨股。

6."I"=大机构的关照

股票需求必须扩大到相当程度，才能刺激股票供给需求，而最大的股票需求来自大投资机构。但是，一只股票若是赢得太多投资机构的关照，将会出现大投资机构争相抢进、买过头的现象，一旦公司或大盘出现这种情况，届时竞相卖出的压力是十分可怕的。

知道有多少大投资机构买进某一只股票并不那么重要，最重要的是去了解操作水准较佳的大投资机构的持股内容，适于投资者买进的股票，应是最近操作业绩良好的数家大投资机构所认同的股票。

7. "M" = 大市走向

你可以找出一群符合前 6 项选股模式的股票，但一旦看错大盘，这些股票约有七八成将随势沉落，惨赔出场。所以，必须有一套简易而有效的方法来判断大盘处于多头行情或是空头行情。

市场上能够符合上述原则的股票仅在少数，而这些股票之中也只有 2％ 的股票成为飙升股，但有的升幅能超过一倍，足以弥补由于选股不当造成的损失。投资者所要做到的是，买进选中的股票，订下你准备止损的价位（一般而言，在购进成本以下 7％ ～ 8％ 绝对是止损的底线）。

12.2　彼得·林奇如何妙用财务报表

彼得·林奇生于 1944 年 1 月 19 日，是一位卓越的股票投资家和证券投资基金经理。由他执掌的麦哲伦基金 13 年间资产增长 27 倍，创造了共同基金历史上的财富神话。

12.2.1　利用账面价值去搜寻公司的隐蔽性资产

受股神巴菲特的影响，林奇对阅读财务报表也有着足够的重视，他常常根据公司财务报表中的账面价值去搜寻公司的隐蔽性资产。

林奇对如何阅读公司的财务报告有其独特的看法："无数财务报表的命运是送进废纸篓，这并不足为怪。封面和彩色页张上的东西还可以看懂，但却无大价值。后面所附的数字犹如天书，但又相当重要。不过，有个办法可以只花几分钟就从财务报告上得到有用的情况。那就是翻过封面和彩页介绍，直接找到印在较差纸张上的资产负债表（财务报表，或者说所有的出版物，都遵循了一条规律：纸张越差，所印内容越有价值）。资产负债表中所列出的资产和负债，对投资者来说才是至关重要的。"林奇认为，通过公司的资产和负债，可以了解该公司的发展或衰退情况，其财务地位的强弱等，有助于投资者分析该公司股票每股值多少现金之类的问题。

对于账面价值，林奇认为有一种理论是极为错误的，那就是如果账面价值为每股 20 美元，而实际售价只有每股 10 美元，那么投资者就以便宜一半的价钱买到了想要的股票。这种理论的错误之处在于标出的账面价值常常与股票的实际价值毫无关系。账面价值常常大大超过或低于股票的实际价值。

例如，1976 年年末，阿兰伍德钢铁公司的标明账面价值为 3200 万美元，即 40 美元一股。尽管如此，该公司在 6 个月后还是破产了。其原因在于该公司更新了一套炼钢设备，该设备的账面价值为 3000 万美元，但由于计划不周，操作上又出了差错，结果毫无用处。为了偿还部分债务，该公司以约 500 万美元的价格把轧钢板机卖给了卢肯斯公司，工厂的其他部分则几乎没有卖得多少钱。

在资产负债表右面的负债很多的情况下，左面的超值资产就更加不可靠。假定说一家公司的资产为 4 亿美元，负债为 3 亿美元，结果账面价值是正 1 亿美元。谁能确保负债部分的数字是实实在在的呢？假如 4 亿美元的资产在破产拍卖中只能卖得 2 亿美元，那么实际上账面价值就是负 1 亿美元。公司不仅一钱不值，还倒欠不少呢。投资在按账面价值购买一种股票时，必须对这些创值到底值多少有一个详细的了解。

账面价值常常超出实际价值，同样，它也常常低于实际价值。林奇认为这正是投资者挖掘隐蔽性资产从而赚大钱的地方。

对于那些拥有诸如工地、木材、石油和稀有金属等自然资源的公司来说，这些资产只有一部分真实价值登记在账面上。例如，一家铁路公司在 1988 年把 130 公里长的铁路用地卖给了佛罗里达州，当时，这块土地的账面价值几乎为 0，而铁轨的价值却达 1100 万美元。在这笔交易中，该公司除保留其在非高峰时期使用这条铁路的权利外，还获得了 2.64 亿美元的完税后收入。

又如，某家石油公司或炼油厂的存货已在地下保存了 40 年；但存货的价格还是按老罗斯福执政时计算的。若仅从资产负债表上看，它的资产价值可能并不高。但是若从石油的现值来看，其创值已远远超过所有股票的现价。它们完全可以废弃炼油厂，卖掉石油，从而给股票持有者带来一笔巨大的财富。而且卖石油是毫不费事的，它不像卖衣服，因为没有人会在乎这些石油是今年开采的还是去年开采的，也没有人在乎石油的颜色是紫红的还是洋红色的。

12.2.2 利用商誉去搜寻公司的隐蔽性资产

20 世纪 60 年代以后，许多公司都大大抬高自己的资产，商誉作为公司的一项资产，常常使公司产生隐蔽性资产。

例如，波士顿的第五频道电视台在首次获得营业执照时，它很可能为获得必要的证件而支付 25000 美元，建电视塔可能花了 100 万美元，播音室可能又花了 100 万到 200 万美元。该电视台创业时的全部家当在账面上可能只值 250 万美元，而且这 250 万美元还在不断贬值，到电视台出售时，售价却高达 4.5 亿美元，其出售前的隐蔽性资产高达 4.475 亿美元，甚至高于 4.475 亿美元。而作为买方，在其新的账簿上，就产生了 4.475 亿美元的商誉。按照会计准则的规定，商誉应在一定的期限内被摊销掉，这样随着商誉的摊销又会产生新的隐蔽性资产。

又如，可口可乐装瓶厂是可口可乐公司创建的，它在账面上的商誉价值为万亿美元，这个万亿美元代表了除去工厂、存货和设备价值以外的装瓶特许权的费用，它实际上是经营特权的无形价值。按美国现行的会计准则，可口可乐装瓶厂必须在开始经营起的 4 年内全部摊销完，而事实上这个经营特权的价值每年都在上涨。由于要支付这笔商誉价值，可口可乐装瓶厂的赢利受到严重影响。以 1987 年为例，该公司上报的赢利为每股 63 美分，但实际上另有 50 美分被用来偿付商誉了。不仅可口可乐装瓶厂取得了比账面上好得多的成就，而且其隐蔽性资产每天都在增长。

12.2.3 利用其他方法去搜寻公司的隐蔽性资产

在母公司全部或部分所有的子公司内也有隐蔽的资产存在。例如在美国联合航空公司内，国际希尔顿公司的资产值为 10 亿美元，赫兹租车公司的资产值为 13 亿美元，威斯汀饭店的资产值为 14 亿美元，另有 10 亿美元是旅行预订系统的资产。除去债务和税收之后，这些资产的总值还是高于联合航空公司的股价。因此，投资者在购买这个世界上最大的航空公司的股票时，实际上一分钱也没花。

当一家公司拥有另一家公司的股票时，其中也有隐蔽的资产。雷蒙德工业公司和油田电信服务公司的情况就是如此。雷蒙德公司的股票售价为 12 美元一股，而每一股都代表了电信公司价值 18 美元的股票。所以，投资者每买一股雷蒙德公司的股票就等于得到电信公司一股价值 18 美元的股票，增值了 6 美元。

另外，对于可能复苏型企业来说，减税是最好的隐蔽资产。由于实行损失账目结转，当佩思中央公司破产后，留有巨额的税收损失可供结转。一旦佩思中央公司从破产中摆脱出来，即使它开始赢利其中数百万美元的利润仍不用缴税。由于当时的公司所得税的税率为 50％，这使佩思中央公司一开始复苏，就占有了 50％ 的优势。佩思中央公司的复苏使它的股票从 1979 年每股 5 美元上涨到 1985 年的每股 29 美元。投资于佩思中央公司的投资者将因此而获得 500％ 多的利润。

林奇认为，市场总是存在着盲点，投资者可以以最低的风险去实现预期的利润。投资者应保持足够的耐心和敏锐的分析能力不断地发掘市场所存在的盲点，市场盲点一旦被整个市场所认同先迈一步的投资者将会获得可喜的回报。

12.3　利用财务指标选股的技巧

利用财务指标能否筛选出未来一年二级市场表现优异的股票？梳理 2011 ～ 2016 年度的年报财务数据，并对六大类、24 个财务指标的选股能力进行定量分析可以发现，销售毛利率、总资产周转率等六大指标在甄选优质股票上能力优异，而财务指标间的强强联合能产生更强大的选股能力，但是，财务指标的选股能力也会因股票组合规模的大小而变化，适用 100 只股票组合的财务指标与适合 30 只股票组合的大相径庭。

投资者一般使用基本面分析的方法研究股票，他们对于个股投资价值的发掘主要基于未来基本面改善的预期，因而侧重于对上市企业未来利好信息的挖掘，这其实是从时机的角度来判断个股的投资机会。而从另一个角度看，利用上市企业的历史财务信息发掘优质企业，也是一种可行的选股方法。

一般来讲，历史基本面稳健且优良的企业作为优质资产，投资风险较低，具备长期投资价值。而从量化财务的角度，从上市企业的历史财务信息中找出优质企业的共同特征，并与各家企业进行比对，也可以发掘出哪些企业的股票在接下来的年度能有超越市场的表现。

12.3.1　利用财务指标的选股能力与风险

从财务角度刻画上市企业质量的指标比较多，大致可以分为盈利能力、经营能力、营运能力、偿债能力、现金流以及成长能力等六大类。这六大类指标均由若干更具体的、可计算的财务指标组成，我们从中选取了 24 个财务指标，包括销售毛利率、总资产周转率等，来刻画上市企业的基本面质量，希望通过观察这些指标，较为具体地了解企业的历史基本信息，并发现哪些基本面信息与二级市场的投资业绩有最直接的关联。

假定股票组合规模为 30 只，根据这一组合在 6 个年报跨度期间的累计收益率，我们对这 24 个财务指标按选股能力进行了排序。对比所有指标的选股能力，销售毛利率、总资产周转率、息税前利润 / 营业总收入、流动资产周转率、营业总成本 / 营业总收入、经营活动净收益 / 利润总额等六大指标在甄选优质股票上能力优异，平均累计收益率都显著地大于其余指标，其中，盈利能力类指标 3 个，营运能力类指标 2 个，经营能力类指标仅 1 个。

从风险的角度看，这些财务指标在选股能力上的波动值得关注。波动越大，用来选股的风险也就越大。财务指标选股能力的波动程度，可以用重要性得分在 6 个年度跨度期间的标准差来衡量。波动性大的财务指标用来衡量股票的投资价值时必须慎用，因为它们选出股票组合的业绩稳健性比较差。

把最稳健的销售毛利率指标和波动最大的经营活动产生的现金流净额 / 负债合计指标在 2011 ～ 2016 年度的重要性得分情况进行了对比，显然，后一偿债指标的选股业绩稳健性比较差，而销售毛利这样指标的选股业绩则非常稳健。

12.3.2　不同财务指标适用不同股票组合规模

财务指标的选股能力有可能随着股票规模的变化而变化，有的指标对甄选小规模组合的股票非常有效，但甄选大量股票时则效率较低，有的指标可能恰恰相反。为此，我们分别构建了30只、50只、100只股票规模的组合，每个规模下选股能力最强的指标赋值24，选股能力最弱的指标赋值1，结果发现每个指标在不同规模下的选股能力强弱不同。以销售毛利率为例，这一指标对于小规模股票比较有效，当股票规模上升时，其能力则不断下降。

我们对于上述30只股票规模下最有效的六大指标进行的敏感性分析发现，销售毛利率、总资产周转率甄选小规模优质股票能力较强，而对大规模股票则效率较低，其余3个指标，包括流动资产周转率、营业总成本/营业总收入、经营活动净收益/利润总额，选股能力的规模敏感性较小。

而在100只股票的规模下，这24个财务指标中选股能力最强的六大财务指标中，营运能力类的有两个，包括流动资产周转率、应收账款周转率；盈利能力类的有两个，包括扣除非经常性损益的净资产收益率、净资产收益率；经营能力类和成长类指标各有一个，为扣除非经常损益后的净利润/净利润、净资产收益率（摊薄）。可以看出，随着股票组合规模的扩大，投资的主题元素显得较为多元。从财务指标的平均累计收益率来看，这六大财务指标的平均累计收益率也显著大于其余指标，只是随着股票规模的扩大，这种相对优势不如小规模股票组合那么大。

在那些选股能力优于平均水平的财务指标中，选股能力波动最大的是总资产净利率，波动最小的是应收账款周转率。波动大显示该指标选股能力不稳健，由此选出的股票组合业绩不那么稳定。

12.4　利用主营业务收入选成长股的技巧

投资股票，重要的是企业的成长，而企业的成长受宏观、行业及企业经营管理等多种因素影响。作为普通投资者，受专业性的约束、信息不对称的影响，分析起来难度很大。

有没有比较简单的方式分析一家企业的成长性呢？多年来，很多人都在关注每股收益，一个简单、实用的评判成长的重要指标却被忽略了，这个指标就是企业的主营业务收入。

通过企业主营业务收入这一指标，成长的复杂因素迎刃而解。因为一家企业发展情况最终反映到财务指标上，主营业务收入是一个重要指标。收入是企业利润来源的根本，更是利润的先行指标。和利润相比，收入指标显得更"纯净"。每家上市企业的利润在与投资人见面之时，都可以说是经过不同程度包装的，如投资收益、公允价值变动、补贴收入、营业外收入等都可能是包装材料，在分析利润时要小心剔除这些偶然性因素的影响。而分析企业收入就简单得多，如果收入持续稳定增长，基本上可以判定企业趋势是向好的。

如果一家企业在外部经济环境恶劣的情况下，仍能保持较高的增长速度，这样企业的竞争力就很强，值得投资格外关注。

例如，2008 年前三季度国内经济受金融危机影响，宏观经济环境对企业发展相当不利，若这一时期上市企业业务仍能快速增长，就值得重点关注。假设一年前通过下面三个条件选择成长性的企业。

（1）企业主营业务收入同比增长 30％。

（2）季度主营收入环比增长 30％。

（3）主营三年复合增长率 30％。

持股一年后，有什么结果呢？根据多年数据统计，符合上面条件选出的26家企业其间平均涨跌幅142％，比上证指数同期73％的涨跌幅强了近一倍。看样子，这个方法的确是非常有效的。

所以，看企业收入，不能简单地看营业收入是多少，而是结合收入的同比、环比、多年复合增长率等系列指标评判企业的成长。

12.5　财报白马的识别与投资策略

下面来看一下财报白马的识别与投资策略。

12.5.1　财报白马的识别特征

股市中的财报白马也有各种有规律的长相，可以通过财报白马的"首、眼、腿、蹄、尾"等方面来识别。

一、马首是指业绩的优良性。最常见的评价标准是通过市盈率、净资产收益率、每股收益的多少这三个指标进行衡量。白马股的市盈率要保持在 20 倍左右或少于 20 倍；其净资产收益率每年至少要保持在 6% ~ 10% 之间；每股收益的多少属于白马股，这需要就个股情况具体分析，没有具体的衡量标准，因为每只股票的股本结构大小不一，净资产高低不同，因此每股收益之间不具有可比性。

二、马眼是指业绩的稳定性。白马股的业绩必须具备较强的稳定性和可持续发展能力，这种能力主要依赖于上市企业的品牌优势、技术优势、规模优势。有些不具备优势的上市企业在面临激烈的市场竞争时，其业绩忽尔濒临摘牌的境地，忽尔又大幅的飚升，对于这类缺乏持续稳定性的白马股投资者以回避为上。

三、马腿是指业绩的成长性。业绩好的绩优股不一定能给投资者带来丰厚的回报，只有成长性好的股票才能给投资者带来丰厚利润。成长性，主要通过对该企业所处行业是处于夕阳产业还是朝阳产业、企业募集资金的投资方向和效果、产品的科技含量如何、人才资源的配置和企业的核心竞争力等多方面来进行综合分析研判。通过财务报表的信息披露，投资者不仅要了解上市企业已经公告的业绩，而且还要从公告信息中判断企业未来的发展前景。

四、马蹄是指业绩的真实性。要观察上市企业业绩增长是真正来源于主营业务收入的增加，还是来自于偶然性收入，如：补贴收入，营业外收入，债务重组收益，因会计政策变更或会计差错更正而调整的利润，发行新股冻结资金的利息等。还要注意有的上市企业利用关联交易调节利润，甚至是直接变卖家产，更有极少部分上市企业通过在财务上的技术处理，给业绩注入水分，如 ST 银广厦、ST 生态等，投资者在选股时要仔细鉴别。

五、马尾是指业绩的含金量。从财务报表看，部分上市企业的利润状况确实好，但再仔细观察现金流量表，就会发现现金流量的状况实在不佳。有的企业在利润大幅增长的同时，其经营活动和筹资活动所产生的现金流入却远远低于投资活动产生的巨额现金流出。

12.5.2　财报白马的投资策略

财报白马的投资策略具体如下。

（1）要注意白马股的投资方式。投资白马股要采用中长线投资方式，白马股业绩优良，年年收益稳中有升，具有投资价值和股本扩张潜力。因而给主力的建仓制造了一定的难度，不容易像黑马股那样股价常受各种消息影响而大起大落，主力一般不会采用惯压建仓、拉高出货的普通手法。白马股更多的时候表现为一种慢牛行情，这就要求投资者在投资白马股时要有足够的耐心，要树立中长线持股心态。

（2）要把握白马股的买入时机。由于白马股的投资价值是众所周知的，因此在行情较好的市场环境中，其价格往往不菲，使原有的上涨获利空间相应的受到压缩。因此，最佳投资时机有两种：一种是在股市极度低迷，财务报表尚未公布，这时白马股与其他股鱼目混珠的一起随大盘沉浮，投资者往往可以在较低的价位买入白马股，长线持有。另一种是当财务报表公布后，白马股已经受到投资者的广泛注意，这时不能急于追涨，要选择大盘强势调整之际，再逢低买入。

（3）要掌握正确的买入原则。投资者在实际买入白马股时，要掌握："低买为主、追涨为辅"的投资原则，同时，在选择白马股时不要选择股价过高的白马股，稳健的方法是选择价位适中或偏低的白马股为宜。因为即使是绩优股，当股价过高时也会出现价值高估现象，从而失去其应有的投资价值。考虑到白马股涨势较慢，介入机会较多，因此不要盲目跟风追涨，而应该采用耐心等待低买时机的方法。